青年学术丛书·法律

YOUTH ACADEMIC SERIES-LAW

过失共同正犯研究

邹 兵 著

人民出版社

前　　言

关于应否承认过失共同正犯，理论和实务争议很大。该问题的实质在于是否应该将因共同过失行为而致害的情形归入共同正犯的范畴，从而适用共同正犯的"部分实行，全部责任"之原理来归责。鉴于我国《刑法》第 25 条的规定，应当更多从立法和应然层面展开研究。

在立法、判例及学说争议中，各个国家和地区立场不一。其一，德国刑法规定二人以上共同实行犯罪的是共同正犯。是否包括过失共同正犯，则留待判例和学说来阐释。在德国学界，过失共同正犯肯定论虽然没有取得通说地位，但也有数个知名学者从意思联络重构、违反共同义务、风险升高、必要的共同作用理论等角度力挺肯定论。其二，日本在立法上跟德国相似，是否承认过失共同正犯，亦主要由判例和学说来解释。理论上肯定论逐渐变得有力，实务经历了战前否定到战后部分肯定的过程。其三，意大利在立法上明确承认共同过失犯罪，这极大影响了其理论界的主流立场。其四，英美、俄罗斯、我国台湾地区刑法理论和实务中争议也较大，同样有部分知名学者持肯定论。其五，我国大陆地区刑法的明文规定在一定程度上阻碍了过失共同正犯理论的研究。实务中出现了诸多用传统过失犯和共同犯罪理论难以解决的问题。在此基础上，先后有学者主张肯定论，角度不一。总体而言，肯定论尚有进一步发展空间，而否定论所持理由也均不乏可辩驳之处。

过失共同正犯首先与过失犯理论相关。任何犯罪皆由行为引起，过失犯也不例外。共同正犯的中心要素是共同行为。过失共同正犯的成立首先应该看到并重申过失犯的实行行为在过失犯中的地位，并在此基础上寻求在实行行为层面上的经由行为人主观联络而形成的行为的共同性。在行为理论的发展历程中，人格行为论更可取。过失行为均有行为人理性的参与，在其背后隐藏着行为人对行为对象和规范的内在对抗和否定态度。就外在表现而言，应当肯定过失实行行为的存在，并依据客观归责理论予以诠释。另外，单独过失犯并不要求行为人对其行为的犯罪性和结果有明确的认识和追求，故在过失共同犯罪中也不能作此要求，否则过失犯理论体系本身将被架空。

应否承认过失共同正犯，问题的关键在于应否将其归入共同正犯的范畴；而这在源头上应追溯到共同正犯这一概念和法律制度的存在根据与价值。在单一正犯体系下，共同正犯没有存在的必要。但区分体系更符合社会分工的发展走向。不过，区分体系应该对故意和过失犯一视同仁。在过失犯中同样应当发展共同正犯和共犯理论体系。共同正犯的存在根据在于对共同犯罪现象的法律确认、"部分实行，全部责任"的归责之需、更大的危害性并作为一种从重处罚的标志和根据之需、责任区分之需、法律规定技术性和罪刑法定原则的要求等。过失共同正犯在本质上契合共同正犯存在的根据，理应归入共同正犯的范畴。反观我国现有共同犯罪立法过于刚性，且存在诸多弊端，应当主张立法论上对现有共同犯罪予以扩张，但又不宜冒进，折衷规定"二人以上共同实施犯罪为共同犯罪"似更妥。

在司法实践中，对于过失共同正犯可能遇到的难题，要注意把握共同过失实行行为的核心作用，区分过失共同正犯与过失犯之帮助犯的界限，注意过失共同正犯与监督过失之间的关系。而交通肇事逃逸致人死亡不宜理解为结果加重犯，当承认过失共同犯罪。相关司法解释有过失共犯存在之可能，但仍有完善之必要。

目　录

导　　论

第一节　问题的由来

因越发复杂而细化的社会分工合作、科学技术高度发达、交通运输手段高速化、越来越多的规模性和集团性的生产作业方式等社会发展要素而逐步凸显的风险社会之特质，在给人类带来极大物质丰富和便利的同时，无形中也大大增加了人们面临的风险。过失犯罪及其危害日渐扩大。在中国，这一新的时代特征已从各方面显现出来。颇具代表性的当属《中国法律年鉴》对过失犯的态度以及对重大责任事故罪和交通肇事罪这两种当代典型过失犯罪统计数据的变化。

表一　1998—2008 年《中国法律年鉴》交通肇事罪和重大责任事故罪的统计数据①

年鉴年份	数据年份	交通肇事罪		重大责任事故罪	
		审理件数	比上年升降率（%）	审理件数	比上年升降率（%）
1998	1997	无②	无	无	无
1999	1998	无	无	无	无
2000	1999	无	无	无	无
2001	2000	无	无	无	无

---

① 数据来源于中国法律年鉴编辑部：《中国法律年鉴》，中国法律年鉴出版社（1998—2008 年版）。

② 这里的"无"并不代表当年没有实际审理相关案件，而仅仅表示没有统计数据。

年鉴年份	数据年份	交通肇事罪		重大责任事故罪	
		审理件数	比上年升降率（%）	审理件数	比上年升降率（%）
2002	2001	无	无	无	无
2003	2002	无	无	无	无
2004	2003	40354	↑13.22	无	无
2005	2004	49754	↑23.29	无	无
2006	2005	56751	↑14.06	924	↑9.35
2007	2006	60363	↑6.36	935	↑1.19
2008	2007	63465	↑5.14	1175	↑25.67

　　《中国法律年鉴》的刑事实务部分包括刑事审判、检察机关和公安机关的立案、侦查、起诉的案件三大部分。传统理论和实务几乎都认为刑法以处罚故意犯为原则，处罚过失犯为例外。因此，后两部分历来都未将过失犯单独列出，在每年有所变化的重点罪名统计中也没有过失犯的数据。只有在人民法院的刑事审判部分才有所涉及，但在2004年的年鉴之前，都未见过失犯罪的统计数据。不过最近几年社会生产和生活方式的巨大变化使得过失犯罪，尤其是交通肇事罪和重大责任事故罪大幅增长，从而使得各方不得不予以关注和重视。于是，及至2004年，《中国法律年鉴》开始有了对交通肇事罪的统计，2006年开始有了重大责任事故罪的统计，这是一个标志性的转变。而且，从数据上也可以看出，这两大类过失犯罪每年都在以较大幅度增长。其实不仅在量上，在质上也是如此。最近几年重特大或恶性交通肇事罪和重大责任事故罪越发频繁地出现在世人面前，其规模、法益侵害性、责任主体涉及面等内在特质都有了明显扩张。尽管此中有媒体和网络的推动作用，但这样的作用并非突然形成，在相对稳定的阶段内，此等过失犯罪的特质仍然较明显。虽然无法确切得知其中有多少案件是由共同过失行为引起，但至少可以肯定有相当一部分是如此。

　　历史唯物论认为，社会存在决定社会意识；社会生产方式决定社会生活方式。今天看来，工业化社会的生产方式对人们的社会生活方式也给予了极其深刻的影响。一方面，那种批量性的、讲究统一规格的、注重技术工艺的活动方式和工作方式，备受青睐。所谓"犯罪"不过是有权机关（法院）依照实体法和"游戏规则"（诉讼法），在行为事后对行为人的"所为"加以判断和非难的一个专用话语，其本质，体现的无非是国家法律对严重危害社会的反社会行为的一种特定的干预。共同犯罪及其理论本质上就是为这种干预建立一种"技术守则"或"工艺手册"。① 在此意义上，犯罪概念、犯罪构成理论、共同犯罪理论等皆如是。

共同犯罪历来被认为是刑法理论中很困难的部分。我国传统的共同犯罪理论是围绕共同故意犯罪建立起来的。在刑事立法及司法上，过失犯罪一般作为例外而被处罚。但是，不能忽视的是，"对于并非故意的参与到他人的不法行为应该在多大程度上不被视为犯罪，是刑法归责理论中最复杂、争议最大的有关问题。"② 数人在实施一定行为之际，由于共同过失行为而引起了某种过失犯构成要件的结果的场合，是作为过失犯的共同正犯处理，还是作为过失犯的同时犯处理？判例与学说上皆有肯定与否定之立场，疑问颇多。而且此等疑问的产生还不能仅仅视为理论上思辨的结果，更为重要的是，此为司法实践中出现的相关疑难案例使然。司法实践中，可能需要用过失共同正犯理论处理的问题，不外乎以下三种情况：③

一是二人以上共同作业，不慎引起了危害结果，但能查清是共同行为所引起的场合。案例一：如 X 和 Y 共同在高楼的施工现场，抬着铁材的两端扔到楼下去的时候，不注意将铁材扔到了正在楼下经过的行人 A 的头上，将其砸死。这种场合，对 X、Y 的行为该如何处理，成为问题。对于这种情况，肯定说认为 X、Y 二人成立过失共同正犯，否定说主张成立过失犯的同时犯，即由于 X、Y 两人共同作用于同一载体（铁材），然后由此唯一的载

---

① ［日］小野清一郎著，王泰译：《犯罪构成要件理论》，中国人民公安大学出版社 2004 年版，第 287—288 页。

② ［德］冈特·施特拉腾韦特、洛塔尔·库伦著，杨萌译：《刑法总论 I——犯罪论》，法律出版社 2006 年版，第 419 页。

③ 黎宏：《过失共同正犯质疑》，载《人民检察》2007 年第 14 期。

体将被害人砸死，所以最后在处理阶段要求 X、Y 都要对过失致被害人之死负刑事责任并无疑问。就司法适用而言，按照过失犯的同时犯处理为已足。此时，肯定过失共同正犯并无实益。①

二是二人以上共同作业，由于同时不注意而引起了危害结果，但能查清是谁的行为引起了危害结果的场合。案例二：猎人 X 和 Y 一起在森林中打猎，听见树丛中有声音，以为是熊藏在里面，就同时开枪，结果 X 发射的子弹打中了行人 A，致使 A 死亡。这里的问题是，没有射中的 Y 是不是也要对 A 的死亡结果负责？对此，肯定说认为，虽然只有 X 发射的子弹打中了 A，Y 的子弹并没有打中，但对 Y 也成立业务过失致人死亡罪。因为，X 和 Y 之间能够认定存在作为部分行为全部责任基础的相互利用、补充关系，因此，X 和 Y 成立业务过失致死罪的共同正犯。相反地，按照否定说的观点，X 和 Y 是过失同时犯，和死亡结果之间具有相当因果关系的 X 成立业务过失致死罪，而 Y 由于和死亡结果之间没有相当因果关系，结果不可能归责于他，所以，他不可罚。因此，在这种情况下，是否肯定过失共同正犯事关重大。

三是二人以上进行危险行为，由于都没有注意而引起了危害结果，但到底是谁的行为引起了该结果，无法查清的场合。案例三：养路工人 X 和 Y 一起，一起将被大雨冲到公路上的石头往路边的悬崖下扔，砸中了正在悬崖下路过的 A，致使 A 死亡，但 X 和 Y 之中，到底是谁扔的石头打中了 A，无法查明。这时候，对 X、Y 该如何处理？对此，肯定论认为二被告人构成过失共同正犯，应依照"部分实行，全部负责"之原则来处理；而否定论则主张二者只能成立过失犯的同时犯。此处的问题是，在过失同时犯的场合，对因果关系的举证必须个别进行，不能举证的话，就只能构成过失致人死亡罪的未遂犯，由于现行法律并不处罚过失犯的未遂犯，因此，结局上只能说 X、Y 无罪。于是，在此情形下，肯定过失共同正犯的犯罪类型存在即有其实益性。

---

① 余振华：《刑法深思·深思刑法》，元照出版公司 2005 年版，第 194 页。

以上疑难，尤其是案例三所展示的无法查明各自因果关系之情形客观存在。作为审判者却不能以此作为拒绝审判的理由。"任何审判者都会遇到的两个问题，首先是，在对参与事件全过程因此不了解事实真相的情况下如何依据现有的并不充分的证据作出判断并据此行动。……前者是一个无法解决的认识论问题；但还不仅如此，更重要的是加了着重号的问题，即司法是要行动的，常常要在信息不完全的条件下行动，决定他人的身家性命。裁判者不可能等到一切都弄清楚了——这一天也许永远不会来到——再行动。"① 在此前提下，法官应当根据什么来进行判断，是按照过失共同正犯还是过失犯的同时犯来处理，的确是个问题。只有在理论上厘清了该问题，才能尽可能通过司法制度和法律规定的设置来减少法官所面临的压力以及出错的可能性。②

的确，在现实生活和司法实践中，共同过失犯罪是一个不容忽视、客观存在的社会现象。尤其是在一些分工细密、机械化程度很高、相互依赖程度日益加深的行业和领域，诸多重大事故（如新近的央视大楼火灾案③等）的发生并不是简单地由个别人造成的，而是由数人共同过失行为导致了某种构成要件的结果。"当过失危害结果是由几个参与者个人行为所致时，确立刑事责任就有很大的难度，这种现象普遍出现在现代经济体制下的劳动分配原则之中。"④ 此种情况下，在理论上应否承认共同过失犯罪属于共同犯罪，在司法实践中对于此数行为人是否有必要及可能以共同犯罪及其"部分实行，全部负责"之归责原则来解决其刑事责任问题？承认与否，利用与否，其各自利弊如何？此等问题均需深入探讨。对此，境外学

---

① 苏力：《法律与文学：以中国传统戏剧为材料》，生活·读书·新知三联书店2006年版，第294页。

② 在某种程度上，虽然理论本身有其自洽性和逻辑体系，但是包括共同犯罪在内的刑法理论应该要将在司法判断中实现定罪和刑罚分配的正义置于重要的位置。

③ 具体分析参见孟庆华：《从央视大火案看共同过失犯罪的成立》，载《河南省政法管理干部学院学报》2010年第5期。

④ ［德］许内曼著，王秀梅译：《传统过失刑事责任观念在当代社会中的弊病——新的趋势与展望》，载《法学家》2001年第3期。

者已讨论多年，而我国刑法学界也逐渐加大了关注与研究力度，但争论依旧激烈，一时难以形成定论，值得进一步深入研究。

第二节　国内外研究现状

总体而言，对于过失共同正犯以及过失共同犯罪的研究，德、日、意、法、英、美以及我国台湾地区等开始较早。虽然至今争论依然很大，但其成果和研究的广度及深度较为突出。我国大陆地区对这一问题的研究起步相对较晚，不过近年来随着部分学者对传统通说观点的质疑而有逐渐丰富和壮大的趋势。

概括而言，国内外的研究目前主要还是集中或缠斗于是否或应否承认过失共同正犯为共同正犯这点上。理论上，存在"肯定说"、"否定说"的对立，此外还有折衷的"限制肯定说"（只承认过失共同正犯，不承认过失教唆和过失帮助）等。与此相关的是对其理论根据、构成要件和责任承担的研究。

1. 德国

德国刑法规定二人以上共同实行犯罪的是共同正犯，但是否构成过失共同正犯，则由判例和学说来解释。例如，联邦德国刑法第 25 条规定："数人共同实施犯罪的，均依正犯论处（共同正犯）。"在德国学界，共同过失犯罪的学说尽管尚未占支配地位，但支持者也不乏刑法学界的权威人士。

2. 日本

日本在立法上跟德国无异，都规定二人以上共同实行犯罪的是共同正犯，但是否构成过失共同正犯，则由判例和学说来解释。日本刑法第 60 条规定："二人以上共同实行犯罪的，都是正犯。"日本刑法理论界对共同犯罪研究很深入，过失共同正犯及相关问题的研究成果丰硕。肯定论者有：牧野英一、宫本英修、佐伯千仞、小野清一郎、木村龟二、福田平、内田文昭、大塚仁等教授。否定说者泷川幸辰、团藤重光等教授则从犯罪共同说及其他立场出发，否定过失的共同正犯。学界态度不一，同时日本司法实践和理论经历了由全面否定到部分肯定的转变。在二战前采否定说，但二战后既有采否定说的判例，也有采肯定说的判例。

3. 意大利

意大利是少有的在刑法中明确承认共同过失犯罪的当代国家。其刑法第 113 条规定："在过失重罪中，在结果是由多人的合作引起时，对其中的每个人都按法律为该罪规定的刑罚处罚。"在意大利 1930 年刑法典施行前，意大利刑法学界曾以缺乏犯罪意志为据，否认过失行为也有共同犯罪形态的存在，这种观点现在仍然得到不少人支持。但是，意大利刑法学界通说认为，尽管意大利刑法典第 113 条的标题为过失重罪的合作，但其内容就是有关共同过失犯罪也按共同犯罪处罚的规定。因此，只要构成过失犯罪的行为，是多个主体有意识地共同实施，或者说是多个主体相互合作的意识和意志的结果，就不能排除过失行为共同犯罪形态的存在。

4. 法国

法国刑法对共同过失犯罪持否定态度。受立法影响，在刑法理论上一般认为成立共同犯罪就要求"明知而故意给予帮助或协助。"尽管法国刑法对共同过失犯罪持否定立场，但理论上也存在不同看法。如一部分学者认为，在因不谨慎引起的犯罪中，不可能有共同犯罪的问题，因为，法律要求共同犯罪中的共犯应当具有实行违法行为的故意。与这一理论观点所持的意见相反，法院判例有时也承认共同犯罪适用于所有的轻罪，甚至适用于非故意的轻罪。可见，法国在司法实践中处理共同犯罪问题时承认非故意的共同犯罪是可能的。

5. 我国大陆地区

我国大陆刑事立法对共同过失犯罪持否定立场，并在刑法第 25 条第 1 款明确规定："共同犯罪是指二人以上共同故意犯罪。"这首先在立法上否定了共同过失犯罪成立共同犯罪，从而也在解释论的肯定路径上设置了较大障碍。理论上，否定说目前还占据通说地位。不过近年来，已有不少学

者对传统观点提出质疑，认为应当肯定共同过失犯罪，于理论和实践均有
益处。

6. 我国台湾地区

我国台湾地区的立法就共犯问题前后修改几次。法规范的立场也随之
变化。理论上对共同过失犯罪研究也较为深入，观点也有"肯定说"与
"否定说"两种。肯定者如赵欣伯、赵深、甘添贵、陈子平、余振华等教
授，通说一般只承认过失共同正犯。否定论者如潘恩培、洪福增、黄荣坚、
林东茂、蔡墩铭等教授。

而在成果方面，相对于共同犯罪和过失犯罪的其他理论，关于过失共
同正犯及其相关理论研究取得的成果虽不乏佳作，但仍相对较少。只有为
数不多的论文或存于一些著作的章节中，如侯国云教授的《过失犯罪论》，
陈兴良教授的《共同犯罪论》、孙国祥教授的《过失犯罪导论》，林亚刚教
授的《犯罪过失研究》，陈家林博士的《共同正犯研究》、廖正豪教授的
《过失犯论》、陈子平教授的《共同正犯与共犯论——继受日本之轨迹及其
变迁》、余振华教授的《深思刑法·刑法深思》等。目前国内尚未见有以此
为主题的博士论文或专著、译著问世。而且从作者目前掌握的资料来看，
我国台湾地区及其他国家和地区也还未见此类专著问世。

总体上，至少国内目前对过失共同正犯或共同过失犯罪的研究尚显单
薄，暂时还缺乏全面、系统的研究。这一现状表明：其一，研究此论题可
供参考资料可能相对较少，在资料的搜集和运用上具有较大挑战性；其
二，共同过失犯罪的研究尚处于方兴未艾的阶段，还有很大研究空间；其
三，过失共同正犯有必要且值得深入研究。"世界不是既成事物的集合
体，而是过程的集合体，其中各个似乎稳定的事物同它们在我们头脑中的
思想映象即概念一样都处在生成和灭亡的不断变化中"。[①] 尽管通说的立场
使得肯定论者及其立场的选择面临较大风险，但理论研究上的反思与努力

---

① 恩格斯：《路德维希·费尔巴哈和德国古典哲学的终结》（1886年初），载《马克思恩格斯
选集》（第4卷），人民出版社1995版，第244页。

还是值得一试。

第三节　研究内容和方法

1. 研究内容

共同过失犯罪是一个与共同故意犯罪相对的概念。二者在中国刑法理论体系下，在理论上都属于共同犯罪的范畴。共同过失犯罪在逻辑上包括过失犯之共同正犯、过失犯之教唆犯和过失犯之帮助犯。其中，过失共同正犯是核心，也是各方争论的焦点所在。故我们将着力点置于过失共同正犯之上，试图站在肯定论的立场，通过对其立法例、判例、理论争议，以及过失犯理论、共同正犯理论的分析，从立法和应然层面论证过失共同正犯应当纳入共同正犯的统一体系。对于过失犯之教唆犯和帮助犯问题，由于与过失共同正犯联系密切，所以也会在文中予以关注，并最终与过失共同正犯一起作为对我国共同犯罪立法进行重构的基础。最后，还将对围绕过失共同正犯的几个实务难题进行探讨。

2. 研究方法

一项系统的研究总需要运用多种研究方法。根据本书的内容和特点，以下着重介绍部分将采用的方法。

（1）历史研究。万物总有其历史根据。欲准确理解某项制度的现在、设计其将来，必须要从历史考察做起，考察其历史脉络和发展演变规律。本书将细致考察共同过失犯罪及其法律制度的历史演变和规律。不过，由于制度在很大程度上都具有"地方性"，总跟一国具体的历史语境相伴相生。因此，在注意运用横向视野的同时，将更重视从一国的国情出发展开纵向性的历史研究。

（2）案例分析。法律研究欲更有说服力和实践价值，案例分析法必不可少。在案例的搜集和选择上，尽力选取司法判例而非杜撰的"理想"案例，并将其视为一个开放的文本或研究对象进行研究。

（3）比较研究。比较研究既有横向比较，又有纵向比较。

（4）跨学科研究。跨学科研究可能有助于站在不同的角度和高度来重新审视研究对象。我们主要涉及并运用了刑法学、犯罪学、心理科学、行为科学、社会学等学科。

第四节　概念辨析

（一）过失共同正犯与共同过失正犯

过失共同正犯（犯罪）与共同过失正犯（犯罪）有无区别？或者有无区别之必要？对此，有不同观点。

1. 肯定论

论者认为，共同过失犯罪与过失共同犯罪两者是有区别的，不仅仅是词序排列位置的变化，两者的内容和外延都不同。首先，共同过失犯罪是指二个以上的行为人的过失行为共同造成了一个危害结果。从以下案例中可以直观地体会到共同过失犯罪的构成：司机甲开车不慎把一个行人撞倒在地，司机乙开车时精神也不集中，没有发现前方有人被撞，待发现时已刹车不及，车从那个人身上轧过，把人轧死了。在这一案例中司机甲和司机乙属于共同过失犯罪而不属于过失共同犯罪。其次，过失共同犯罪与共同过失犯罪的区别还体现在过失行为人的范围的确定性。①

2. 否定论

肯定论者认为，在汉语中，"共同过失犯罪"与"过失共同犯罪"二个概念，实际上没有区别，就像人们常说的故意共同犯罪与共同故意犯罪一样。② 而且，"不管是日本的学者还是国内的学者，对于共同过失犯罪和过

---

① 文雯、喻玫：《肯定过失共同犯罪有积极意义》，载《检察日报》2007 年 1 月 26 日。
② 张明楷：《共同过失与共同犯罪》，载《吉林大学社会科学学报》2003 年第 3 期。

失共同犯罪的概念使用上没有作过多的区分，实际上也是难以区分的，故仍然可以沿用传统共同过失犯罪的概念。"①

我们认为否定论基本合理。首先，就我国现行刑法第 25 条的规定来看，前后的"共同故意犯罪"与"共同过失犯罪"在语句的逻辑上应被视为对称的。两个"共同"的含义应当是一致的：各行为人具有相同的主观罪过（都是故意或过失，且故意或过失的内容要一致），共同实施了构成要件客观方面的实行行为，而且，彼此间对一起实施构成要件实行行为有认识和意思联络。既然在理论上否认犯罪故意内容不一致的行为不属于共同故意犯罪没有太大障碍，那么就不宜将实际上当归属于竞合过失的诸情形也统统纳入到过失共同犯罪（正犯）的概念里去，而主张所谓解释论上"混合型过失犯罪"。其次，也不宜置法条内在逻辑于不顾，而活生生将共同过失犯罪在解释论上等同于竞合过失，且另外用过失共同犯罪（正犯）来涵括本来共同过失犯罪所指的情形。很显然，此举意在从解释论上肯定我国刑法典第 25 条并未否定过失共同正犯。但是否否定过失共同正犯的实质在于是否承认过失共同正犯属于共同犯罪的范畴，而该条规定已明确将共同犯罪等同于共同故意犯罪，"因此，试图从解释论上肯定过失的共同犯罪，几乎不可能"。② 再次，过失共同犯罪（正犯）与共同过失犯罪（正犯）在日常理解和运用应该没有太大差别，强行区分未免有点勉强。最后，考虑到共同正犯作为一个完整概念的价值，故称过失共同正犯，而与故意共同正犯相对，似更妥当。

（二）过失共同正犯与竞合过失犯罪

所谓竞合过失犯罪，其实就是传统刑法理论上的共同过失犯罪现象，是指二个以上的行为人在欠缺彼此联络的情况下同时或先后分别为过失行为而共同侵害法益的情形。竞合过失中，"各个行为人之间没有、也不可能

---

① 参见袁登明、吴情树：《论竞合过失与共同过失》，载《云南大学学报》（法学版）2003 年第 2 期。

② 张明楷：《共同过失与共同犯罪》，载《吉林大学社会科学学报》2003 年第 3 期。

形成意思联络，不存在实际的分工、协作关系，只是由于某种巧合，才使几个人的行为共同造成了一个危害社会的结果"。①。

竞合过失与过失共同正犯最大的区别在于行为人彼此之间在为实行行为上有无彼此联络甚至分工与配合。在归责原则上，过失共同正犯适用"部分实行全部负责"之原则，定一个罪名。而竞合过失则分别单独处罚，罪名也不必相同。②

---

① 姜伟著：《犯罪形态通论》，法律出版社 1994 年版，第 220 页。
② 参见袁登明、吴情树：《论竞合过失与共同过失》，载《云南大学学报》（法学版）2003 年第 2 期。

第一章　过失共同正犯立法例、判例之立场与评析

　　过失共同正犯研究首先属于刑法理论研究的范畴。尽管皆言刑法学研究应该有其独立品格，不能纯粹为注释刑法学之功，更不能成为立法和司法实践的附庸，但实际上无论从历史还是现实来看，理论研究都与或应与一国或地区的立法例和判例所持之立场有莫大关联。一来，理论研究有责任就立法和司法的利弊得失进行分析，提出有内在逻辑和说服力的观点、原则乃至理论体系，为法律实践更好地实现各自目的而服务；二来，既有立法和司法判例的立场又会在很大程度上影响乃至决定某一特定地域、时期或理论者群体在该问题上的观点和立场以及总体上的理论格局与走向。故，先从立法例和判例切入，可以更好地从根本上理解和阐释某一理论问题。过失共同正犯亦如是。

　　而选择德、瑞、日、意、法、俄、英、美以及我国台湾地区、大陆地区的立法例和判例加以梳理，主要出于以下几点考虑：其一，德、日刑法理论与实践对我国，尤其是近现代刑法理论与实践有不可忽视的影响，在当代以及可预见的未来较长一段时间内，这种影响还会持续并加强，故不得不重视。德、瑞间刑法理论和实践渊源甚深，且发生在德国的"皮革喷雾剂案"以及瑞士的"滚石案"也是引发两国关于过失共同正犯问题的两个经典判例。其二，意大利在现行刑法典明确承认过失共同正犯，具有典型意义，不能不考察。其三，选择法、俄、英、美，则旨在寻求更广范围内的考证，并试图勾勒出当今世界整体上在该问题的立场与格局；其四，我国台湾地区继承大陆法系刑法理论的衣钵，加之与我国大陆地区毋庸多

言的关系，自然不可遗忘。最后，立法、判例、理论，既有世界性，但本质上属于"地方性知识"。故任何理论研究，尤其是人文社会科学研究的归宿，都必须回归到本国。唯此，才能对一国的刑事立法、司法、理论研究起到实质推动作用，理论研究才能具有鲜活的生命力。

第一节　德国、瑞士

一、立法例

在西方刑法史上，共同正犯的直接历史渊源被认为是古代日尔曼《加罗林法典》第 177 条之规定："明知系犯罪行为，而帮助犯罪行为者；则无论用何方式，均应受刑事处分，其处分按行为者之刑减轻之。"① 该规定表明，共同犯罪人中只要帮助正犯实施犯罪的，均按正犯对待，只是处罚较实行的正犯为轻。而在立法上最早规定共同正犯的，是 1871 年德国刑法典。该法典第 47 条规定："数人共犯一罪时，均以正犯处刑。"②

此后，德国 1913 年修正案第 38 条及 1919 年修正案第 31 条规定"数人共同或相继以过失实现一个可罚行为之构成要件时，皆视为正犯而处罚。"有关修法理由，可从 1919 年修正案之说明予以理解。③ 具体而言，因现行法上共同正犯及共犯者皆系以故意为前提，故特别依据帝国法院判例中所述以下两种情形来填补现行刑法规定之缺陷：其一，数人共同实行行为之情形：例如，数名在建筑工地支架上工作的工人，因没有确认路面是否有行人经过，而将木材往路面上抛掷，导致行人被砸伤的情形；其二，数人前后或相互独立实行行为之情形：例如，将已装填子弹的枪交给乙，而乙

① 许鹏飞：《比较刑法纲要》，商务印书馆 1936 年版，第 139 页。
② 马克昌：《比较刑法原理：外国刑法学总论》，武汉大学出版社 2002 年版，第 669—670 页。
③ 夏目文雄：《过失共同正犯论》，爱知大学法经论集（法律篇）87 号，1979 年，第 93 页；内田文昭：《刑法中的过失共动理论》，有斐阁 1973 年版，第 15—16 页。

误认为该枪支并未装填子弹，在把玩之间不慎将丙击毙的情形。然而，该修正条文虽其立意缜密，但仍未得到支持，而于1935年修正案以后，已不复见该类条文之修正案。①

而德国现行《刑法典》第25条规定："（一）自己实施犯罪，或通过他人实施犯罪的，依正犯论处。（二）数人共同实施犯罪的，均依正犯论处（共同正犯）。"第26条规定："故意教唆他人故意实施违法行为的是教唆犯。对教唆犯的处罚与正犯相同。"第27条规定："对他人故意实施的违法行为故意予以帮助的，是帮助犯。对帮助犯的处罚参照正犯的处罚并依第49条第1款减轻其刑罚。"② 一般认为，德国现行刑法将狭义共犯，即教唆犯与帮助犯的主观要素限定为故意，但对共同正犯的罪过特征是否包含过失却未予限定。

综上，可得出两点结论：第一，就共同正犯而言，德国刑事立法从开始到现在都没有明确承认过失共同正犯。但"数人共同实施犯罪的，均依正犯论处"的规定具有一定的包容性，而且一直得以延续下来，所以当然也没有明确排除这种可能性。这属于立法上的"空白例"。其1913年修正案试图将过失共同正犯"光明正大"地规定到刑法典中的计划未获成功，而且其后也没有类似修正案。这一事实可以从以下两个方面理解：一方面，各方意见汇总、妥协后形成修正案这一具有相当高度的立法性文件，表明当年对过失共同正犯的认可度达到了较高的程度；另一方面，修正案最终未获通过应该由多种因素造成，可以将其理解为因过失共同正犯根本上不被认可而功败垂成，但另一方面也有可能是立法者认为"现有之规定内容亦涵盖过失共同正犯，从而没有另行规定之必要。"③，与其明确规定容易引起巨大争议还不如将此一问题留待刑法理论和实务去解释和处理可能更好。

---

① 参见余振华：《刑法深思·深思刑法》，元照出版公司2005年版，第199—200页。

② 徐久生、庄敬华译：《德国刑法典》，中国方正出版社2004年版，第11—12页。

③ 陈子平：《过失共同正犯概念之争议》，载蔡墩铭主编：《刑法争议问题研究》，五南图书出版公司1989年版，第293页。

第二，就狭义共犯来看，德国立法似乎①明确否认过失犯的教唆犯和帮助犯成立的可能性。这一立法现实，在有效避免了理论和实践分歧的同时，也在某种程度上阻碍了相关理论发展的动力和空间。

二、判 例

在德国，对于是否在过失犯中区分不同的正犯形式这一问题，不伦瑞克市最高法院法官和普鲁士下级法院根据州的特别法持肯定意见。虽然刑法理论和德国最高法院正在广泛地讨论这个问题，但主流的刑法理论以及司法实践却明确持否定意见。这是因为，在这些过失犯罪中，缺乏共同的行为决意，而且在构成要件的实现中也很难认为其中包含了行为的分工协作。过失共犯这一概念的构建并不是必要的、紧迫的，因为这样的问题以单个的过失犯的构成要件实现原理即可以解决，而且所有在客观归责的理论框架下的思考也可以加以适用。在犯罪与参与这一问题上也同样如此。这一状况直到近几年过失犯罪中的统一的行为概念出现后才有所变化。② 而且，瑞士联邦法院的一个判决又再次引起了对过失共犯的讨论热潮。

（一）瑞士"滚石案"

1. 判例立场

瑞士联邦法院于一九八七年针对两行为人过失致人死亡案件，判决成立过失致死罪的共同正犯。判例如下：A 与 B 二人，于 1983 年 4 月 21 日下午 6 时 55 分许，自 X 森林小屋返家途中，发现 Toss 河右岸山坡上有两块大石，于是由 A 提议，将大石推落山坡下。A 与 B 二人非常熟悉该处所的地理环境，特别系对 Toss 河岸经常有渔夫出现的事实相当了解，且能够意识大约 50 公斤或 100 公斤以上的大石块于滚落之际所产生的危险范围内，偶尔可能有人出现的事实，B 接受 A 的建议，为确认坡道上或 Toss 河岸是否

---

① 我们将在后文试图说明这一规定尚有进一步解释的空间。

② Vgl. Berd Schünemann, *Leipziger Kommentar*, Strafgesetzbuch, 12. Aufl, 2006.

有人，移近绝壁数步，大声喊叫："有谁在下面吗？"一声，惟此时由 B 所处之处，并无法一眼看清 Toss 河岸的全部情形。B 在未听到有任何回应声后，回到 A 所在之处，以手将超过 100 公斤重的大石块推动使其滚落坡道下。随后，A 亦以同样方式将重达 52 公斤大石块推落坡道。两块大石之一适巧击中于坡道上的渔夫 C，而导致 C 死亡的结果，然而究竟是其中哪一块大石击中 C，根本无法辨明。Zurich 州高等法院在判决 B 成立过失致死罪的同时，于 1986 年 7 月 3 日第二审判决 A 成立过失致死罪（刑法第 117 条），判处有期徒刑 3 月，并宣告缓刑。A 以高等法院认定其行为与 C 的死亡结果间具有因果关系系属不当为由，向联邦法院撤销判决部提出上诉。

后来，联邦法院基于"行为人若不遵守注意义务，且依其不注意的行为形态，已充分符合构成要件时，均成立过失犯之正犯。至其他行为人以同样方式共同实行犯罪行为时，亦适用之。换言之，基于过失而引起同一结果之多数行为人，皆应依过失犯的正犯而予以处罚"的理由，驳回被告 A 的上诉。

判决书认为：在本案中，被告二人共同将两块大石推落坡道的事实明确。此中应当判断的问题并非该二人的个别行为与构成要件结果之间是否具有因果关系，而系是否能肯定其共同实行的全体行为与发生结果之间具有因果关系。在本案中，至少被告二人是共同决意实行不注意的行为，且于场所及时间极为接近的情形下共同遂行该行为，故当时究竟系由谁推落哪一块大石，应该属于偶然的分工而已。倘若可肯定两块大石之中至少有一块大石导致被害人死亡的结果，则可充分确定上诉人的行为与发生死亡结果之间具有因果关系。至于被告二人若系实行相互间无关系的行为时，则属另外的判断。① 本事件与德国文献上过失共同作用（fahrlässiges Zusammenwirken）的典型事例颇为相似。亦即，数名建筑工人怠于注意路面上是否有行人路过，共同将木材自建筑支架上抛落地面，致使路过的行人

---

① Vgl. BGE113（1987），Ⅳ58；另见余振华：《瑞士之过失共同正犯论》，载《刑法深思·深思刑法》，元照出版公司 2005 年版，第 222—223 页。

死亡的案例。[①] 在关于过失共同正犯的讨论中，很多案例和"滚石案"比较相似，[②] 亦即在因果关系不明的情况下该如何进行归责的问题。这一问题具有较强的挑战性并伴有很大争议，因此普遍认为"滚石案"是讨论过失共同正犯问题的经典案例。事实上"滚石案"不仅引起了瑞士国内对过失共同正犯的研究热潮，同时也激起了相邻的德国学界的极大关注，并进一步几乎成为世界范围内迄今为止，但凡研究过失共同正犯或过失共犯问题都乐于引用的判例。

2. 相关学说见解

在滚石案中，由于种种条件限制而无法确定是谁推落的岩石造成被害人的死亡，也就是说如果以单独过失犯的角度切入进行归责，其各自行为与法益侵害结果间的因果关系无法证明并确定，于是就可能形成很大争议。

其中一个被认为比较有力的观点认为：既然控方无法证明个中的独立的因果关系，根据疑罪从无原则，就理应认为两人对该结果的发生皆无因果关系，于是两人的行为无法成立既遂。由于刑法以处罚故意犯为原则，而以处罚过失犯为例外，且一般认为后者以既遂为前提[③]，即过失未遂不

---

　　① 如 List，*Lehrbuch*，20. Aufl.，1914，S. 226；Frank，*StGB 18*. Aufl.，1931，S. 115. 以及 Exner 所举的"两名见习厨师于准备午餐之际，因不注意而引起失火，导致仓库烧毁"的判例（Exner，*Fahrlässiges Zusammenwirken*，Festgabe für R. Frank，Bd. Ⅰ，1930，S. 572）等。转引自余振华：《瑞士之过失共同正犯论》，载《刑法深思·深思刑法》，元照出版公司 2005 年版，第 224 页。

　　② 后文将要谈到的我国重庆九龙坡"雷某、孔某案"便是其中之一。在该案中，雷、孔二人轮流开枪射击，最后过失以一弹致被害人死亡，无法查明该子弹系谁射出的，各自因果关系不明。两案具有惊人的相似性。（参见：最高人民法院中国应用法学研究所：《人民法院案例选·刑事卷》（1992—1999 年合订本），人民法院出版社 1997 年版，第 46 页）在日本也有类似判例。（参见冯军：《论过失共同犯罪》，载胡驰、于志刚主编：《刑法问题与争鸣》（第三辑），方正出版社 2001 年版，第 330 页）从某种意义上说，过失共同犯罪的实践具有客观性和普遍性。各国立法和理论有异同，但都面临着相同或相似的实践难题，各自立场应如何自处，却又取决于诸多因素。

　　③ 当然，也有学者从过失犯的构造以及过失实行行为的立场，提出过失犯也有主观不法，也有未遂。（参见许玉秀：《当代刑法思潮》，中国民主法制出版社 2005 年版，第 352—353 页）而在其他国家如美国也有处罚过失的未遂。1987 年 7 月 23 日，美国一架载满乘客的波音 747 客机从纽约飞往伦敦，驾驶人员在降落时忘记了打开机翼升降器。在着陆前几秒钟，被地面指挥人员发现并及时通知机组人员，驾驶人员匆忙架机升高，在空中盘旋一圈放下升降器，再次着陆，才避免了一场机毁人亡的惨祸。事后，美国法院追究了机组人员的刑事责任。他们认为，机组人员的这一过失，虽然由于发现及时未造成严重后果，但其危险性已极为严重，因而构成过失犯罪。（参见李记华：《论过失状态危险犯罪》，载《中国政法大学研究生法学》1991 年 2 月）

罚，于是自然推导出一个可能令不少人难以接受的结论：A 和 B 都不负刑事责任。[①] 为解决这一难题，有人提出过失共同正犯概念，并试图通过肯定其共同正犯之性质而适用"部分实行全部责任"的归责原则来加以解决：即如果可以成立过失共同正犯，本案中就可以抛开单独过失正犯归责所要求的独立因果关系不确定的问题，而将两人的共同行为整体上视为导致结果的原因，而各个体直接实行的实行行为对法益侵害的发生而言又是不可或缺的，于是就可以将不法结果归责于两名被告人。针对该判决，尤其是判决所附的判决理由，瑞士 Donatsch 及 Schutz 两位学者提出了批判性见解。

（1）Donatsch 的见解

总的来讲，Donatsch 认为在故意犯中，故意、行为与结果之间具有直接的连结关系，至于过失结果犯，则欠缺此种关系。对于过失结果犯而言，无法认定可以成立共同正犯，只能成立同时犯而已。本案中，可以因 A 和 B 各自均违反其注意义务，而基于该违反注意义务与 C 之死亡结果具有因果关系，肯定被告二人应负过失致人于死的罪责。具体而言[②]，有如下几点值得注意：

首先，Donatsch 比较了故意犯罪和过失犯罪中行为和目的的关联之差异。在故意犯中，故意、行为与结果之间具有直接的连结关系，至于过失结果犯，则欠缺此种关系。过失犯的目的与遂行目的的行为，大致上系法所容许，对过失犯的成立而言，并不具法的意义。对过失结果犯具有重要性的问题，并不是达成当初目的的"主要因果历程"，而是自主要因果历程所衍生的所谓"附属因果历程"。过失结果犯与故意犯不同，其无价值的判断并不是基于对积极事实的确定，而是基于行为人应认识且能防止附属因果历程的所谓"规范性判断"。

其次，Donatsch 认为所谓共同正犯，系指二个以上行为人依有认识且有

---

　　① 我国部分反对过失共同正犯的学者也持类似观点。（参见黎宏：《过失共同正犯质疑》，载《人民检察》2007 年第 14 期）

　　② 参见余振华：《瑞士之过失共同正犯论》，载《刑法深思·深思刑法》，元照出版公司 2005 年版，第 224—226 页。

意欲的共同作用，共同实行某种犯罪行为而言。此种有认识且有意欲的共同作用，在过失结果犯中，仅于实现目的的活动才可能存在；至行为人主观上无认识且无意欲但仅有认识可能性的附属结果，则不可能存在共同作用。因此，对过失结果犯而言，无法认定可以成立共同正犯，只能成立同时犯而已。在本案中，A、B 两人将大石推落坡道，虽然具有共同作用，但并不认识导致渔夫死亡的附属因果历程，即使有此认识，却仍是无意欲的行为，故不能成立共同正犯。

再次，Donatsch 虽然否定在"滚石案"以过失共同正犯来论两人的罪责，但其仍同意两行为人系对死亡结果有过失并应负责的结论。他认为在本案中应关注的地方不应该是致使发生死亡结果的大石，而是能否将推落另一块大石的行为人，视为过失致死的同时犯而处罚的问题。本案中的两位行为人虽然已经确认在危险区域内是否有人，只是并未实行对于自身行为以外的其他行为人行为所必要的注意。因此，本判决的结论，充其量仅仅是依据该推落非导致死亡结果大石的行为人对另一行为人的违反义务未充分调查，而对共同惹起被害人死亡结果赋予处罚的根据。

对于以上见解，我国台湾地区余振华教授提出了不同看法：Donatsch 主张其中一人所推落之大石虽未击中被害人，而对山坡下是否有人的事实，并未充分查明，致另一人所推落的大石击中被害人，导致死亡结果发生，应认为是共同惹起结果。此种见解，殊难予以理解。倘若 B 所推落的大石确实未击中渔夫，A 见此情况，乃安心地推落另一大石而导致渔夫死亡，则大概可谓 B 的不注意行为与渔夫的死亡间具有因果关系。然而，若 B 推落的大石已击中渔夫，情况又当如何？其 A 随后推落大石的行为，对 B 的行为丝毫无影响，则不能谓 A 系共同惹起结果者。[1] 因此，于 A、B 之何者所推落大石击中渔夫情况不明的本判决中，倘若不肯定应成立过失共同正犯，依疑罪从无原则，两行为人均不成立犯罪。因此，依该二人均未充分查明

---

① 许内曼教授也提出了相同的质疑。（Vgl. Bernd Schünemann, *LK StGB*, 12. Aufl., Berlin, 2006, §25 Rn. 217）

山坡下是否有人之事实来寻求共同惹起的根据，应具有肯定过失共同正犯成立的论理。可以认为，试图从单独过失犯角度切入来寻求本案的合理解决办法的路径，很困难，过失共同正犯当是较好出路。

（2）Schutz 的观点

在本案中，究竟是哪一块大石击中渔夫，应有予以证明的必要性。倘若将这两个行为人视为故意的危险犯而认定有罪，那么只要该二人有共同的行动，即为已足。正如学者 G. Radbruch 所批评的那样，过失的结果犯中具有偶然性的要素，而所谓偶然性的要素是指具有免责性的作用。这种结论也符合客观归责理论，客观归责理论是以证明行为人的行为与结果之间具有自然因果关系为前提，其与相当因果关系说相同，虽然皆视为刑法上的责任，但是限制于一定的条件之下，并非扩张其责任。刑法上的责任仅在未遂或共犯规定的法定刑罚扩张事由情形内，才有扩张的可能性。倘若可厘清究竟系哪一块大石击中被害者，则另一行为人是否同样可依过失致死罪认定其责任，联邦法院对这一质疑是采肯定的态度。Schutz 认为本案的判决被质疑属于采取过失成立共同正犯的见解而与通说见解有异。

Schutz 虽批评本判决肯定过失共同正犯的见解，但并未提及 A 与 B 究竟应该负何种责任，一般认为，Schutz 系主张既然无法证明 A 与 B 的个别行为与 C 的死亡结果间具有因果关系，则 A 与 B 皆应免除罪责。然而，德国学者奥托（Otto）针对本判决却认为，瑞士联邦法院将 A 与 B 二人均处以过失致死罪的主要理由，是该被告二人依据共同决意且共同实行危险行为，故可以理解为本判决实质上已经肯定过失可成立共同正犯。[1] 该判决可以被视为持肯定过失共同正犯概念立场，实属一件划时代意义的判决。[2] 几乎可以说，任何一个法律判决后都面临被质疑的可能，而那些可能孕育、推动新理论和新制度的判决更是如此。但不管如何，瑞士"滚石案"都具

---

[1]　Vgl. Otto, *Mittäterschaft beim Fahrlässigkeitsdelikt*, Jura. 1990, S. 47, 49.

[2]　此为日本学者阿布纯二的观点。参见余振华：《刑法深思·深思刑法》，元照出版公司 2005 年版，第 198 页。

有极重要的价值。

（二）德国"皮革喷雾剂案"①

1. 案件事实

德国制造皮革防水喷剂的 W. u. M. 股份有限公司，将产品委托另外两个公司（公司 E 及公司 S）销售。自 1980 年晚秋以来，陆续发生许多消费者健康受损的事件，使用该产品者有多人产生呼吸困难、咳嗽、胀气、甚至肺水肿等身体不适的现象，也有人因此产生生命危险。这些案件促使 W. u. M. 公司内部进行调查，但未能发现原因。在这段期间内（1981 年 5 月 12 日前），又发生了四起相同案件。W. u. M. 公司于 1981 年 5 月 12 日召开临时董事会，参加会议的成员包括后来被列为被告的四名董事 S、Sch 博士、Br. 及 Bo. 以及实验所所长 B. 博士。在会议中 B. 博士提出一份研究说明该产品并无任何证据支持显示具有危险性，认为回收该产品的动机并不存在。并提议由外部机关调查，并于产品上加注警告标示。董事会同意上述提议，并决议通过：倘若有研究可能得出生产过程的确发生疏忽，或是可证实对于消费者产生风险时，才予考虑作成停止销售、回收与警告行为的指示。两个销售公司的董事 W. 和 D.，事后同意并遵守决议。

在董事会决议后又发生了消费者健康受损的案件，其中有些是在决议作成前销售的产品，有些是在决议后制造生产的产品，一直到 1983 年 9 月 20 日由政府介入才停止销售贩卖，并全面回收。在审判时，该产品与健康损害中的因果关系尚未能证明，一审法院仍对 S、Sch 博士、W. 和 D. 就 1981 年 2 月 14 日以后发生的四件损害案件，构成四个西德刑法第 230 条的过失致伤罪，对于董事会决议后所发生的 38 件损害案件，构成西德刑法第 223a 条的危险伤害罪；另对于在董事会上报告的 B. 博士论以危险伤害罪的帮助犯。被告皆上诉，联邦最高法院除了对 B. 博士为无罪宣示外，驳回了

---

① BGHSt 37，106. 转引自陈建旭：《论产品上之刑事责任》，台湾成功大学法律学研究所硕士论文，2000 年 6 月，第 37—47 页。

其他人的上诉。

2. 问题所在

"皮革喷雾剂案"掀起了另一波讨论过失共同正犯的风潮。"滚石案"那样的情形，在现实生活中毕竟是少数；"皮革喷雾剂案"则是企业或其他社会团体活动中，很可能出现的犯罪情形，若能以过失共同正犯的方式解决，则过失共同正犯概念和制度便可以大大地增加其重要性和必要性。许多学者把"皮革喷雾剂案"之类的案件，认为是"集体决议的不法行为"，也就是所谓"委员会犯罪"的问题。本案的争点在于，以过半数决议决定的行为，若造成死亡或伤害等不法结果，应如何归责。进一步而言，在过半数决议决定犯罪行为的情形下，每个投下赞成票的成员，若依条件理论考察因果关系，因为可想象每个人的投票行为不存在，其结果仍发生，故其不具备条件因果关系。如此一来就陷入与"滚石案"相同的困境，投下赞成票的成员皆无须负刑法上的责任。

学说对于"皮革喷雾剂案"的评释，有认为应以共同正犯的方式解决，有认为以不作为犯的方式解决，也有人认为以单独正犯的方式就可以解决。无论如何，没有人认为投下赞成票的行为可以逃脱刑责。虽然德国实务上从德意志帝国时代以来，大多站在否定立场，但"皮革喷雾剂案"则成为一点转机的标志。有学者认为，德国联邦法院虽没有直接肯定过失共同正犯的用语及犯罪类型，但实际上其看法已经等同于肯定过失共同正犯概念的存在了。① 加之前述瑞士的"滚石案"，虽然说"瑞士与德国皆已逐渐显现肯定过失共同正犯之趋势"② 可能有点夸张，但至少实务界在既有的立法和理论格局下提出以过失共同正犯来解决此类棘手问题的勇气，值得赞赏，为各界寻找新的出路提供了动力和契机。

---

① ［日］内田文昭：《关于过失共同正犯理论之近况》，载《研修》第542号，1993年8月，第31—32页。

② 参见余振华：《瑞士之过失共同正犯论》，载《刑法深思·深思刑法》，元照出版公司2005年版，第198页。

第二节　日　本

日本刑法继受德国刑法由来已久。德国刑法学界的动议，牵动着日本刑法理论体系的方方面面。直至今天，若在其他领域里日本人言必称美国的话，那么，可能唯有在刑法及刑法学这块领域里则言必称德国。① 但不可否认的是，日本人在继承的基础上，在包括共同犯罪领域在内的很多问题上结合本国实际取得了创造性发展。

一、立法例

自法国公布其贯彻罪刑法定原则等富有人道主义色彩的刑法典之后，各国均竞相从事重新制订或修改刑法的工作，且关注的焦点集中在因果关系问题上的剖析，而共同正犯对于犯罪结果的产生又是共同地予以原因，故学者及立法者特别注重对共同正犯的研究。鉴于此，对大陆法系共犯制度的发展做出了巨大贡献的 1871 年《德国刑法典》便首次增加了共同正犯的规定。而同一时期，急于实现近代化的日本明治政府也以德国为新的效仿对象，1871 德国刑法典成为日本刑法制度移植的蓝本。如 1880 年日本刑法典（第 104 条）就明文规定："二人以上现实犯罪者皆为正犯，各科其刑。"

而自 19 世纪末，随着社会犯罪现象的激增，主观主义刑法理论在大陆法系日渐发达后，客观主义因果关系论也就不再得到重视。这使共犯理论也受到了影响。因为主观主义刑法理论强调的是犯罪乃个人主观恶性的体现，无论正犯、教唆犯还是帮助犯，均是其行为人固有的主观意思的体现，是独立的犯罪，不具有从属性。为此，各国开始在刑法中取消对共同正犯的规定，而日本虽仍保留有共同正犯的规定，但已修改了共同正犯的定义，

---

① 参见鲁兰：《牧野英一刑事法思想研究》，中国方正出版社 1999 年版，第 12 页。

意在尽量减少客观条件的规定，以迎合主观主义的潮流。如前文所提的旧刑法（1880 年刑法典）的规定"二人以上实现犯罪者"，其"实现"意指限定为直接参与犯罪的行为，但日本 1907 年新刑法第 60 条修订案则为："二人以上共同犯罪者，皆为正犯。"立法者意图将"共同犯罪"取代"共同实行"，以此涵盖谋议行为。① 尽管该修订案最终未获通过，但当时主观主义刑法思想的影响可见一斑。不过，当代的日本刑法学界客观主义占据主流位置，且各派日渐寻求妥协、融合的趋势之下，反应在刑事立法上有关共同犯罪部分也有所变化："二人以上共同实行犯罪者，皆为正犯。"

日本现行刑法典第 60 条规定："两人以上共同实行犯罪的，都是正犯。"从字面上看，以上立法例对过失能否构成共同正犯，未置可否，属于"空白例"。② 在亚洲范围内与日本相似的还有韩国。③ 至少在日韩等国，解释论上证成过失共同正犯之成立似不无空间。日本学者中对过失共同正犯所谓"自事实的肯定论"和"自规范的肯定论"之分恐怕也是源于此。④如此一来，不仅仅是过失共同正犯，而且还为学界就共同犯罪的诸问题展开激烈的争论埋下了伏笔，为实务界结合具体案情提出不同的解决方案创造了空间，而不是在立法阶段就抹杀了此种可能。

---

① 参见蔡墩铭：《刑法基本理论研究》，汉林出版社 1980 年版，第 247—248 页。

② 相似的还有泰国等国。如泰国现行刑法典第 83 条明确规定："二人以上共同参与犯罪的，都是正犯，应当依同罪的法定刑处罚。"（参见吴光侠译：《泰国刑法典》，中国人民公安大学出版社 2004 年版，第 19 页）

③ 韩国刑法典关于共同正犯的规定，主要体现在刑法第 30 条："二人以上共同犯罪的，各自以其犯罪的正犯论处。"可见，韩国刑法典并没有明确把共同过失犯罪排除在共同犯罪之外。相应地，韩国的刑法学界与司法判例关于共同过失犯罪能否成立也呈现出两种相反的观点。肯定的判决如：大法院 1979 年 8 月 21 日 79D01249："刑法第 30 条中共同犯罪的犯罪不分是故意犯还是过失犯，因而二人以上在互相的意思联络之下突成某种过失行为以致使构成犯罪的结果发生时，过失犯的共同正犯成立。因此，尽管由驾驶兵驾驶的吉普车上搭车人具有监督该驾驶兵安全驾驶的责任，但反而带驾驶兵到酒吧致使其喝酒后驾驶，该驾驶兵因醉酒驾驶出车祸时，该搭车人也构成共同正犯。"反对成立共同正犯的观点也是存在的，大法院 1997 年 11 月 28 日 97D01940 号判决（圣水大桥崩溃案件）将桥梁的施工人、监督人以及负责维持与管理桥梁的公务员认定为过失的共同正犯，在这种意义上是具有疑问的。（参见［韩］李在祥著，韩相敦译：《韩国刑法总论》，中国人民大学出版社 2005 年版，第 410—411，414 页）

④ 参见［日］甘利航司：《过失共同正犯之考察》，载《一桥论丛》第 134 卷第 1 号。

二、判　例

在日本实务的发展上，在 1953 年就已经出现对于是否成立过失共同正犯有争议的判例，这一则判例也引起当时日本学界广泛讨论。其争执点主要在于共同正犯上的意思联络是否及于犯罪实现本身为必要，换言之，共同正犯主观要件的意思联络是否仅限于故意犯罪的意思联络。① 然而，由于此一判例理由较为简略，根据判例内容也无法明确看出肯定过失共同正犯的主张，并未赋予过失共同正犯的理论基础，而缺乏作为判例的指导力。②

在此之后的判例也有出现否定过失共同正犯的见解，不过在 1965 年之后，日本下级法院开始对于过失共同正犯的要件提出实质性内容，来肯定过失共同正犯的存在。这些判决中所提出的过失共同正犯的要件内容，有如"对共同正犯所要求的共同事态，亦涵盖与具体结果的关联上加以掌握的行为"；"各参与者的参与行为应具有的相互关系，在于各该参与行为必须存在'相互利用、补充'的关系"③

综上，日本的实务可能也反过来受到学界的影响，对过失共同正犯的问题有相当多的体现，有许多判决提及过失共同正犯的问题，并提出诸多见解。总的来讲，日本的实务并未如同德国、我国台湾地区以及中国大陆地区实务总体上反对过失共同正犯，反而相当程度地发展过失共同正犯的基础理论及其实践运用理论。在日本的审判实践中，在对过失共同正犯的运用上，大致可归纳为：战前采否定论，战后则改采肯定论，但亦间有否定论的判决。以下将这些案件分为肯定和否定过失共同正犯两大类加以说明。

（一）肯定过失共同正犯的判例

在日本的实务界，肯定过失共同正犯的判决不仅比其他各国多，而且

---

① 参见陈子平：《论过失共同正犯》，载《东海法学研究》第 10 期，第 160 页。
② 参见陈子平：《论过失共同正犯》，载《东海法学研究》第 10 期，第 160—161 页。甘添贵：《正犯与共犯：第一讲——共同正犯的本质》，载《月旦法学教室》第 6 期，第 86 页。
③ 陈子平：《论过失共同正犯》，载《东海法学研究》第 10 期，第 161 页。

其立场也较为明确。从时间分布上，肯定论的判例主要集中在战后。

1. 甲醇酒案

被告 A、B 两人共同经营饮食店。对于从 C 购入含有法定量以上的甲醇的威士忌液体，因不注意而没有检查，且在意思联络下贩卖给 D、E、F 等，导致饮用该液体者因中毒而死伤。法院判决认为，该饮食店系由被告两人共同经营，关于贩卖上述液体，被告两人就贩卖该酒有意思联络之下，应成立共犯关系，因而支持原判决适用刑法第 60 条的规定。①

本案判决出来后，先后有木村龟二、内田文昭、中田胜等学者赞同。木村龟二教授认为，日本刑法第 60 条的"共同实行犯罪"中的"犯罪"无论故意犯、过失犯皆可，因此，作为共同正犯主观要件的共同意思不要求故意的共同，不论是故意行为还是非故意的过失行为，对此行为只要有共同的意思就足够了。这样，当然的结论就是成立过失犯的共同正犯。本案中 A、B 的行为是过失行为，对过失的行为有意思的联络，所以判例承认过失共同正犯是妥当的。② 木村教授点出了实行行为的共同和意思联络这两个关键点。内田文昭教授则更进一步从过失犯构成要件切入，基于"不注意的共同行为之共同"而肯定过失的共同正犯。③

的确，在大陆法系理论结构体系下，故意犯和过失犯从归责的角度来讲，必须都是符合构成要件的、违法的、有责的行为。两者在构成要件体

---

① 参见昭和 28 年（1953 年）1 月 23 日最高法院判例。转引自甘添贵：《正犯与共犯：第四讲——过失共同正犯与过失共犯》，载《月旦法学教室》第 18 期，第 86 页。

② ［日］木村龟二：《过失的共同正犯》，载《判演总论》，第 179 页。

③ 内田教授认为，对于过失犯，也必须考虑该当构成要件的行为，即实行行为。因此，认为不承认过失的共同正犯，也可以成立过失同时犯的观点是不正确的。这是因为，同时犯是在没有意思联络的情况下亲自实现构成要件的情形，而共同正犯，是以意思联络为要件，各自不实现构成要件也可成立。因此，对本案件，如果不考虑过失的共同正犯，只当做同时犯来处理，那么必须确定 A、B 各自是否都贩卖了该含有甲醇的液体，如果只有 B 贩卖了，那么 A 就不成立有毒饮食物的过失贩卖罪。但是，如果 A 试饮了该液体，轻信没事，而 B 加以贩卖的情况，A、B 就是默认了他人的不注意，并与自己的不注意一体化形成一个'场'在这种'场'中的 A，即使不亲自贩卖，也可以评价为分担了 B 的行为，这样，就有了以'一部实行全部责任'为特征的过失共同正犯的理论的可能性与实质的意义。从而，本案件中，判决所强调的并非单纯的'意思联络下的贩卖'"，而是基于共同的不注意，轻信不含有甲醇而贩卖这一点"。（参见［日］内田文昭：《刑法中的过失共动理论》，有斐阁 1973 年，第 24 页）

系这一层面是一致的。从构成要件的维度观之，过失犯也应该有实行行为。在这一实行行为上经由主观意思联络而形成共同行为而侵害法益是完全可能的。因此，内田文昭教授的观点值得重视。对于这一思路，中义胜教授也表示赞同。① 分析过失共同正犯应否成立取决于诸多因素，其中一个重要的，但却经常被忽视的前提便是过失犯的本质和构成。即便是单独的过失犯，也必须从构成要件进行考察，也必须建立在以构成要件为基础的实行行为之上。此一实行行为间也不乏就实行行为本身而言的一般性的意思联络，这对于共同正犯的成立已足矣。因此，正如中义胜教授所言，不仅可能成立过失共同正犯，而且也是对应、回归过失犯的本质的要求。

反对意见方面，有代表性的是小野清一郎和团藤重光两位教授，不过各自的侧重点不太一样。小野清一郎认为本案不应当认定为过失犯的共同正犯，而应当是过失行为的竞合。② 而团藤教授虽然持否定观点，但同时也承认了过失共同正犯对于解决此类案件的实益，可以算得上"缓和的否定论"。③

---

① 中义胜教授认为："最近学说的发展，与故意犯那样，过失犯也要有构成要件该当性、违法性、有责性三阶段的判断，这样，也必须肯定过失犯的该当构成要件的行为。而这种构成要件该当性离开了过失犯的客观的注意义务的违反就无法判断。换言之，需要承认该非故意的行为缺乏法所命令的慎重的操纵。在这个意义上，非故意的行为对作为法律上欠缺行为的过失犯是本质的东西。因此，以与这种行为有关的意思联络为基础，承认过失共同正犯不仅可能，而且正是过失犯的本质。"（参见：［日］中义胜：《过失犯的共同正犯》，载《刑法判例百选》（总论），有斐阁1964年版，第93页）

② 小野教授认为："被告人等共同经营饮食店，将含有31％以上的甲醇的威士忌从其他饮食店进货，对其中是否含有甲醇没有做任何检查，就向顾客贩卖，这在客观上是违反有毒饮食物管理法的第1条和同法第4条第一项规定：'因过失违反本条规定的亦同'，所以可以作为过失犯处罚。对于贩卖有毒的威士忌这一构成要件事实，被告人等无犯意，不能说有共同实行。判决认为'被告人等在意思联络下进行贩卖'所以可以成立共同关系，这并不正确。虽然可以有抽象的意思联络，但这只是贩卖威士忌的意思联络并没有贩卖含有甲醇的威士忌的联络。（如果有的话，就构成同法第4条第1项前段的共同正犯）。"（参见［日］小野清一郎：《能存在过失犯的共同正犯吗?》，载《刑评》第15卷，第5页以下）

③ 团藤教授认为，判决过于简单地认定了过失共同正犯，失之轻率。"我本人并不认为过失犯的'共同正犯'在概念上不能成立，也不像多数学者认为作为同时犯处理就足够了……对本案，考虑到贩卖概念的特殊性，也可以将被告人两人都作为同时犯各自成立过失犯。但这需要对作为被害人的买主一个一个地确定是两名被告人中的哪一个进行的贩卖，这十分困难。因此，对本案这种情况，适用共同正犯的规定，有其实益。又如，设想甲、乙将人误认为是野兽共同开枪只有一人的子弹命中的案例，是否认定为共同正犯，结论上有很明显的差异。然而，尽管如此我对刑法将第60条的规定适用于过失犯，仍觉踌躇。"（参见［日］团藤重光：《刑法纲要总论》，创问社1979年版，第368页）

本案与前文德国的"皮革喷雾剂案"有相似之处。相同的是两者都是关于产品的刑事责任问题，不同在于后者还代表了越来越多的在当代公司企业中存在的"集体决议"下涉及的刑事责任问题，而本案则更多表征了一般情形之下的产品责任问题。因此，关于产品的刑事责任，不只是在集体决议的案件，在更一般的情形也会有是否成立过失共同正犯的疑问。判决明确肯定了两名被告构成过失共同正犯的亮点关键要素："意思联络"和"共同行为"。本案中的"意思联络"是指在"贩卖"行为上有彼此的意思联络，而"共同行为"则包含了两个："共同经营"和"共同贩卖"。"共同经营"明确了两者共同一体的检查食品是否有毒的作为义务，而"共同贩卖"则是指明了二人所共同实施的共同危险行为。可见，法院在过失共同正犯上的立场十分明确，也似乎为类似案件的审理呈现了特定的思路。

2. 火炉失火案

被告 A、B 两人在工作室将木炭放入两个陶制火炉用以煮饭，由于该火炉内的炭火过热而有熏焦在火炉下的床板并着火的可能，因此应该先充分调查有无该危险，在确认没有过热着火的危险后才使用该炉火，然而却由于被告两人的不注意，没有做任何调查，而在意思联络下使用该炉火，且没有完全熄火就返回家中，因该炭火过热导致熏焦床板而着火，造成该工作室建筑物烧毁。法院认为 A、B 两人对于工作场所的炭火如果过热则有熏焦其下部床板而导致起火的危险应有认识……如对于此种情形不予详细注意，进而意思联络而不采取必要措施，即行返家，亦即未尽防止结果发生的义务……依此点而认被告二人成立共犯关系，实属相当。①

在本案中，法院认为两名行为人同时有过失的作为（对于工作场所之炭火如果过热则有熏焦其下部床板而导致起火的危险应有认识），以及过失的不作为（进而意思联络而不采取必要措施，即行返家，亦即未尽防止结果发生的义务）。不过行为人使用火炉的作为，在行为当时虽然有引起火灾

---

① 参见昭和 31 年（1956 年）10 月 22 日名古屋高等法院判决。转引自陈子平：《论过失共同正犯》，载《东海法学研究》第 10 期，第 147 页。

风险的可能，但只要有人在旁看管，应该不至于引起火灾。因此本案归责的重点应在于两人的不作为，亦即对可能造成法益侵害的风险放任不管的行为。两位被告应该都是对火炉的危险负有保证人地位，则两人是否因为对同样的危险源有保证人地位，而有成立过失共同正犯的可能，是诸多学者重点讨论的关键点。于是，也有一些学者从不作为犯罪中保证人地位的路径来论证过失共同正犯。① 这不失为一条颇有新意的思路，但是否有力，还有待进一步研究。其实，类似于"火炉失火案"这样的案件，在日常生产生活中的确不难见。② 对于此类案件究竟如何处理，在某种程度上是各国家和地区面临的一个普遍难题。尽管各自有其法律制度和理论，但日本司法界以过失共同正犯处理之的办法，具有一定的参考意义。

3. 平交道事故案

在两人制的岔路控制器的平交道，由于担任该平交道警备员的两人怠于确认列车接近的义务，因过失未将遮断器闭锁而使栅栏未关闭，依此过失导致发生列车冲撞事故而致人于死，即成立业务上过失致死罪的共同正犯。③

---

① 日本学者町野朔、山口厚教授均持该观点。参见伊东祐：《过失犯之共同正犯理论的现状》，载《现代刑事法》第 3 卷第 8 号，第 65、68 页；山口厚：《论过失共同正犯》，载《西原春夫先生古稀祝贺论文集》第二卷，第 399 页。

② 例如我国近年发生的"重庆嫖娼失火案"即为典型。案情为：2000 年 12 月 8 日深夜，重庆市北碚区年近 50 岁的傅唐走进位于重庆原黔江南海城的久久美容美发厅。经挑选，刚到发廊"工作"一个多月的秦群被傅唐选中。两人走进发廊二楼一小包间。因该发廊有严重消防隐患，当时正被消防部门断电强令整改。傅唐嫌太黑，服务员提供了一截蜡烛。傅、秦二人把蜡烛点燃，搁在床边塑料凳上。次日凌晨，傅、秦两人交易完后，相继离开，没管凳子上仍燃着的蜡烛。约在凌晨 4 时 30 分左右，二楼包间突然燃起大火。因发廊违规用竹木隔出多个包间，火势蔓延极快。睡在隔壁的张素琴（18 岁）、杨庆荣（20 岁）被活活烧死。消防部门随后查实起火原因，是塑料凳上的蜡烛引燃大火。事发当天，发廊老板方平和秦群被警方刑拘。后傅唐在逃。由于缺少傅唐的口供，涉嫌失火罪的秦群被当地警方以证据不足变更强制措施，予以释放。2009 年 12 月 24 日正式对傅唐批捕，同年 12 月 31 日将其抓获。方平涉嫌介绍容留妇女卖淫罪、消防责任事故罪，被移送检察机关审查起诉。（参见朱亮：《男子 10 年前点起蜡烛发廊寻欢引发大火烧死隔壁 2 少女》，载《重庆晚报》2010 年 1 月 7 日）本案包含三个问题：其一，傅、秦二人应否定罪？其二，二人构成过失同时犯，还是过失共同正犯？其三，方平行为当如何定性？

③ 参见昭和 40 年（1965 年）5 月 10 日京都地方法院判决。转引自陈子平：《论过失共同正犯》，载《东海法学研究》第 10 期，第 149—150 页。

本案与"火炉失火案"很类似。两名被告基于工作契约对火车行驶安全负有保证人地位,应在火车通行时做出相应的作为。只是在过失犯中,由于通说认为过失行为是违反客观注意义务,导致过失犯的作为和不作为难以区分,所以可能会将过失作为犯认为是过失不作为犯,而从数名行为人对同一风险负保证人地位的情形,认为是过失共同的不作为犯。本案的意义在于提出了系列难点问题:其一,过失犯中有无作为与不作为之分?其二,如果有,当如何区分?其三,不作为过失有无成立共同正犯之可能?其主客观特征当如何把握?这些问题或许能在本案及类似案件中找到蛛丝马迹。

4. 焊接失火案之一

同属某铁工厂从业员的 A、B 两人共同承揽了该铁工厂的料理餐厅的扩建工程,负责进行钢材电器焊接工作。当时依辐射所产生的火花,存在接近焊接处的易燃物着火而烧到建筑物的危险,因此存在有预先讲求在焊接处以不燃物品分隔可燃物品的业务上注意义务,然却懈怠此义务,在没有采取上述措施下进行熔接工作;被告两人中,一人进行焊接时,另一人则在下方监视火花飞散的情况,并相互交替工作,依此方法进行焊接工作时,因过失导致可燃物着火,而烧毁建筑物。法院认为被告两人虽然是工作场所同事,必须事先采取隔离措施而进行各自独立的危险焊接作业者。在如此情况下,作为违反共同注意义务行为所产生的本次火灾,不将被告两人理解为业务过失的同时犯,而系应负担作为该共同正犯的责任者,诚属妥当。①

5. 焊接失火案之二

在地下道内检查断线工作的 A 与 B,在退出地下道时由于工作中所使用的喷火焊接器未完全熄灭而燃烧,且无法认定究竟是由 A 还是 B 的焊接器导致了火灾。法院认为于社会生活上危险且重大结果的发生能被预想的情况,负有依相互利用、补充所形成的共同注意义务的共同作业者系现实存

---

① 参见昭和 61 年(1986 年)9 月 30 日名古屋高等法院判决。转引自陈子平:《论过失共同正犯》,载《东海法学研究》第 10 期,第 151 页。

在，从事共同作业的作业员，对于所携带而各自使用的全部焊接器，应认为对于全体共同作业员课有互相指示确认灯火熄灭的业务上注意义务，于该共同作业者间被认为有懈怠该注意义务的共同行为时，对全体共同作业者肯定过失共同正犯的成立乃属妥适。①

在前述案例 4 及案例 5 的两件焊接火灾案的情形，是过失犯罪中常见的共同违反工作规则导致不法结果的案件。在现代社会中，一项工程由数名工人共同工作的情形十分常见，而案例 4 中数人轮流作业的情形也是过失共同正犯问题比较集中的情形之一②。在这两个案件中，法院分别是以"社会生活上危险且重大结果的发生能被预想的情况，负有依相互利用、补充所形成的共同注意义务的共同作业者系现实存在"以及"两人虽是工作场同事，却不是不必事先采取隔离措施而进行各自独立的危险焊接作业"而认为有共同注意义务的存在，进而肯定过失共同正犯的成立。可见，法院的思路主要是从被告人的过失实行行为之共同来推导出注意义务的共同，从而认为是共同行为而共同对不法结果负责。

（二）否定过失共同正犯的判例

1. 巴士车祸案

巴士驾驶员酒醉驾驶，车上有乘务员同乘，在满载乘客的情况下，未将入口的车门关闭，在为避免冲撞行人而急剧地打方向盘之下，因离心力发生偏离，而使乘务员与数名乘客摔落车外，以致死伤。法院认为公车司机与乘务员两人应负互相维持汽车行驶安全的义务，该二行为人的过失具有相互重叠的结果，可解释为二过失竞合的结果。③

---

① 参见日本平成 4 年（1922 年）1 月 23 日东京地方法院判决。转引自杨国祥：《过失共同正犯之研究》，台湾中兴大学法律学研究所硕士论文，1992 年，第 59 页。
② 轮流作业的实例比较普遍，比如轮流开车进行长途运输导致交通肇事案以及轮流开枪射击过失致人死亡案等。这些判例大都被作为比较典型的过失共同正犯判例被使用。
③ 参见昭和 30 年（1955 年）6 月 23 日广岛高等裁判所冈山支部判决。转引自杨国祥：《过失共同正犯之研究》，台湾中兴大学法律学研究所硕士论文，1992 年，第 55 页。

2. 麻醉过失致死案

被告人 A 与原审被告人 B，是医院的外科医生，共同治疗右肩关节脱臼的病人 X。A 提议对 X 实施全身麻醉，并让护士 C 进行注射。结果护士发生错误，注射了另一种药物，导致 X 因心脏衰弱而亡。原判决认为，A、B 成立业务上的过失致死罪的共同正犯，而辩护人主张，被告人 A 并不是 X 的主治医生，只不过是 B 的辅助者，而且并未参与静脉注射，所以没有实施过失行为，再说，指示对 C 注射不过是对 B 的建议，这个指示本身也是正确的，如果说有过失的话，也只能说 C 与 B 的行为有过失。

本案原判决认为 A、B 是共同正犯，适用刑法第 60 条的规定，但广岛高裁认为这不过是 A、B、C 过失行为的竞合，并非刑法所说的共犯。本判决认为进行治疗的所有医生都有过失责任，但只是过失的竞合，而非过失共同正犯。① 但有学者认为，从本判决的理论中可以推倒出相反的结论，即过失共同正犯的肯定说。内田文昭教授就是其中之一。②

我们认为，本案中被害人的死亡结果是由 C 直接导致的，A、B 的过失在于未对 C 的打针行为进行应有的监督，所以两位医生的责任可能在于所谓"监督过失"。③ 医生与护士 C 之间由于很难认定护士反过来对医生的

---

① 原审法院认为：首先，无论被告人 A 的地位名目是什么，被告人 A 与 B 都是对 X 进行治疗的难以区分责任轻重的共同负责医生。法院肯定被告人为了给 X 注射麻醉药，向护士 C 指示的药名是正确的，并且查证了在注射时被告人没有在患者身边而是在自己的桌子边做其他事情。但是，法院认为，只要 A、B 是对 C 进行治疗的共同负责医师，并且 A 在很容易看到护士 C 的一举一动的场所，那么对全身注射这种十分危险的治疗手段，不能因为护士在业务上有独立性，就认为 A 可以对护士的行为不负任何责任……A 不仅在注射时，就是在之前的准备行为时，对注射液是否正确、分量是否适当，都有进行严格检查以避免可能失误的业务上的注意义务。对于两个以上的医生对患者共同进行治疗，难以区分责任轻重的场合，在治疗过程中，只要存在医生的过失，除去很明显对过失全无责任以及医生内部对特定的治疗分担特定的责任，归责明确的场合以外，过失应由全体医生共同负责。认为 A 没有直接参与注射所以对结果没有责任的观点是没有任何理由的。（参见 ［日］广岛高判 1957 年 7 月 20 日《高等裁判所刑事裁判特报》第 4 卷，第 67 页）

② 内田文昭教授认为，本判决对共同负责医生的"共同义务"作了非常严格而详细的认定，并肯定了对此义务的"共同违反"。而这种共同义务的共同违反，就是过失共动的一种形态，可以构成共同过失正犯。

③ 参见 ［日］山中敬一著，陈运财译：《日本过失犯理论之发展及其现代之课题——大规模事故及刑事责任》，载《东海大学法学研究》第 10 期，第 402 页。

监督责任，故在这个层面上难以成立过失共同正犯。但在两位医生之间，则正如内田教授所言，可以构成过失共同正犯。也就是说，即使在监督过失问题中，在监督者之间、被监督者之间也有可能成立过失共同正犯。

3. 抽烟失火案

A、B、C 三人于修理屋顶时，在屋顶上抽烟，不知何人的烟蒂着火，致将建筑物烧毁。法院认为该三人对于修理屋顶虽有共同目的及共同行为的关系，但是就抽烟而言，则只是具有相同时间与场所的偶然关系而已，不能成立共同正犯。[①]

4. 广告气球致死案

经营广告气球宣传业的 A 与其从业人员 B 共同将气球器材搬入现场，指示 B 扬升方法等并托付 B 后离去。B 在该现场将氢气充足后扬升。到了时间又将气球拉下。然而 B 并没有放掉拉下来的气球内的氢气，就返回家中。翌日第四次到现场时，发现气球充气口边破损，里面有两名儿童因缺氧死亡。法院认定从业人员 B 属于业务上过失致死罪，至于负责人 A 是否成立共同正犯，则认为即使无共同实行犯罪的意思联络，在共同行为人各自实行不注意行为及各自于不注意相互影响下，形成一个不注意而导致结果发生时，始可成立过失共同正犯，惟该二行为人并无此种关系存在，故否定其成立过失共同正犯。[②]

抽烟失火案的判决，虽然结果上否定成立过失共同正犯，但同时认为行为人不符合过失共同正犯的要件而不成立。实际上在过失共同正犯这一概念是否成立的问题上，其立场仍是肯定的。故这两则案例并非严格意义上的否定过失共同正犯的判例，恰好是肯定的判例。据此，在抽烟失火案

---

① 参见昭和 40 年（1965 年）3 月 31 日秋田地方法院判决。转引自甘添贵：《正犯与共犯：第四讲——过失共同正犯与过失共犯》，载《月旦法学教室》第 18 期，第 87 页。

② 参见昭和 51 年（1976 年）10 月 25 日越谷简易法院判决。转引自陈子平：《论过失共同正犯》，载《东海法学研究》第 10 期，第 150 页。

中，法院的立场是行为人虽有共同工作及共同抽烟的行为，但并未被认为是共同犯罪行为。不过，就本案而言，以有限的资料来观察，各行为人之间抽烟的整个过程不甚清楚，整个过程有无意思联络或协力行为对于是否属于过失共同正犯至关重要，故难以判断个中是否存在共同行为。广告气球致死案中，行为人间虽有主从关系，但下属的过失行为并不被认为和上司为共同行为。

第三节　意大利、俄罗斯、英美法系

意大利现行刑法典明确承认过失共同正犯，而俄罗斯同中国一样，立法上明确站在否定立场。此一正一反，具有代表意义。英美法系部分的考察旨在探寻不同法系下面对相似甚或相同问题的立场和处理方法。

一、意大利

意大利现行刑法关于共同犯罪的规定在世界刑事立法史上占有极特殊的地位。而其中文版中"共同犯罪"一词也不是严格意义上与中文相对应的意大利语"compartecipazione al reato"，而是"concourse di persone nel rea-to"（直译应为"犯罪中人的竞合"）这一表述的意译。意大利现行刑法典（1930 刑法典）规定，对于重罪，只有在法律明文规定的情况下，才处罚（刑法典第 42 条第 4 款）；而对轻罪来说，过失和故意都同样是归罪的标准。于是，就共同犯罪来讲，值得考虑的就是：过失重罪中的共同过失行为和故意重罪中的过失共犯行为。

对过失重罪中的共同过失行为，刑法典第 113 条规定："在过失重罪中，在结果是由多个人的合作引起的时，对其中的每个人都按法律为该罪规定的刑罚处罚"。1889 年刑法典没有与现行刑法典 113 条相应的规定，因此，在该法典施行期间，人们曾怀疑过是否应该允许这样一种共同犯罪的形式存在。1930 年刑法典承认了这种共同犯罪的形式，但赋予了它一个名称（"过失重罪中的合作"），以表示其与故意的共同犯罪有所区别。① 不过，所谓"过失重罪中的合作"，既然用"合作"来冠名，由于合作也必然要求有主观意思与客观行为的相互统一，所以实际上也是"过失共同犯罪"。过失共同犯罪单凭"过失"二字已经足以和"故意共同犯罪"相区别了。

对于过失或故意轻罪来说，没有任何理由否认它们存在过失的共同犯罪问题。因为刑法典第113条规定的参照物是刑法典第42条第2款有关重罪的规定（即只有在法律明文规定的情况下，过失重罪才承担刑事责任）；而对轻罪来说，应该适用刑法典第42条第4款（即对轻罪来说，不论故意还是过失，一般都应承担刑事责任），以及刑法典第110条的规定。特别是刑法典第110条在规定共同犯罪时，使用的是包含轻罪在内的"共同犯罪"，而不是"共同重罪"。总之，意大利刑法典全面肯定了过失的共同犯罪，过失共同正犯自然不在话下。与意大利一样在立法上肯定的还有西班牙②、丹麦③，但究竟不如意大利这么鲜明和全面。

意大利刑法第133条这一规定，自1930年的现行刑法典颁布以来，虽然刑法典历经了数次局部修正，其中，意大利1968年的"刑法修改草案"一度涉及共犯部分修改，该条前后的第112条、114条、116条都提出了相应的修改意见，唯独没有对113条"动刀"，而且，即使这样，这一修改法案由于种种原因，并没有通过。这样，第113条保持至今。④

---

① ［意］杜里奥·帕多瓦尼著，陈忠林译：《意大利刑法原理》，法律出版社1998年版，第330页。

② 西班牙刑法典第17条规定："所谓合谋犯是指两人或者两人以上协商执行并共同实施犯罪行为。建议犯是指罪犯邀请他人或者多人实施犯罪。合谋犯和建议犯只有在法律特别规定时才给予惩罚。"第27条规定："主犯和从犯应承担犯罪过失罪的刑事责任。"（参见潘灯译：《西班牙刑法典》，中国政法大学出版社2004年版，第6、12页）

③ 丹麦刑法典也明确肯定了共同过失犯罪，只是对于特定情形下，规定了免除处罚的情节。丹麦刑法典第23条第三款规定："除非有其他规定，对于在共同犯罪中仅仅意图提供较不重要之帮助者、他人已经具有犯罪意图时强化其犯罪意图者，或者由于过失而参与共同犯罪者，其刑罚为四个月以下监禁者，可以免除处罚。"（参见：谢望原译：《丹麦刑法典与丹麦刑事执行法》，北京大学出版社2005年版，第6页）

④ 具体的过程和内容请参见何鹏：《评意大利刑法的修改》，载《政法论坛》1987年第6期。

二、俄罗斯

1958 年《苏联和各加盟共和国刑事立法纲要》和后来的 1960 年《苏俄刑法典》的共同犯罪定义为对共同犯罪的某些要件作广义解释提供了可能性。苏联解体前的俄罗斯刑法中主张过失共同犯罪的人有科洛科夫、谢尔盖也夫斯基、波兹内舍夫、沙尔戈罗茨基、特拉伊宁等。如沙尔戈罗茨基认为过失犯罪即"行为故意实施，而结果的发生属于过失的那些犯罪。在这些犯罪中可能发生共同过失犯罪。"这样一来，他就在一定程度上支持了特拉伊宁的观点。后者曾言："否认过失罪的共同犯罪的可能性，就等于在社会主义法的体系中否认共同参加实施这些有时具有极大社会危害性的犯罪行为的刑事责任的可能性"。①

在 1989 年前苏联解体后，俄罗斯从 1993 年开始对《苏俄刑法典》进行修改，制定了《俄罗斯联邦刑法典》，基本沿袭了前苏联的刑事立法意蕴，未作重大调整。如同中国一样，在立法上明确否认了过失共同正犯以及过失共同犯罪成立共同犯罪之可能性。现行《俄罗斯联邦刑法典》第 32 条明确规定："两人或两人以上故意共同实施故意犯罪的，是共同犯罪。"② 立法虽然如此规定，但在法律书刊中却有不同意见。③ 这一论述至少认为或肯定了共同犯罪（共同正犯）比单独犯罪（单独正犯）的法益侵害性更大

---

① ［苏］特拉伊宁：《共同犯罪学说的几个问题》，载《政法译丛》1957 年，第 4 期。另外，《越南刑法典》第 17 条规定："二人以上共同故意实施犯罪的是共同犯罪。"《蒙古刑法典》、《南斯拉夫刑法典》也是如此。

② 赵微译：《俄罗斯联邦刑法》，法律出版社 2003 年版，第 98—99 页。

③ 有一种意见认为，在科技革命的条件下，由于几个人不认真或轻率地对待自己的职责，人和机构的相互作用而发生严得多的危害社会的后果（例如，切尔诺贝利核电站事故），过失共同致害具有更高的社会危害性，所以也就需要对有关行为的定罪采取不同的态度。但立法者没有接受在共同犯罪制度之外再划分出共同造成危害社会后果这种独立制度的思想。然而，鉴于这种行为比个别实施过失行为的主体具有更高的社会危害性，所以刑法典分则的许多条款规定了由于不认真履行自己的职责造成损害或者发生二人以上造成损害是加重情节（刑法典第 109 条、第 118 条、122 条、238 条）。这样一来，执法机关就有可能更严厉地评价过失共同致人损害的情况。（参见［俄］库兹涅佐娃、佳日科娃主编，黄道秀译：《俄罗斯刑法教程总论》（上），中国法制出版社 2002 年版，第 215 页）

的事实，即使在过失共同致害的场合下也是如此。对待此种情况，法律上需要做出的反应是加大处罚力度。那么现在的问题是如何实现这一需要。如上所述，俄罗斯刑法采取的办法是避开总则的限制性规定，而在分则部分条文中个别地予以体现。从逻辑上讲，如果认为一般情况下共同过失犯罪比单独过失犯罪的危害性大，那么共同故意犯罪显然也比单独故意犯罪的危害性大。进而，如果说对过失共同犯罪加大处罚力度是必要的，于共同故意犯罪的情况也应如此。如果能证明共同犯罪的概念和制度有这样一个内在功能和目的的话，那么就可以为过失共同犯罪的肯定提供另外一条思路。这可能是俄罗斯刑法及其相关理论带来的最大启示。

严格地说，除我国、前苏联、东欧、越南、阿尔巴尼亚①等其他少数社会主义国家的刑法外，世界大多数国家的刑法中有的只是关于共同犯罪人的规定，没有共同犯罪的规定。而且，这几个特例几乎都在立法上将共同犯罪界定或等同于故意共同犯罪。② 这是很有意思的现象。个中原由恐怕一言难尽，但前苏联历史上对相关国家在各方面的强大影响是很明显的。无论如何，在此等立法条件下提出不同的观点需要一定的勇气，至少是学术性的。

三、英美法系

英美法系刑法理论认为：有的时候，犯罪不是由一个人来实施的，当两个或者更多的人参与到同一个犯罪中，并在其中扮演一定的角色，发挥一定的作用时，就产生了共同犯罪的问题。在英国普通法里，传统的共犯

---

① 《阿尔巴尼亚刑法典》第12条规定："数人共同故意实施犯罪或者以这种目的组织犯罪团体的，都是共同犯罪。"相对于1926年《苏俄刑法典》所规定的共同犯罪的概念"对于实施犯罪的人（直接实施犯罪的人以及他们的共犯——教唆犯和帮助犯），应当一律适用司法改造性质的社会保卫方法"，有学者认为阿的刑法典将共同犯罪抽象为"共同故意实施犯罪"是巨大进步。（参见陈兴良：《共同犯罪论》2006年版，第35—36页）不过，现在看来，这样一个立法模式究竟是否合理，还值得考虑。

② 1919年《苏俄刑法指导原则》第17条规定："二人或二人以上故意共同参加实施某项犯罪，是共同犯罪"1922年《苏俄刑法典》关于共同犯罪的规定，基本上沿袭了1919年《苏俄刑法指导原则》，少许的改动也未触及共同犯罪的定义。后来的1926年、1960年《苏俄刑法典》也有修改和完善，共同犯罪的定义也未改变。

模式按作用，把共同犯罪人分为四类。① 就过失共同正犯的情形而言，在司法实践中也出现过相关判例，虽然没有使用过失共同正犯的术语，但其归责原理却是一致的。② 另外，就狭义的共犯行为而言，英美刑法中，共犯的行为要素包括范围很宽。③

关于过失共犯的问题。在英美刑法中，共犯承担刑事责任的心理要素一般要求被告人和主犯实施的犯罪所要求的心理状态相同。但这并不意味着如某些论著④所言的"共同犯罪的成立没有罪过上的要求。无论是故意犯罪还是过失犯罪抑或是严格责任犯罪都可以构成共同犯罪。"关于这一问题，即使在英美法系，也存在争议。如果主犯实施的犯罪不是基于故意，而是过失或者疏忽，则被告人能否构成共犯也是一个值得探讨的问题。而这个问题来源于被告人将其汽车借给他明知是喝醉酒的人，在这种情况下，如果醉酒的司机撞死或撞伤了路边的行人或其他司机，则车主是否应为该一般杀人罪或者伤害罪承担从犯的刑事责任？美国的一些法院在这种情况下都判决这样的人承担了从犯的刑事责任。他们认为，这没有违反从犯的一般原则，即在这种情况下，假设被告人是主犯而实施这样的犯罪需要一

---

① 即一级主犯（a principal in the first degree）、二级主犯（a principal in the second degree）、事前从犯（an accessory before the fact）、事后从犯（an accessory after the fact）。

② 1887 年美国德克萨斯州的波尔卡地区发生一起过失致人死亡案件，欧·陶克森（货运火车司机）、德克思（货运火车司炉工）驾驶机车通过铁路与公路交叉口时，没有负必要注意义务，疏忽大意，火车司机在通过道路交叉口时应该注意轨道上是否还有行人，结果陶克森没有给出任何警告信号，没有拉响火车汽笛，而安德森（司闸员）和伍滋（司闸员）也没有敲响注意铃声，结果将一名正在轨道上的黑人小孩莫根撞死。其实只要稍微注意就可以避免，但是在当时他们丧失了普通人在这种情况所应该具有的审慎，结果导致了悲剧的发生。波尔卡郡联邦地区法院认为他们违反了德克萨斯州刑法典第 579 条，应对死亡结果负担刑事责任，因此判决四名被告一级过失致人死亡罪名，并判处每人 250 美元的罚金刑。虽然在这个历史较远的案例中并没有出现过失共同犯罪的字眼，美国刑法也没有过失共同犯罪之理论，但是各个行为人承担责任的原则却是"部分行为全部责任"。在不作为形式构成的过失共同正犯中，每个人的行为都与结果有因果关系，总体结合在一起造成了结果，从反面来讲，似乎如果有其中一个人注意了，就不会，但反过来证明每个人的不作为仅仅是整体过失行为的一部分，最后令四个人都承担责任，就是"部分实行全部责任"的表现。因此，应该认为是过失共同正犯的证明案例。

③ 英国 1861 年法案规定的共犯的行为包括帮助（aiding）、唆使（abetting）、劝诱（counselling）和促进（procuring）。虽然关于共犯行为范围很广，但大多数法院还是倾向于使用这四个术语。

④ 参见赵秉志主编：《英美刑法学》，中国人民大学出版社 2004 年版，第 65—66 页。

定的心理状态，被告人至少具有与此相同的心理状态。对此，可以理解为帮助实施危险驾驶行为是故意的，就构成要件而言，对于最终结果却是过失的。所以，在定罪上本质是借助于或者加功于过失正犯的行为而实现整体的过失犯罪的构成要件；而在整个犯罪的内部结构上，帮助者的行为又是通过被帮助者或过失正犯的行为对外界产生影响，导致法益侵害结果，因此，符合共犯中帮助犯即此中的从犯的要素，从而成立从犯。但也不是所有的法院都采取这样的处理原则。①

同属于英美法系的我国香港地区，情况也有些许类似。香港地区刑法由于继承了英美法系的传统，对共同犯罪并没有明确的定义，其相关规定散见于各种单行条例、法规及判例中。在李迪川一案中对共犯下的定义为：共犯是在犯罪进行中的任何时间内以某种方式与其他犯罪者合作的人。② 由此，香港刑法学界似乎肯定了过失共犯的成立，尤其是下面的案例更是一个明证：一个公司的负责人，明知一辆汽车失灵，派遣一个知道这种情况的雇员驾驶汽车从英格兰到苏格兰，由于机件失灵，造成了撞人致死的事故，这就可以认为雇主明知机件失灵而命令雇员驾驶，雇员也明知机件失灵而去驾驶，雇主和雇员因而构成共犯。③

第四节　我国台湾地区、大陆地区

我国台湾地区和大陆地区的法源关系很密切，源远流长。1949 年新中

---

① 如有一些法院坚持认为，仅仅是过失或者疏忽的犯罪对于成为共犯来说是不够的，只有故意使犯罪产生才能使被告人承担共犯的刑事责任。美国有一些案例表明，如果醉酒的司机造成了他人的死亡，则车主不会成为杀人罪的共犯，其理由是这种死亡的后果不是因为车主的劝诱而发生的。不过在这种情况下，车主将构成一种将车借给醉酒司机的轻罪，并且需要为这种轻罪承担刑事责任。我们可以理解为，这种处理方式，着眼于因果关系，认为车主的劝诱不是直接导致他人死亡的原因，但鉴于其行为有危险性，所以将其视为或作为单独的轻罪来处罚。（参见张旭主编：《英美刑法要论》，清华大学出版社 2006 年版，第 156—157 页）

② 参见赵秉志罗德立：《香港刑法》，北京大学出版社 1996 版，第 24 页。

③ 参见赵秉志：《香港刑法学》，河南出版社 1997 版，第 84 页。此种情形如果在中国大陆地区，根据相关司法解释，也会以功夫那处理。

国成立是这一历史进程的分水岭。之前是一体，以后便各走一方：台湾地区继承旧法，并加以完善发展；大陆废除旧法统，在一片废墟上全面引进前苏联的体系，自成特色。因此，在考察过失共同正犯或过失共同犯罪立法例和判例的时候，不宜将台湾和大陆完全分开进行。

一、共同的历史轨迹

中国的共同正犯首先是从共犯发轫的。对此过程，蔡枢衡先生作了细致的研究：[①] 在中国，先于共犯出现的是群犯。远在从猿变人过程中，食人和复仇都是群对群的行动。五帝时代所谓寇贼的寇，郑康成解释为"群行攻劫"。[②] 汉代有所谓群盗，[③] 且有"三人以上无故群饮"的罪名。[④] 群本是氏族社会的概念。人数众多——至少是三人以上才是群。群和二人以下是互相化界的。三代罪及五世，秦汉夷三族和杀一家以及后世的缘坐，都是原始社会群和群间斗争遗风的残余。

《说文解字》："共，同也。""同，会合也。"《广雅．释诂》三："同，皆也。"皆字概括了共同正犯间的分工和合作关系；会合概括了造意和随行、主和从，亦即正犯与从犯之间相辅相成的关系。共犯是共同犯罪，也就是各自努力，实现共同意志。张斐《晋律注》："唱首先言为造意"。[⑤] 足见秦、汉、魏、晋已有共犯概念了。

在唐、宋、明、清，无身份的人可与有身分的人称为共犯。有身份的人，依法负担应负罪责；无身份的罪人，依一般规定处罚。在唐、宋、明、清，不仅精神正常人可以与老小废疾成为共犯，两人以上的过失犯或结果犯也可成为共犯。

---

① 参见蔡枢衡：《中国刑法史》，中国法制出版社 2005 年版，第 200—203 页。
② 《尚书·舜典》。
③ 《史记·杨仆传》、《汉书·咸宣传》。
④ 《汉书·文帝纪》注。
⑤ 《晋书·刑法志》。

（一）唐律

《唐律疏议》是我国封建社会最完备的法典，其处罚共同犯罪的规定不仅别具一格，而且适用结果也卓有成效。总的来讲，《唐律》规定："诸共犯罪者，以造意为首，随从者减一等。若家人共犯，止坐尊长；侵损于人者，以凡人首从论。即其监临主守为犯，虽造意，仍以监主为首，凡人以常从论"。从该条规定可以看出，唐代的共犯，强调的是二人以上共同犯罪，该共同犯罪并不区分共同故意犯罪或共同过失犯罪。唐律中规定的过失犯罪，皆可构成共同犯罪，而且，在过失共同犯罪内归责时还注意区分首、从犯。[①] 对于过失共同犯罪以及过失共同正犯而言，这是极为宝贵的历史资源。具体而言，唐律二人以上过失犯罪的共犯构成类型主要包括以下几个方面：

1. "官司过失出入人罪"

即官吏在刑事审判过程中，过失酿成冤家错案的行为。对因共同过失而导致"出入人罪"的，负有责任的所有官吏都应承担刑事责任，而且还应依据其官职及所起作用的大小区分首、从犯。同时，不论同案犯人数多少，只能认定其中所起作用最大的一人为首犯，而其他同案犯则属不同级别的从犯。

2. "漏泄大事罪"

《职制》漏泄大事罪规定："诸漏泄大事应密者，绞。非大事应密者，徒一年半；漏泄于蕃国使者，加一等。仍以初传者为首，传至者为从。""漏泄大事属于'不意而犯'"，即为过失犯罪。根据该条的规定二人以上漏泄大事者，罪分首从，成立过失共同犯罪。

3. 宿卫冒名相代罪

《卫禁》宿卫冒名相代罪规定："主司不觉，减二等。"《疏议》解释：主司"不觉人冒名自代及代之者，减所犯人罪二等"，"若冒代之事，从府

---

① 曾宪义：《中国法制史》，北京大学出版社 2000 年版，第 162 页。

而来，即以府官所由为首，余官节级为从坐"，由此可知，如果冒代之情来自折冲府，折冲府官吏不知此冒代之情，就按冒名相代犯罪的本罪减二等处罚，并以折冲府主管的官员为首犯，府内其余的官员按级逐次以从犯论。可见，这种情况下折冲府各级官吏构成冒名相代罪的过失共同犯罪。

4. 共同过失致人死亡

《斗讼》："共举重物，力所不制"，所谓"共举"即二人以上抬举重物；"力所不制"即由于力气所不能控制而重物落地；因此而杀伤人的，以过失杀伤人罪论处，成立过失共同犯罪。

（二）大清新刑律

清《新刑律》第 29 条："二人以上共同实施犯罪之行为者，皆为正犯。""于实施犯罪行为之际帮助正犯者，准正犯论。"第 34 条："知本犯之情而共同者，虽本犯不知共同之情，仍以共犯论。"第 35 条："于过失罪有共同过失者，以共犯论。"第 36 条："值他人故意犯罪之际，因过失而助成其结果者，准过失共同正犯论。但以其罪应论过失者为限。"至于处罚的原则，旧律只要是分首从，从犯就必减轻。而《新刑律》则教唆、正犯、共同正犯同样处罚。

《刑法第二次修正案》删去了过失助成他人犯罪，准过失共同正犯的规定。盖因认为过失犯人只应负担自己的过失罪责。若再负担他人的故意罪责，未免欠公。为犯人计，洵属有理。关于因身份而成立的罪，增入"无身分的共同正犯亦以共犯论"，填补了清《新刑律》的漏洞。1928 年《刑法》第 47 条规定："二人以上于过失罪有共同过失者，皆为过失正犯。"1935 年《刑法》中，删去了这一过失共同正犯之规定。此后，中国刑法分为两支。

二、台湾地区

（一）立法例

国民党主政台湾地区后，沿用了 1935 年《刑法》（"旧刑法"）。"旧刑法"在第 28 条规定:"二人以上共同实施犯罪之行为者,皆为正犯。"台湾地区"刑法"经 2005 年修订后的刑法("新刑法")基本保留此项规定,仅将其中的"实施"改为"实行"。① 从字面上看,以上立法例对过失能否构成共同正犯,未置可否,属于"空白例"。

不难看见,我国台湾地区与德国刑法类似,似乎都经历了在立法例上否认过失共同正犯的过程。只不过,前者是对已有条文的删除,后者是对修正案的否定。对此,一般认为是立法对过失共同正犯的否定。但也有学者提出新的见解:"事实上,就立法层面而言,暂行新刑律、旧刑法之所以加以规定自然有其现实之需要,而现行刑法之所以加以删除,却未必没有现实之必要。换言之,或可理解为第 28 条之规定内容亦涵盖过失共同正犯,从而没有另行规定之必要。"② 不过,缘于立法上并未将共同正犯仅限于故意共同正犯,所以,在理论和实践中对于过失共同正犯还有一定的解释和适用的弹性空间。

(二) 判例

1. 否定立场之判例:麻薯致死案

A、B 等均系零食小贩,两人经常担卖香肠、汤团、米粥等食品为业。某日,两人相约合资一起制作麻薯贩卖,在 B 家门外磨粉蒸熟以杵臼桩,制成麻薯后包成七八百块。B 家原本有畜养鸭二只与邻居鸡鸭数十只结合成群散放于外,由于包制时未注意清洁,致所做的麻薯染有大量鸡鸭粪便排泄传布的沙门第五属细菌。隔天共同担往台南市东门附近贩卖,购食的二百多人皆感染细菌中毒,并于一、二天后先后发热、肚痛、泻痢,其中 C、D、E 不治死亡,另外尚有五十多人重病,一百多人轻病者,其本人及其家属亦于食后中毒经急救医治免于死亡。

---

① 具体参见林钰雄著:《新刑法总则》,元照出版公司 2006 年版,第 377—468 页。张丽卿著:《刑法总则理论与适用》,一品文化出版社 2005 年版,第 4—6、308—311 页。

② 陈子平:《过失共同正犯概念之争议》,载蔡墩铭主编:《刑法争议问题研究》,五南图书出版公司 1989 年版,第 293 页。

台湾"最高法院"判决认为上诉人 B 家有畜鸭与 A 在其住宅门外共制薯时，邻右鸡鸭与 B 所养鸭子群集四周并啄食其制薯余屑的情节，上诉人等并不否认，已见其制作环境不尽卫生给细菌以传播机会，且其制妥后尤欠注意遮盖放置，更使蟑螂、蝇、鼠致使细菌传播。是上诉人等对此应注意，并能注意，而不注意，致食品传有细菌，即应负过失的责任。

审理本案的台湾"高等法院"判决结果和"最高法院"并无二致，但其多列"刑法"（台湾地区刑法）第 28 条将 A、B 两人视为共同正犯，则被"最高法院"批评："惟查刑法第二十八条之共同正犯，以实施犯罪行为者有共同故意为要件，若二人以上同有过失行为，纵皆于其过失行为均应负责，然亦无适用该条之可言。"①

台湾地区的这一判例中，其"最高法院"对否定过失犯中成立共同正犯的理由，仅是认为刑法第 28 条的共同正犯，必须以故意为要件。对此，陈子平教授认为，理由不仅不足，甚至完全阙如。② 其更认为实务这样的说法，似乎可认为过失共同正犯是"理论上可能，刑法规定上不能"加以理解。③

我们认为，本案与前文日本的"甲醇酒案"以及德国的"皮革喷雾剂案"类似，均为产品质量刑事责任问题。本案中，A、B 两人共同购买原料，共同制造商品，并且共同贩卖商品。然后因为食用 A、B 两人所贩卖的商品，共造成三人死亡，数百人健康受损，在实务认为个人身体和生命法益无法想象竞合的见解下，A、B 两人可能面临三个过失致死罪与数百个过失伤害罪的刑事责任。对于如此范围广大的法益侵害，而且是属于实害犯的犯罪，法院仅以两人对于制造商品的环境卫生应注意、能注意，而不注意，致食品传有细菌，即应负起所有的过失责任，来说明行为人的不法行

---

① 台湾"最高法院"1955 年台上字第 242 号判例。应该说，这一立场在我国台湾地区实务界是占主流的。如 1955 年台上字第 242 号判例所言："刑法"第二十八条之共同正犯，以二人以上实施犯罪行为，有共同故意为要件，若二人以上同有过失行为，纵于其行为皆应负责，亦无适用该条之余地。（参见陈子平：《刑法总论》，中国人民大学出版社 2009 年版，第 365 页）

② 陈子平：《刑法总论》，中国人民大学出版社 2009 年版，第 365 页。

③ 陈子平：《论过失共同正犯》，载《东海法学研究》第 10 期，第 172 页。

为以及与不法结果间的因果关系。这样的思路和根据本质上是沿着过失共同正犯的理论体系来认定 A、B 两人的罪责：因为如果法院坚持过失犯不能成立共同正犯的观点，那么就应该说明个别行为人的过失行为与各个不法结果间的关联性。但实际的情况是，法院并未一一区分证明 A、B 两人的何种行为，对于哪一个实害结果，具有如何的因果关系，取而代之的是以两人共同制造、贩卖的行为，使两人负起所有的过失责任。事实上某个商品可能只经由 A 的手制造，并只经由 A 的手卖出，而造成食用者死亡，可能完全跟 B 无关。只是从本案件来看，要实际上证明死亡者所食用的商品，是由哪一个人制造的，应该是几乎不可能的事情。所以法院表面上否认过失共同正犯，但实质上却运用过失共同正犯来解决问题。这恰好反映了"在审判实践中也存在悄悄地按共同犯罪的原则处理共同过失犯罪的情况"①，更折射出立法与司法实践互动关系中的尴尬与缺陷。

2. 肯定立场之判例：高压电缆致死案

A、B 二人为养殖渔产，供应抽水机电源使用，而沿着堤岸的排水沟边沿，共同铺设高压电缆线三条，而二人明知共有的该高压电电缆具有危险性，但却未将前述高压电缆深埋于地下，而使其裸露在外。其后 B 为吊海菜须超载使用电源，为避免跳闸，便将电源原设置的断电器功能切断，在工作完成后却未注意将断电器功能复原。刚好 C 为了帮邻地整地，于同日下午，驾驶耕耘机行经该堤岸，虽然知道该堤岸狭小，仅可供行人或机动车通行，但依旧强行通过，致该耕耘机陷入泥中，并倾斜于排水沟旁，因 A、B 兄弟所共同铺设的高压电缆，并未深埋于地下，且 B 复于同日早上将原装设断电器功能切断，而 C 所驾驶的耕耘机的铲土刀，正好压破电缆而漏电至该耕耘机，C 因不知情，欲以起重机将耕耘机抬离时因而触电倒地，经送医于同日下午，因心肺功能衰竭不治死亡。

被告 A、B 对所共有设置电缆致使 C 死亡的事实坦承不讳，只是都矢口否认有过失。B 辩称：该路为其所有的渔池岸，并非产业道路，仅供机动

---

① 张明楷：《共同过失与共同犯罪》，载《吉林大学社会科学学报》2003 年第 2 期。

行驶，而 C 要经过未先行通知，使其无法注意断电器的安全，且电缆已铺设于沟渠边，非铺设于道路旁，C 驾耕耘机较大，已经向沟渠倾斜而致压到电缆等。A 则以：耕耘机压到的电缆虽为二人所共有，但断电器不是 A 拉下来切断，因此无过失等语辩护。

法院判决认为，被告二人明知共有该高压电电缆具有危险，应注意其设置地点是否危及人车通行的安全性外，更须装设断电器等安全维护设施，以防止漏、触电等意外事故的发生，而依其电缆设置情形又无不能注意的情事，竟疏于注意上述电源设置的安全性，未将前揭高压电缆深埋于地下，而裸露铺设前开堤岸排水沟边沿，而依其肇事时，被告等亦无不能注意的情事，且 B 竟为超载使用电源为避免跳闸，贸然将断电器功能切断，用毕后又未回复原断电器功能，致 C 触电死亡，则被告二人上述行为，与被害人死亡结果间，具有相当因果关系。被告二人共同疏于未注意设置高压电缆线致生本案事故，有犯意联络、行为分担，构成过失致死罪的共同正犯。①

在过失犯罪中，有多人对犯罪结果有因果作用，或者说对犯罪结果制造了数个风险，而在这数个风险实现的同时，产生了犯罪结果，这样的情况实在很普遍。本案的意义和价值在于，提出了实践中认定过失共同正犯的几大要素："共同不注意"、"犯意联络"、"行为分担"。其中，"共同不注意"可以理解为理论上通常所谓"共同注意义务的共同违反"。这固然重要，但这只是相对抽象意义上的归纳，对于认定过失共同正犯更关键的要素是其背后更为具体的"犯意联络"和"行为分担"这两项。不难看出，本案中法院所认定的"犯意联络"和"行为分担"并不是针对法益侵害结果，而是就共同实行危险行为的意思联络和行为分担。确立这一点至关重要。因为，对实施危险行为事实本身的认识和行为，对单独过失犯罪的认定已足矣，并不需要行为人对实施法益侵害行为的所谓犯罪性有明确的认识和掌控，否则过失犯罪及其制度本身就难以成立。所以，过失共同正犯

---

① 参见台湾地区云林地方法院 1998 年诉字第 376 号判决。

的论证与认定绝不能脱离单独过失犯罪归责本身的结构和要求来进行。

三、大陆地区

（一）立法例

新中国成立前，虽然在中国共产党主政的特定时域内，如土地革命时期根据地、抗战时期和解放战争时期的根据地都先后制定了诸多有关共同犯罪的法例，而且当中也不乏直接被新中国先后两部刑法典继承的内容①，但在共同犯罪定义问题上未见有新的立法规定。② 新中国成立后，大陆地区急于废除"旧法统"，但在很长一段时期内又未能及时建立起"新体系"，直至 1979 年刑法典的颁布。大陆刑法由于历史原因，深受苏俄刑法浸染，"在历史上，随着 1949 年中华人民共和国在世界地图上的出现，中国的法的理论，其中也包括刑法理论，都是从苏联的法律体系中借鉴的"③。前后两次刑法典均未见"正犯"或"共同正犯"相关规定，这都不是最重要的。关键的问题在于 1979 刑法和 1997 刑法都明确在立法中规定了共同犯罪的概念，而且跟苏俄一样地将共同犯罪干脆等同于"共同故意犯罪"。现行大陆 1997 刑法典第 25 条规定肯定了"共同过失犯罪"（现象）存在，但不承认它们是共同犯罪，只可分别处罚，这避免了理论上的争论，却也阻碍了刑法理论的发展。④

不过，随着中国大陆经济和社会的急速发展、变革、转型，实践中出

---

① 如 1946 年 6 月 12 日施行的《晋冀鲁豫边区高等法院关于特种案犯运用刑法的指示》指出："如确系胁从或盲从分子，悔改有据或其情节为人民所原宥者，应减轻或免除其刑；如确系首谋分子或情节严重为人民所痛恨者，得处死刑或无期徒刑。"（参见韩延龙、常兆儒：《中国新民主主义革命时期根据地法制文献选编》，第 3 卷，中国社会科学出版社 1981 年版，第 192—193 页。转引自陈兴良：《共同犯罪论》，中国人民大学出版社 2006 年版，第 21 页）这就体现了至今沿用的"对共同犯罪人区分首要分子与胁从分子，规定首要分子从重处罚，而胁从分子从轻处罚"的精神。

② 参见陈兴良：《共同犯罪论》，中国人民大学出版社 2006 年版，第 17—22 页。

③ 何秉松、〔俄〕科米萨罗夫、科罗别耶夫主编：《中国与俄罗斯犯罪构成理论比较研究》，法律出版社 2008 年版，第 3 页。

④ 参见张明楷：《共同过失与共同犯罪》，载《吉林大学社会科学学报》2003 年第 2 期。

现了不同声音。面对日益严重的交通肇事的情形，最高人民法院、最高人民检察院1987年8月12日《关于严格依法处理道路交通肇事案件的通知》指出："单位主管负责人或者车主强令本单位人员或所雇佣人员违章驾车造成重大道路交通事故的，应按刑法第113条（即交通肇事罪）的规定，追究其刑事责任。"新刑法颁布后，针对第113条之规定，最高人民法院2000年《关于审理交通肇事刑事案件具体应用法律若干问题的解释》（以下简称《2000年解释》）第5条第1款、第2款分别规定："'因逃逸致人死亡'，是指行为人在交通肇事后为逃避法律追究而逃跑，致使被害人因得不到救助而死亡的情形。""交通肇事后，单位主管人员、机动车辆所有人、承包人或者乘车人指使肇事人逃逸，致使被害人因得不到救助而死亡的，以交通肇事罪的共犯论处。"同时第7条也规定："单位主管人员、机动车辆所有人或者机动车辆承包人指使、强令他人违章驾驶造成重大交通事故，具有本解释第二条规定情形之一的，以交通肇事罪定罪处罚。"尽管有争议，但前述解释，尤其是第7条至少在交通肇事罪领域肯定过失共犯之可能。而且，该司法解释极大地激起了各界对过失共同犯罪问题的关注与思考。

（二）判例

近代以来至新中国成立前，实务界的立场倾向于否定论。[①] 新中国成立后，受立法明文规定的限制，大陆地区到目前为止还没有出现在判决结论中明确肯定过失共同正犯或过失犯之共犯的判例。但是，司法实践不断面临新的难题，用传统的理论在现有立法规定下解决起来很困难，这使得司法部门在有限的范围内，至少在原理的运用上逐步体现出需要肯定过失共同正犯之趋势。

[①]　如1938年附字第934号判例所言：刑法第28条（中国1935年《刑法》即旧刑法，旧刑法在第28条规定："二人以上共同实施犯罪之行为者，皆为正犯。"）之共同正犯，以实施犯罪行为者有必共同故意为必要，若二人以上共同过失罪，纵应就其过失行为共同负责，并无适用该条之余地。又如1942年院字第2383号解释：二人以上因共同过失发生犯罪者，应各科以过失犯罪之刑，不适用刑法第28条条文，其判决主文毋庸为共同过失宣示。（参见陈子平：《刑法总论》，中国人民大学出版社2009年版，第365页）

立法上的断然否认并不必然阻止实践中出现了越来越多的相关案例。①现举一很多研究者都引用过的案例——雷德奇、孔建华在旅游区开枪射击致人死亡案，来加以说明。

1993 年 11 月初，重庆中洲实业总公司在未经公安机关批准的情况下，委托被告人雷德奇从云南省购回 JW—20 型半自动运动步枪一支（枪号：834051），子弹 200 发。该公司将枪弹交给雷德奇保管。1994 年 4 月 26 日，雷将所保管的该运动步枪和子弹从本公司带到九龙坡区南温泉碉堡山皂桷湾 39 号重庆中洲实业总公司招待所，存放在该所客厅的壁柜内。同年 5 月 1 日晚，被告人雷德奇、孔建华与其公司领导人等到该招待所度假。次日（5 月 2 日）午后 3 时许，孔建华到招待所客厅，见半开着的壁柜内有一支运动步枪及子弹，便取出玩耍，但不知如何装弹。此时雷德奇也来到客厅，从孔手中接过枪，将子弹装入枪膛，随即两人相约至阳台上，选中离阳台 8.5 米左右处一个树干上的废瓷瓶为目标比赛枪法，谁输了谁拿出一包香烟。接着两人轮流各射击子弹 3 发，均未打中瓷瓶。其中一发子弹穿过树林和花溪河上空，飞向距该招待所阳台约 133 米远的南泉解放桥至南泉镇公路人行道 138 号电杆附近，恰逢行人龙晓黎（男，21 岁）途经该处，致龙右肩中弹，倒地身亡。但无法查清是该子弹系二人中何人所发射。

重庆市九龙坡区人民法院经公开审理认为，被告人雷德奇、孔建华应当预见在旅游区开枪射击可能危害公共安全，因射击瓷瓶玩乐时疏忽大意而未能预见，造成龙晓黎中弹死亡的结果，其行为均已构成以在旅游区开枪射击的危险方法致人死亡罪，依法应予处罚；对因误伤致死被害人龙晓黎所造成的经济损失给予赔偿。重庆市九龙坡区人民法院经公开审理后，对被告人雷德奇和孔建华均判处：以在旅游区开枪射击的危险方法致人死

---

① 除了本部分举到的"雷孔案"外，近年来大陆还出现了很多事实上过失共同正犯或过失犯之共犯的案件，如"浙江海宁 2.15 火灾案"（参见方列，付丕毅：《浙江海宁特大火灾，死亡 39 人》，新华网，2004 年 2 月 16 日）、"蒋勇、李刚过失致人死亡案"（参见中华人民共和国最高人民法院刑事审判第一、二、三、四、五庭主办：《刑事审判参考》（总第 57 集），法律出版社 2007 年版，第 27—32 页）、"淮安市人民检察院诉康兆永、王刚危险物品肇事案"（参见江苏省淮安市中级人民法院［2006］淮刑一初字第 0001 号判决）等。

亡罪，判处有期徒刑四年；一次性赔偿附带民事诉讼原告人龙刚的经济损失 5000 元。后被告人雷德奇上诉，重庆市中级人民法院维持原判。①

此案与瑞士的"滚石案"有相通之处：即二人以上共同为危险行为，导致危害结果发生，但不能查明个别因果关系。对于最后的判决结果，张明楷教授认为："既然否认过失的共同正犯，就不能适用部分实行全部责任的原则。上述判决没有承认雷某与孔某成立过失的共同正犯，却又适用了部分实行全部责任的原则。在此意义上说，该判决存在缺陷。另一方面，也可以认为，该判决实际上承认了过失的共同正犯，因而适用了部分实行全部责任的原则。但由于刑法明文否认过失的共同犯罪，所以，该判决没有适用刑法总则关于共同犯罪的规定。"因此，这是"在审判实践中也存在悄悄地按共同犯罪的原则处理共同过失犯罪的情况"的表现之一。② 虽然中国的刑事判决书因少有充分说明理由者而广受诟病，但同时也给研究者留下了较大的解释空间。

---

① 参见最高人民法院中国应用法学研究所：《人民法院案例选·刑事卷》（1992—1999 年合订本），人民法院出版社 1997 年版，第 46 页。

② 张明楷：《共同过失与共同犯罪》，载《吉林大学社会科学学报》2003 年第 2 期。

第二章　学说史辩证：争议与评析

伴随着现代工业社会不断地向纵深方向的推进，必然导致客观上存在日渐增多的过失共同犯罪的现象以及由此带来的越来越多的疑难问题。因此，无论立法和判例的立场如何，哪怕在立法上明确排斥过失共同正犯的国家或地区，在理论上也都有或早晚都会有争议。道理越辩越明，故了解各方观点，找出分歧所在，把握问题实质，确立发展方向尤为必要。

第一节　肯定论及评析

所谓肯定论，其实也不完全是对过失共同犯罪下所包含的所有命题都肯定，有的仅肯定过失共同正犯[①]，有的则仅肯定过失共同正犯和过失犯之帮助犯，[②] 而有的则全面肯定过失共同正犯、过失犯之教唆犯以及过失犯之帮助犯[③]；不仅如此，肯定论各方所持的理由也不尽一致，总体看来，是从多个维度对各自观点加以论证，从而在整体上增强了肯定论的根基和力量。以下的理论梳理和评析将按国别和地区来进行。

---

① 如日本山口厚教授，台湾地区陈子平教授，我国大陆地区张明楷教授等持此说。

② 如我国台湾刑法学者翁国梁，他认为："惟就事实与理论而言，故意与过失均为犯罪形态之一种，犯罪之处于共同过失，非不可能。例如甲乙二人共抬一物，登山失手，伤及行人，甲乙二人皆为过失之共同正犯是。""事实上过失犯有时亦可构成从犯之形态。"（参见翁国梁：《中国刑法总论》，正中书局1970年版，第158、156页）

③ 如日本刑法学者木村龟二既"承认过失犯的共同正犯"，同时认为"由于（日本）刑法第61条及第62条没有明文要求教唆及帮助须故意实施，也就没有理由否定出于过失的共犯。"（参见〔日〕木村龟二：《刑法总论》，有斐阁1984年增补版，第406页、412页。转引自马克昌主编：《犯罪通论》，武汉大学出版社1999年版，第518页）

一、德　国

很长一段时间内，在德国刑法学界，在过失犯的责任仅限于个人责任。[①] 这是持否定说的普珀（Puppe）教授对德国通说在过失共同正犯问题上之立场的描述。但他同时也不得不承认，在最近十几年[②]来，有一系列的专论与论文要求引进过失共同正犯的概念并对此加以论证。[③] 不管立场如何，从实践与理论的一般互动关系上来看，德国[④]学界这一新近动向至少表明社会实践可能发生了一些新的变化，从而引发了理论的连锁反应。

（一）过失共同正犯理论在德国的发展历程简述

在德国，关于过失犯是否也应区分不同的正犯体系的问题，尽管布伦斯维克公国（1814—1918，现为德国下萨克森州东部的一个城市）最高法院在特别法中曾经肯定过共同正犯的存在，普鲁士刑法以及帝国法院时期曾经积极讨论，但犯罪支配理论以及后来的判决却明确地否认过失共同正犯。[⑤] 不过学者 Carl Georg von Wächter 在帝国刑法时期广泛地支持主观的正犯理论下，在其 1874 年的著作"现今普通法下侮辱及伤害罪之罪责"中，率先提出了过失共同正犯的概念："当多数人与他人共同行为，并因此违犯了一个过失犯罪，这是从共同支配此事件的行为中延伸而来的，而不是从协议而来，犯罪是从此一行为平均得出的，或说是一个不可分离的整体所产生的行为，每个人都造成了这个犯罪。过失犯罪中的参与犯是完全可能

---

①　［德］普珀著，王鹏翔译：《反对过失共同正犯》，载《东吴法律学报》，第 17 期第 3 卷。

②　普珀教授发表的《反对过失共同正犯》一文是他 2005 年 9 月 25 日在台湾东吴大学法学院以（Wider die fahrlässige Mittäterschaft）发表的演讲稿译文，原文是"在过去十年来"。参见普珀著，王鹏翔译：《反对过失共同正犯》，载《东吴法律学报》，第 17 期第 3 卷。

③　［德］普珀著，王鹏翔译：《反对过失共同正犯》，载《东吴法律学报》，第 17 期第 3 卷。

④　其实不止德国，其他国家也大致如此。以中国大陆为例，学界大量出现过失共同正犯相关研究，并持肯定说的论者与论著，也大致是最近十年左右的时间。当然，日本理论界和实务界的时间还要更长。

⑤　Vgl. Bernd Schünemann, *LK StGB*, 12. Aufl., 2006, § 25 Rn. 215.

想象的。"①

理论发展到后来，传统理论对共同犯罪作了纯客观的解释，这使得德国旧刑法第 47 条在过失犯也有适用的余地。共同正犯被界定为"共同犯罪行为的实施"而共同造成结果。共同的概念也仅是共同引起的行为。而过失不法是违反注意而纯粹客观的原因，过失共同正犯肯定可以存在。② 而宾丁在 1919 年就提出："我可以毫无疑问地告诉诸位，法律上确实可能解释过失共同正犯是受法律承认的。反对其可能性的观点，是基于解释论上的错误，我不相信这是正确的。罗马人已经完全正确地认识了此种情形；此外，这些过失共同正犯的案件也是十分普遍的"。③

后来，瑞士法院对"滚石案"的判决，引起了不少对过失共同正犯的讨论。但德国的法院仍未改变对此问题的见解，Schleswig 邦高等法院在对"火柴棒案"的审判中仍然否定过失共同正犯的成立。④

在"皮革喷雾剂案"等类似产品刑事责任问题出现后，过失共同正犯在近年来已然成为一个热门话题。除了在战后首先提倡肯定过失共同正犯的 Otto 教授外，其他刑法的权威学者如 Roxin⑤和 Jakobs⑥等教授也都对此问题表示看法。其中 Roxin 教授从反对过失共同正犯的立场⑦，转为有条件的

---

① Vgl. Wächter, Carl Georg von, *Die Busse bei Beleidigungen und Körperverletzungen nach dem heutigen gemeinen Recht*, Leipzig 1874, S. 61f. 转引自 Kraatz, Erik: *Die fahrlässige Mittäterschaft*: ein Beitrag zur strafrechtlichen Zurechnungslehre auf der Grundlage eines finalen Handlungsbegriffs, 2006, S. 42。

② Vgl. Kraatz, Erik, *Die fahrlässige Mittäterschaft*: ein Beitrag zur strafrechtlichen Zurechnungslehre auf der Grundlage eines finalen Handlungsbegriffs, 2006, S. 87.

③ Binding, Karl, *Die Normen und ihre übertretung*, Band 4, Die Fahrlässigkeit, Neudruck der Ausgasbe Leipzig 1919, S. 637f.

④ 该判例中，有两名窃贼不约而同地摸黑潜入工厂想要偷东西，并点燃火柴棒以供照明使用，但未确认火柴棒已完全熄灭即予丢弃，之后由火柴棒引起大火烧毁工厂。法院不能确定是何者丢弃的火柴棒引起火灾，因此判定两人皆不构成失火罪。(参见〔德〕普珀著，王鹏翔译：《反对过失共同正犯》，载《东吴法律学报》，第 17 期第 3 卷)

⑤ Vgl. Roxin, Claus, *Strafrecht*, *Allgemeiner Teil*, Bd. 2, 2003, Rn. 241 f. und ders., *Täterschaft und Tätherrschaft*, 8. Aufl., 2006, S. 695.

⑥ Vgl. Jakobs, Günther, *Akzessorietät*, *Zu den Voraussetzungen gemeinsamer Organisation*; in: GA 1996, S. 265.

⑦ 参见〔德〕巴齐卡鲁波著，刘秉钧译：《正犯与共犯理论中之主观与客观（要素）》，载《政大法学评论》第 50 期，第 193 页。

承认。① 另外有许多专论讨论过失共同正犯的问题，在越来越多承认过失共同正犯概念的需要下，寻找支持这种犯罪类型的法律基础。

（二）观点及评析

德国学说肯定过失共同正犯，大致上有三个思考方向：第一，区别"意思"与"意识"的基本概念，学者宾丁（K. Binding）采此种思考。②；第二，各行为人间"相互了解"的认识内容，无须针对特定的犯罪结果，学者R. Frank（弗兰克）、E. Mezger（梅茨格尔）、A. Lobe（洛贝）、F. Exner（埃克斯纳）、Eb. Schmidhauser（施密德霍伊泽）等采此说；第三，违反共同义务，学者C. Roxin（罗克辛）、Otto（奥托）Bettina Weißer（贝蒂娜·魏贝尔）等采此种见解。当然还有Renzikowski（伦齐科沃斯基）的"自治原则理论"、Simone Kamm（西莫内·卡姆）的"必要的共同作用理论"以及Knauer（克瑙尔）的"共同客观可归责行为论"等。以下择其要者分述之。

1. 弗兰克教授

弗兰克教授认为，否认过失犯中有共同正犯存在的见解是以过失犯不能有意思联络的存在为其立论的基础。但是所谓意思联络的概念，并非绝对与一定结果的招致有关系。例如，有两位劳动者共同将一个屋梁由屋顶抛掷街上，当时因未曾注意街上有行人通过，以致抛下的屋梁将行人轧死，此种情形就可以认为该两位劳动者并不欠缺意思联络。因此，弗兰克指出，应将过失犯的共同正犯包括于共同正犯之中，并应该界定为：所谓共同正犯，系个人企图为其构成要件行为，而具有多数人的意思联络的有责的协力作用下而为的法益侵害行为。③

---

① Roxin 教授对于正犯概念图解中，认为过失正犯有：直接正犯，间接正犯，和共同正犯三种形式。（参见许玉秀：《刑法新思潮》，中国法制出版社 2005 年版，第 585 页）

② 宾丁认为正犯之所以成为共同正犯，必须该行为能力者具有与他人或与彼等全体通的正犯者意思之实现。他人为共通的正犯者意思，无需常为有犯意之存在。这样，他就暗示了过失犯有共同犯罪的存在。参见洪福增著：《刑法之理论与实践》，台湾刑事法杂志社 1988 年版，第 307 页。

③ Vgl. Harro Otto, *Täterschaft und Teilnahme im Fahrlässigkeitsbereich*, Festschrift für GüNTER SPENDEL zum 70. Geburtstag, Walter de Gruzter, 1992.

上述观点指出了过失共同正犯问题中很关键的一点，即意思联络的含义和定位。的确，意思联络是共同正犯的特性。① 但是，他认为从构成要件的视角来观察，意思联络不一定非要与法益侵害的结果有关系，亦即意思联络并不必然要对法益侵害结果有明确的认识和意志上的容认甚或积极追求。前述案例中，行为人共同扔下屋梁的行为事实即为共同实行的事实；同时，该事实也可以看成是基于相互利用、相互补充的关系而形成的。而共同扔下的行为，正是基于二人一起施工的意思而实施的，所以也可以说，具有共同实行的意思。② 的确，若非如此，那么单独过失犯的构成要件中也得要求行为人对法益侵害结果有认识，要求行为人对其行为的所谓"犯罪性"有认识，但这显然难以成立。单独过失犯罪对行为人主观认识的要求是要对其实施的客观上导致最终侵害结果的行为事实有认识即为已足。那么，在过失共同犯罪的情形下，也应如此，即如各共同行为人都知道自己的行为是在共同进行推落巨石③、违章驾驶④、危险射击⑤，用爆竹惊吓被害人⑥等危险行为事实，就可以认为各行为人之间有主观的意思联络。如若不然，单独过失犯的犯罪构成将被彻底架空而不复存在。这是过失共同正犯理论体系中极为重要的一点。

2. 奥托教授

在德国，奥托教授很早就开始了对过失共同正犯的研究，也被认为是

---

① 参见〔日〕横濑浩司：《过失共同正犯理论研究》，中京大学图书馆电子数据库。

② 参见〔日〕大谷实著，黎宏译：《刑法讲义总论》（新版第 2 版），中国人民大学出版社 2008 年版，第 379 页。

③ 参见瑞士滚石案，中国滚石案（侯国云：《过失犯罪论》，人民出版社 1993 年版，第 156—158 页。）

④ 如日本公交车祸案等。

⑤ 如误人为兽案，重庆九龙坡案等。

⑥ 2009 年 6 月 27 日上午，中国某市罗某（17 周岁、轻度智障患者）、刘某（19 周岁）到街上买米时，刘某要罗某买点爆竹回去炸鱼玩。15 时许，刘某骑摩托车带着罗某在溪边炸鱼时，发现离他们 30 多米远的溪中，张某（11 周岁）躺在一个直径约为 1 米的水坑中洗澡。刘某便向罗某提出丢个爆竹吓张某一下，罗某表示同意。两人争着要丢爆竹，后由罗某点燃一个爆竹朝张某所躺的方向丢去，爆竹落在张某所躺水坑旁边的石头上后弹至水坑中炸响，将张某炸伤。后罗某、刘某同他人一起将张某送往医院，张某经抢救无效死亡。经法医鉴定：张某系爆炸致心血管破裂死亡。（参见普法网，2009 年 10 月 21 日）

在该问题领域的代表性学者之一。他在其《刑法总论基础教程》（第七版）中详细阐述了其学术观点。①

奥托教授的学说主要是从实际的需求来创造过失共同正犯的法类型。他认为所谓正犯，是将某些案件归责于他的作用。透过已知的正犯和共犯的社会现象归责结果，立法者以强调和建立特别要件来架构。当正犯单独或和他人分工地决定"是否"以及"如何"实施构成要件并完成法益侵害，正犯就对构成要件的实施有责任。法益侵害的责任多半是透过风险而促成，并以之为根据。一个侵害结果最后被归责为一个人的作用，是因为他创造或提升风险，并在结果中实现。

而在多人参与犯罪时则涉及到社会领域中的地位决定，决定"如何"和"是否"行为的首要责任归属何人，谁是依赖他人的对于构成要件实现承担次要责任的决意。在此，奥托教授的出发点是责任原则，即每个人基本上对他的行为有责任，只要不是透过他人行为实现风险，就对他人的行为没有责任。这一原则也适用于过失犯罪。正如共同过失地引起与他人相同的危险或实害的情形显示，在过失引起的责任应该排除被害人个人的责任。然而必须注意，过失犯罪的行为人虽然同样是可以显示"构成要件所包含的社会内涵的控制主体"，不过和故意不同，是控制未意识到的事件的结果。这自然而然地导致正犯的判断和故意犯罪无关。其出发点毋宁是"一般的正犯建构标准"。

另外奥托教授认为过失犯与故意犯不同，因为过失犯缺乏如刑法上教唆犯与帮助犯之扩张刑罚事由规定，故过失之教唆犯与帮助犯并不具可罚性，应加以区别过失正犯与共犯。所谓过失正犯，虽在意识上无法控制导致结果的发生，由于其直接对法益侵害应负责任，故被视为系社会意义内容的控制主体。因此，社会领域中位置决定与责任范围的分化，仍然具有其重要性。有关法益侵害的控制主体究竟应该归责于何人，实际是与基于社会地位而对法律上重要事实现象负首要责任者究竟为何人，属于同一问

---

① Vgl. Harro Otto, *Grundkurs Strafrecht Allgemeine Strafrechtslehre*, 7. Aufl. , s. 310-318f.

题。① 若将控制事实的行为人标准连接到创造或升高在结果中实现的风险，可以发现过失犯罪的正犯也是如此。于是在共同实现犯罪计划上，以行为人与其他行为人分工合作而作为对第三人的法益造成危险，乃于该行为人共同假设的特别危险，在现实上造成法益侵害时，就需共同对法益侵害负责。奥托教授最终主张共同义务的违反行为对法益侵害负共同责任，并以此作为过失共同正犯的理论基础。②

具体而言，在作为犯的情形，应负该种责任的人是指违反可能保护第三者法益的注意义务，而对他人法益造成或增加危险者。透过"共同的义务违反"分工的创造或提高在结果中实现的风险，存在"对于风险的共同责任"，众人共同负有回避特定结果的责任。对于这些客观标准必须附有和故意共同正犯相应的主观标准，此标准在于"参与者意识到分工地、共同支配下的风险创造或提高"。

在不作为犯中，共同的风险实现在于共同地违反义务的不作为，尽管相同的保证人义务是基于共同的意识（协议），共同地不符合义务。共同责任领域的扩张，透过过失犯的共同正犯类型，这在故意领域中虽然未找到相似点，却是规范产品的"个案正义"，在企业中建立共同正犯的责任。

此外奥托教授认为过失之正犯可依据上述论点予以规范，而参与共同行为分工合作的各个行为人亦可共同负担刑事罪责。亦即，于共同实现计划的情形，与其他人分工而使第三人的法益发生危险时，在其所设定特别危险产生现实化法益侵害时，需共同承担法益侵害的罪责。此种原理和结论亦可适用于所发生的结果与个别行为的因果关系无法证明的情形，如瑞士滚石案等。

综上，奥托教授的观点是以对过失犯结构进行重新定义，即创设或提高风险且在结果中实现为前提的。可以说，在这个层面上各个行为人能够

---

① 余振华：《瑞士之过失共同正犯论》，载《刑法深思·深思刑法》，元照出版公司2005年版，第233页。
② 余振华：《论过失共同正犯之适法性》，载《刑法深思·深思刑法》，元照出版公司2005年版，第202页。

形成共同的意识和共同的行为、分工合作，从而为最终的共同责任奠定坚实的基础。这一判断过程可以归纳为："意识到和其他人分工的作用引起或提高风险，并在结果中实现——事先可预见的——，对于结果是共同的负责任。这些人负担共同正犯之责。"这样一个理论架构和判断逻辑至少可以适用于两种情形：其一，可以适用于共同行为实质性地共同致害的情形，如二人共举圆木抛下过失致人死亡案；其二，共同行为，但直接致害力只能是其中一方，但个别因果关系又无法确定的情形，如在瑞士"滚石案"和重庆九龙坡的"雷孔案"中各自的两个参与者，对于分工地创造风险基于共同责任的归责而负责，不在乎是否可确定究竟是何人推落的石头或射出的子弹导致被害人死亡。需要注意的是，风险升高理论并非意欲取代因果关系，而是对因果关系的补强和实质化说明。另外，奥托教授认为应加以区别过失之正犯与共犯，但过失之教唆犯与过失之帮助犯并不具可罚性。但是，不具可罚性却不必然否认在概念逻辑体系上的存在合理性和可能性。

3. 罗克辛教授

罗克辛教授在1992年莱比锡注释书中，肯定过失共同正犯的存在，但仅限于义务犯。对于滚石案，罗克辛教授认为虽然因果关系难以证明，但为了避免无罪释放造成的不公平，所以因果关系不应该从每个人的行为结果来看，而是要对整体犯行作观察。

依其见解，所谓过失犯，系指行为人并非为了实现自己所欲实现的结果，仅是因为其未善尽注意而违反应注意的义务而言。有关过失犯的结果归责，并非基于行为人意欲实现结果的意思，而是以违反注意义务作为归责的理论根据。因此，有关过失共同正犯的理论根据，乃基于具有过失犯结果归责价值性的"违反注意义务"，亦即"共同违反义务"。换言之，基于过失而共同违反共同注意义务者，即所谓过失共同正犯。①

---

① 参见余振华：《论过失共同正犯之适法性》，载《刑法深思·深思刑法》，元照出版公司2005年版，第202页。

不过罗克辛教授肯定过失共同正犯是附有条件的，承认范围较其他支持者要小。一般赞同过失共同正犯的见解，认为虽由共同行为人中的一人行为导致结果发生，其他共同行为人亦须共同负责；此外，当无法证明究竟系何人的行为导致结果发生时，全部共同行为人皆应负责。他认为在前者的情形，行为人本身既然未违反注意义务，只因具有共同的行为，而由于他人的行为被连带处罚，有违个人责任原则。至于在后者的情形，若不采全部行为人皆应负罪责，则全部行为人皆无罪，故共同行为人至少就全体的行为而言，具有对发生结果的预见可能性，肯定共同正犯而令全部行为人负责，此论点值得深思。在这种情形下，是忽视不处罚单纯的过失危险犯，至少属于忽视无法该当实害犯的构成要件。如果是二十人一起练习射击，结果其中的子弹击中被害人致其死亡，即只有一人的危险行为转化为侵害结果，那么就无法处罚其他十九人的危险行为。

如果对共同行为的各行为人，应考察其是否违反注意义务，则"共同义务"是否具有实际的意义？罗克辛教授认为，在各行为人应具有违反注意义务的论点上，共同正犯与单独犯并无任何差异，但于共同义务上，以正犯为基础的违反义务，则与单独犯的情形，依条件不同而有所差异。例如，为了监督某囚犯而指派两名官吏，或为了照顾某儿童而雇用两名保母时，虽可考虑有关同一客体（囚犯、儿童）的共同义务，但只要两人并非同时违反义务，即不发生法益侵害，故两者所为的违反义务系共同且相互依存。在此情形，两名监督者中之一人确实已违反义务，但因为共同义务之性质产生所谓"重复保证"，故不能主张另一人无预见违反义务的可能性。换言之，在一般情况下，属于违反注意义务绝对要件的预见可能性，在共同义务的情形中，唯有在上述范围，始不产生问题。[1]

我们认为，总的来讲，罗克辛教授只是承认不作为犯主体间因保证人

---

[1] 参见余振华：《论过失共同正犯之适法性》，载《刑法深思·深思刑法》，元照出版公司2005年版，第230页。

地位而形成的所谓"重复保证"之下的"共同注意义务之共同违反"可以成立过失共同正犯，对一般肯定论者所赞同的更广范围内的过失共同正犯则不支持。不过，他同时又认为，对于共同假设的过失危险被实现的场合，因其结果的发生是由共同行为引起，因此共同行为人均成立侵害犯。而倘若由共同行为人中之一人行为所引起结果发生的情形也是如此。① 这样的理解对于实践案例的处理当然在结论是没有多大问题，但既然是共同行为共同引起法益侵害，最终要每个人都承担责任，其法理只能是共同正犯的"部分实行，全体负责"之原理。同样的情况，如果是故意共同行为共同致害，显然都会根据"部分实行，全体负责"之共同正犯归责根据来处理，并不会引起质疑，但轮到了过失共同行为的情形却不能适用这一原则，而要分别以单独过失犯来归责，这在逻辑上是不合理的。如果说此种情形过失共同正犯概念没有存在的价值和必要的话，故意共同正犯也同样没有存在的价值和必要。因为从最终的归责上来看，后者也可以单独归责，没有障碍。故，罗克辛教授的观点值得进一步研究。

4. 伦齐科沃斯基教授

伦齐科沃斯基在意思自治原则（Autonomieprinzip）下来建构正犯体系。他根据自我答责（Selbstverantwortung）认为每个人具有"法律保证的自由领域"。另外伦齐科沃斯基认为正犯的行为规范是"不得对于法益造成实害"。并认为犯罪支配理论回答了不法构成要件的行为与结果要如何归责于行为人，而这就是"自主原则"以及"自我负责原则"，并同时符合"回溯禁止原则"（Regressverbot）的要求。在共同正犯中，个人责任并非源于亲自实行的行为部分，亦即他本身的行为，而是参与人的共同（Personenge-meinschaft），只要他对此事有促进性贡献的，不管大小②。伦齐科沃斯基也认为过失犯并非如通说般采取单一正犯的概念，而是采取限制正犯的概念。

① 参见余振华：《论过失共同正犯之适法性》，载《刑法深思・深思刑法》，元照出版公司2005年版，第237页。

② Kraatz, Erik, *Die fahrlässige Mittäterschaft*: ein Beitrag zur strafrechtlichen Zurechnungslehre auf der Grundlage eines finalen Handlungsbegriffs, 2006, S. 123.

对于过失犯而言，加功的行为仅能成立不罚的教唆犯或帮助犯①。于是，这里便开启了过失共同正犯的可能性：共同风险的共同创造。②

通过以上对伦齐科沃斯基观点的介绍，不难看出，伦齐科沃斯基从自我原则出发，认为正犯作为最后一人违反了"不得侵犯法益"的规范（这一点，故意和过失犯都是如此），只有正犯才是责任的载体。在此基础上，共同正犯的实质在于法律将其拟制为一个整体上的行为人，整体上对侵害结果负责，不必考虑集体中个人与侵害结果个别的因果联系，这点对于个体与结果因果关系不明的情形尤其如此。这在本质上是从集团主义原理③对共同正犯的解读以及对其处罚根据的建构。在某种意义上，或许这正是法律创制共同正犯概念的初衷所在。在此前提下，尽管在最终的归责上，责任还是会落实到集体中的个体，但责任的判断此时就不取决于个体实行行为本身，而是取决于个体行为对整体行为的贡献大小，用中国刑法理论来讲可能就是"取决于行为人在共同犯罪中的作用的大小"。从而，这是一个很重要的视角的转换，将个体与结果间的联系转变到对整体行为及其制造和实现的风险与结果之间的关系上。于是，只要能证明行为人设定一个"共同的目标"④，共同正犯和他人在这个"共同行为目标"下的共同计划，每个参与者能够认识到整体计划所伴随着的风险性，从而演变为一个可想象的整体个人所作的"整体犯罪"，整体上实现过失犯罪的构成要件。于是，可以就侵害法益的结果归责于这个"整体的人"，进而"整体的人"之下的有机组成部分——个人都应该归责。而过失共同正犯情形下的归责过

---

① 彭文茂：《不法集体决议的因果关系与刑事归责》，台北大学法学系硕士论文，2005 年 6 月，第 196 页。

② Kühl, Kristian, *Strafrecht, allgemeiner Teil*, 5. Aufl. , 2005 , S. 630.

③ 关于从集团主义原理对共同正犯的解释路径，请参见陈家林：《共同正犯研究》，武汉大学出版社 2004 年版，第 53—55 页。

④ 此处"共同的目标"是共同的、直接的、自然的行为目标，而非共同的、明确的犯罪目标。在过失犯的情形下，如共同将石头推下山坡（"滚石案"）、共同将喷雾剂卖出去（"皮革喷雾剂案"）、共同轮流驾驶汽车、共同轮流比赛击破玻璃瓶（"重庆九龙坡案"）等行为即为适例。此等情形下，如果换作单独一人犯罪，归责显然不能也不会要求行为人本人要有明确的犯罪犯罪目的。单独犯如此，共同行为而致害时也应如此：归责显然不是也不能要求行为人要有共同的犯罪目标：致人死亡或伤害，否则就成为故意犯罪了。

程就可以概括为：先整体，后个人。如此一来，从共同正犯的"整体性"切入，过失共同正犯找到了成立的关键根据。而且，就过失共同正犯的成立范围而言，其判断标准就不在于所谓"共同注意义务"之上了，而在于客观共同风险的制造和在共同计划下的实现。于是，不仅同一时点上的共同行为人可以构成过失共同正犯，而且身处不同环节但又相互紧密联系的主体间，如产品的生产者和销售者间，或者销售者和广告代言人之间等等，只要足以在有认识的情况下客观上共同制造或提高了共同的风险，并共同实现该风险，就可以成立过失共同正犯。这一观点，对于越来越多的产品刑事责任的解决提供了一个特别且可能较好的思路。

5. 魏贝尔

魏贝尔特别强调了相同的注意义务，共同行为的意识，共同制造并实现了风险。所以，其观点可以归结为：在客观上更严格地要求所有参与者负有相同的注意义务，也必须意识到共同行为以及意识到行为人相同的注意义务；据此，肯定瑞士"滚石案"成立过失共同正犯。可见，除了对整体意义的特别强调外，就过失共同正犯成立的结论和要素而言，Weißer 的观点与伦齐科沃斯基有共通之处，尤其在对共同计划和共同行为上的认识这点上更是如此，其重要性可见一斑。

6. 西莫内·卡姆："必要的共同作用理论"

西莫内·卡姆教授对于过失共同正犯的概念相较于其他肯定论者更加严格，对过失共同正犯要求共同作用的客观必要性（die objective Notwendigkeit desZusammenwirkens），亦即行为无法单独地导致结果；主观上参与者必须认识到相互的依赖（共同意识到共同行为）。[①]

卡姆对过失共同正犯的研究也遵循风险升高的根据，并侧重在一个基于客观标准上的连带性（Solidarisierung）。对于法益的增加风险的存在，在许多人共同作用时应当采取共同作用的相同处理。[②]

---

① Kamm, Simone, *Die fahrlässige Mittäterschaft*, 1999, S. 209.

② Kamm, Simone, *Die fahrlässige Mittäterschaft*, 1999, S. 190f.

很显然，卡姆教授一方面认为过失共同正犯成立的关键不仅在于客观的必要共同作用，而且更在于行为人主观上的连结，并认为后者是共同正犯归责原理中将他人行为视为自己行为，并进而对他人的行为负责的根据所在。这是极为重要的一点。

7. 克瑙尔：共同客观可归责行为

克瑙尔从对委员会决议的争论和皮革喷雾剂案开始，将每个委员会成员的表决行为评价为共同正犯，其根据在于各投票人共同的行为贡献。集体行为决议对于结果而言，超过了个人所创造风险，是一个更广大的风险升高。否认过失共同正犯是对过失不法实质的否定。总之，过失共同正犯意味着"透过许多人共同创造不允许的风险于结果中具体化"。[1]

克瑙尔教授的肯定立场是通过客观归责理论而切入的，特别强调了过失不法的本质对于过失共同正犯的意义。同时，他提出的共同行为对于风险提高的作用，从"共同客观可归责行为"肯定过失共同正犯的观点，我们认为是很有启发性的。

二、日　本

过失共同正犯是否成立的问题，实质是共同正犯的范围问题，其核心在于共同正犯中"共同"的理解问题。如前文所述，日本大审院时代的判例虽然明确认为过失犯不可能成立共同正犯，但是，其最高法院在"甲醇酒案"中，认为成立《有毒饮食物等取缔令》第 4 条第 1 款后段所规定的过失犯的共同正犯。此后，在下级法院的判例中，也有肯定判例出现。日本对于过失共同正犯和相关问题研究很多，当然争议也很大。[2] 不过，如果从对立双方的数量和影响力来看的话，肯定论者的"势力"要比其他国家

---

[1]　Knauer, Christoph, *Die Kollegialentscheidung im Strafrecht*: zugleich ein Beitrag zum Verhaltnis von Kausalität und Mittäterschaft, 2001, S. 156f.

[2]　参见大谷实著，黎宏译：《刑法讲义总论》（新版第 2 版），中国人民大学出版社 2008 年版，第 377 页。

和地区相对大一些。诸多有影响的刑法学者持肯定论，如木村龟二、内田文昭、藤木英雄、野村稔、山中敬一、牧野英一、大场茂马、福田平[①]、川端博、佐久间修、大谷实[②]、西田典之[③]、山口厚[④]等教授。这可能得益于两点：其一，日本立法没有明确排除过失共同正犯，乃至于过失共犯成立的可能性；其二，实务中在战前和战后，尤其是战后出现了为数不少的肯定判例，为肯定论者增加了很大底气。尽管通说站在否定论立场至今影响仍然很大，但其理由显得越发薄弱。不过，肯定论者至今似乎也没有完全解决过失共同正犯成立的根据问题，所以致使为数众多的肯定论者努力从不同维度对各自的观点加以论证。因此，对于日本肯定论的梳理，我们拟以观点和立场为依据进行归类。

（一）自行为共同说的肯定论

行为共同说又称共同正犯理论的主观说，即以数人共同为犯罪行为之实行、共同表现恶性，而应受刑罚处罚。该说将共同正犯之"共同"理解为行为的共同，也就是说成立共同正犯只要各行为人认识到共同实行"构成要件之外部的、客观的要素限度之实行行为"的共同[⑤]为已足。具体到过失共同正犯而言，该说认为基于行为共同说之立场，共同正犯共同行为人间在主观上必须具有意思的联络，亦即在主观成立要件上，必须数行为人具有共同加功的意思。所谓共同加功的意思，并非指必须共同认识不法构

---

① 福田平教授认为："过失犯的实行行为是违反客观注意，而有导致构成要件结果实现可能性的非故意形态，这种形态有可能共同为之，如果有共同为实行行为的意思和事实，即肯定过失共同正犯，这与犯罪共同说的主张不矛盾。"（［日］福田平著：《新版刑法总论》，有斐阁 1976 年版，第 201—202 页）

② 参见大谷实著，黎宏译：《刑法讲义总论》（新版第 2 版），中国人民大学出版社 2008 年版，第 376—380 页。

③ 参见［日］西田典之著，刘明祥、王昭武译：《日本刑法总论》，中国人民大学出版社 2007 年版，第 314—317 页。

④ 参见［日］山口厚：《刑法总论》，有斐阁 2005 年版，304、307 页。

⑤ 参见［日］木村龟二：《犯罪论新构造》（下），第 249—250 页。转引自［日］川端博著，余振华译：《刑法总论二十五讲》，中国政法大学出版社 2003 年版，第 360 页。

成要件的结果,而是只要具有事实上的共同行为即可。① 据此,过失犯间只要有共同实施行为的意思,而不需要对法益侵害结果有认识,就可以成立过失共同正犯。赞同此观点的还有川端博、木村龟二、大场茂马等。

其中,川端博教授从共犯处罚根据的角度切入肯定过失共同正犯。②

而木村龟二教授则进一步从目的行为论的立场肯定过失共同正犯。③ 值得一提的是,这两位教授站在行为共同说的立场,认为不仅可以肯定过失共同正犯,而且还可以一并肯定过失犯之教唆犯和过失犯之帮助犯。对此,大场茂马教授也赞同。④

从以上行为共同说的立场来看,在涉及过失共同正犯问题的领域和具体案件中,特别要注意把握过失犯的构成要件意义上的行为,而非单纯的前构成要件的社会事实的行为。只有这样,才可能将过失共同正犯问题纳入到规范层面来考察。不过,需要指出的是,传统意义上的"行为共同说——肯定过失共同正犯,犯罪共同说——否定过失共同正犯"的格局已经不再那么牢固。在日本,也有从犯罪共同说(数人一罪)的观点主张肯

---

① [日]牧野英一:《日本刑法》(上卷),有斐阁1937年版,第409页。

② 川端博教授认为:"犯罪共同说与行为共同说在根本上是对立的,但本人认为行为共同说乃妥当之见解。在认识共犯系社会心理现象之情形,有集团力学(Group Dynamics)存在。惟其并不一定经常依犯罪'团体'的一心同体而结合,只不过是个人之集合体而已。即所谓各人依各自之目的,为了实现该目的,相互利用集合力之集团现象。在单独无法实现时,或许以分工形态、或许依合同力、或是依赖相互之精神强化,可予以遂行。从此种心理学之观点,可赋予有关处罚共犯之'一部分实行之全部责任'原理之理论根据。因此,在犯罪的共同之情形,不应意味着仅共同实行特定的一个故意犯。数个故意犯,原本对于过失犯亦可能成立共同正犯。"(参见[日]川端博著,余振华译:《刑法总论二十五讲》,中国政法大学出版社2003年版,第360页)

③ 木村教授认为:从目的行为论的观点出发,以目的行为支配的见解为前提,认为过失犯即使没有如同故意行为一样地具有认识构成要件重要结果的故意,但过失行为系以不注意之目的行为为其原因,而该目的行为即为意思行为,具有该种意思行为之共同,即有成立共同正犯之可能性。(参见[日]木村龟二,阿布纯二增补:《刑法总论》,有斐阁1978年版,第382页。转引自余振华:《刑法深思·深思刑法》,元照出版公司2005年版,第204—205页)

④ 大场茂马教授认为:"共同正犯、教唆犯及从犯之过失犯,虽情况稀有,但仍存在,若共同行为者有行为意思,而于行为之际,虽认识行为客体、手段、时地等性质,却因不注意而未具体认识到,则可构成过失犯,于过失犯之教唆、或过失犯之从犯之情况亦同。"(参见[日]:《刑法总论》(下卷),1914年版,第999页以下。转引自陈子平:《共同正犯与共犯论——继受日本之轨迹及变迁》,五南图书出版公司2000年版,第45页)

定说，而从行为共同说（数人数罪）之立场主张否定说。① 因此，在行为共同说和犯罪共同说的对立之外，还要寻求其他的根据来进行分析。

（二）共同注意义务的共同违反说

可以说，共同注意义务的共同违反说在日本学界肯定过失共同正犯学说中占据主导地位，也得到判例的支持。极力主张此说的代表是大塚仁教授。其实，大塚仁教授以前与泷川幸辰、团藤重光两位教授一样，都基于犯罪共同说否定过失共同正犯的成立。但后来基于肯定结果加重犯的共同正犯的观点，转为肯定过失共同正犯。② 而且，大塚仁教授认为不能只根据行为人间存在共同行为就当然能够认为成立过失共同正犯，还得要求具备"整体不注意"③，即不仅要求各行为人自己要遵守注意义务，而且还要必须促使共同体中的他人也要注意。④ 既然过失犯也应该存在实行行为的概念，那么对于伴随惹起该结果的客观的危险具有共同不注意，这时就可以认定过失共同正犯。⑤ 至于共同注意义务的判断，他认为各主体间的法律地位必须是平等的。比如，公共汽车驾驶员和乘务员间由于法律地位不平等，就

---

① ［日］川端博著，余振华译：《刑法总论二十五讲》，中国政法大学出版社 2003 年版，第 358 页。

② ［日］大塚仁著，冯军译：《犯罪论的基本问题》，中国政法大学出版社 2003 年版，第 259 页。具体来讲，他将过失共同正犯的成立要件与犯罪的构成要件该当性、违法性及责任这三个要件等同视之，具备三阶段要件的过失情形时，可成立过失犯。也就是说，共同行为人之间必须具备可以对等或平等法律地位之共同注意义务，亦即各行为人之共同违反义务，必须从客观观点认为具有构成要件过失及违法过失，且从主观观点认为必须具有责任过失。在此情形中，二人以上行为人共同实行易发生犯罪结果之危险行为时，在被要求应相互注意且回避犯罪结果发生之情况下，由于共同行为人之不注意而发生发生犯罪结果时，应将该结果归责于各共同行为人。（参见［日］大塚仁：《过失共同正犯的成立要件》，法曹时报第 43 卷第 6 号，第 27 页）

③ 参见陈子平：《打击错误与过失共同正犯之关联性——肇事逃逸罪与不作为杀人罪、违背义务遗弃罪之关联性》，载《台湾本土法学杂志》第 18 期，第 175 页。

④ 持相似意见者还有藤木英雄教授，他认为：共同实行危险工作之行为人不仅相互为了防止共同工作之同僚所带来之结果亦必须负建议或监事协力之义务，在采取防止结果之具体对策上，将相互利用与补充关系合为一体，在此种范围内，始有承认过失可成立共同正犯。参见［日］藤木英雄：《新版刑法演习讲座》，立花书房 1970 年，第 227 页。转引自余振华：《刑法深思·深思刑法》，元照出版公司 2005 年版，第 206 页。

⑤ ［日］佐久间修著，林亚刚译：《共同过失与共犯》，载马克昌，莫洪宪主编：《中日共同犯罪比较研究》，武汉大学出版社 2003 年版，第 58 页。

不能认为具有共同注意义务的事态，应当以过失的竞合来处理。对此，我们认为，不能一概而论，在某些情况下，还是应该以过失共同正犯来处理。①

综上所述，"共同注意义务的共同违反说"实际上是新过失论体系下对过失共同正犯重新定位的结果。旧过失论将过失置于责任中讨论，而新过失论则将其置于构成要件行为中，过失为主观违法要素，同时也是主观构成要件要素。依新过失论的立场，过失共同正犯的关键问题在于是否共同课予结果回避义务，且必须共同违反客观上的注意义务。因此，即使依犯罪共同说，这一学说也可以被认为成立过失共同正犯的条件，从而成为"承认过失共同正犯罪有力的见解"②。

就在这样一个理论框架下，大塚仁教授的观点经历了大的转变。我们认为，这一转变至少说明三个问题：其一，理论观点不是也不应是苛求一成不变的，根据新的理解和认识，作出改变，且不论新的观点是否会被接受，但这一勇气值得赞赏。其二，自犯罪共同说既可以得出否定论的结论，也可以推出肯定论的观点。前者是早期就包含法益侵害结果的共同意思联络而成，后者是挖掘过失犯内在构造注意义务之违反而得，应当说至少后者是对前者的一种视野上的拓展和深度上的增进。其三，过失共同正犯问题与结果加重犯问题具有"联动"关系。肯定了后者，就应该肯定前者；肯定了前者，就可以肯定后者。

（三）过失的共动理论

过失共动理论是内田文昭教授提出来的。他认为，就刑法所关注过失行为的重点而言，既不是意识部分，也不是无意识部分，而是两者的结合点。与限制从属性说相关，在共同正犯问题上也是共同进行违法行为的层次上考虑时，关于前法律事实的意识性、意欲性共动就带有不注意的共有

---

① 具体参见我们第五章对"巴士车祸案"的分析。
② ［日］奥村正雄：《过失共同正犯存在吗?》，载《法学论坛》第534期，第37—38页。

这种契机，由此就符合作为一个整体的构成要件，而且能够成为违法的行为、结果，从而就可以考虑肯定过失共同正犯。也就是说，在过失性共动中可以区别出共有不注意的情形和仅仅是不注意的竞合的情形。在共同的不注意的过失性共动中，就可以据此将法益侵害结果归责于全体行为人，这就是过失共同正犯的基础。①

内田教授提出的过失共动理论颇有新意，但就其提出的所谓意识部分与无意识部分的结合点，在理解和把握上不无难度。尽管有人认为即使认为注意义务的违反是依据多个行为人无意识的部分，但所谓共同实行的意思，需从期待同时实施符合义务的行动、懈怠了自己的注意义务的不注意的主观态度去探求，其中也仍然存在着行为人相互补充为宗旨的主观的连带性关系。② 申言之，在日本刑法理论中，过失共同正犯问题的关键或许在于注意义务的违反上有无主观性的联络之上。对此，内田教授最终指出，因"共同不注意"而为意思联络显属不可能，还不如"基于意思联络为共同行为"而评价"全体不注意"的行为。③ 这一视角的转变至关重要，使得认识和把握过失共同正犯透过所谓共同注意义务的共同违反，而最终延伸到"基于意思联络为共同行为"之上。共同行为（无论是作为还是不作为）相对于"未"履行注意义务而言，前者是客观的事实性存在，后者本质上是法律的规范性评价，是一种抽象性的存在；前者是后者的实质内核，后者是前者的规范评价。前者判断上更直观、容易，也更符合事实上的因果关系构成。如此一来，这一转变使得对过失共同正犯的理解和把握变得更清晰。

（四）自过失犯的本质肯定过失共同正犯

的确，过失共同正犯是否成立，除了要考察共同正犯的成立根据外，还应该考虑过失犯的特质，即过失犯的内在构造是否可能形成共同正犯所

---

① 参见［日］内田文昭：《刑法中的过失共动理论》，有斐阁1973年，第61页。

② 参见［日］内海朋子：《论过失共同正犯与管理、监督过失》，载《法学政治学论究》第51号，第40页。

③ 参见［日］内田文昭：《关于最近的过失共同正犯论》，载《研修》第542号，第24页。

要求的"共同"。对此问题，川端博教授进行了细致的论述。①

川端博教授引用了内田文昭教授在《刑法中的过失共动理论》中举到的案例。例如，X 与 Y 以货车长途运送货物之际，约定偶尔交换驾驶、坐于助手席一起确认安全，而开始驾车前进，在由 X 驾驶中，尽管 X 或 Y 均因休息不足而呈现疲劳状况，仍然默默地相互依赖对方而继续行驶，终至两人均打瞌睡，结果撞上路人 Z 而导致死亡的情形。在造成过失致死直接原因的"打瞌睡驾驶"的时点上，无法认为 X 与 Y 系实行"意思活动"，而可否仍认为成立过失致死罪之共同正犯，就形成问题。此种情形，过失行为在主观面上，占有从意识到无意识所跨越之领域，倘若从意识部分绝非过失行为的本质的见解，则以对意识部分之意思联络为基础，而论述成立过失犯之共同正犯者，不能谓系符合过失犯的本质之议论。② 对此，川端博教授认为，处罚过失犯之际，必须确认过失也是行为。视为行为规范的刑法，首先系朝向行为人的意识部分，而在过失犯上，对于不认识一定的结果（无认识过失），系以"无意识地"实行具有发生构成要件结果危险的行为为问题。至此，过失犯能否成立共同正犯的问题集中到，实行具有构成要件结果危险的实行行为的共同之上。对于这一问题，大塚仁教授认为共同违反共同注意义务时，过失犯的共同实行行为惹起了该过失犯的构成要件结果，在此意义上，可以肯定过失共同正犯。循着这一思路，川端博教授就前述"打瞌睡驾驶"为例展开分析，他认为"在上述所见事例上，X 与 Y 同在打瞌睡的行为，因为是在无意识状态下所形成，故并不具有刑法上之重要性。毋宁说 X 与 Y 在陷入该种危险状态的过程上，方具有刑法上的重要意义。即在此情形中，若将成为打瞌睡驾驶时，应认为有停车休息解除睡意后再继续驾驶的注意义务。也就是说，X 与 Y 在想打瞌睡之时，有互相注意应做休息，仍然不注意应休息而共通继续驾驶，因为有构成要件过失行为的共同，故必须负业务上过失致死罪的共同正犯的罪责。"川端

---

① 参见［日］川端博著，余振华译：《刑法总论二十五讲》，中国政法大学出版社 2003 年版，第 361—364 页。

② 此为团藤重光教授提出的质疑。

博教授最后总结道："既然认为有构成要件的过失，则可肯定构成要件过失行为的共同，在论理上系一贯的。因此，无论从'共犯论'或从'过失犯论'的观点，肯定过失犯的共同正犯，理论上明白地系妥当的见解！"

不难看出，上述观点从过失犯之本质的视角分析过失共同正犯之成否，其路径在于：其一，从构成要件理论的立场来看，肯定过失犯也应该有实行行为；其二，过失犯的实行行为可以共同实施；其三，共同实施的过失实行行为背后行为人共同违反了共同的注意义务，并由此导致了构成要件结果的发生，故应当将结果归责于全体行为人。

对此思路，我们认为：首先，肯定过失犯也有实行行为，符合"有行为才有犯罪"的根本原则；其次，过失犯的实行行为理解为有导致过失犯构成要件结果发生之危险性行为，是可行的，前述案例中的实行行为可以认为是共同疲劳驾驶，而且虽然始终是一人驾驶一人监督，但此为共同驾驶行为之分工合作，是较为典型的共同作业行为；其三，在最后的归责环节上，所谓"有互相注意应做休息"实际指的是行为人都有提醒对方不能疲劳驾驶的注意义务。而继续共同驾驶，就意味着"共同违反共同注意义务"。如此一来，过失共同正犯还是归结到日本通说之"共同违反共同注意义务"上来。我们认为，虽然共同违反共同注意义务很重要，但这一抽象意义上法规范的评价还不足以清晰地展示出共同正犯中之"共同"的含义和要求。因为，就共同正犯概念本身的存在价值和根据而言，更重要地是要揭示支配共同危险行为时的主观面的"共同性"或者说"内在联系"，这是决定"部分实行，全部责任"的根据所在。

（五）不作为犯构成说

不作为犯构成说认为可能成立过失共同正犯之范围仅限于"过失犯之不纯正不作为犯"①。本说批评"共同违反共同义务说"及"解除过失同时

---

① 此为町野朔的见解，参见伊东研祐：《"过失共同正犯"论之现状》，载《现代刑事法》第3卷第8号，第65、68页。

犯说"，认为其他共同行为人如遵守其作为义务（各个共同行为人固有之作为义务），就不会共同发生"危险行为"。本说肯定对其他共同行为人具有排他的支配关系。一般而言，如肯定其有保证人地位，对其他共同行为人即产生作为义务。对各个共同行为人所课予的作为义务非为过失单独犯之作为义务，实际上，应该对共同行为人全体课予"共同作为义务"，此即为不纯正不作为过失共同正犯作为义务的要件。在此情形下，依先行行为的共同、共同排他的支配等，发生共同正犯固有的"共同作为义务"。换言之，于过失共同正犯的案件中，共同行为人关于行为全体，对行为人共同回避结果均课予作为义务。

由上可见，该说以过失共同行为人间相互协力义务的发生为根据，而以过失不纯正不作为犯之保证人地位或义务加以说明，对于日后进行同种作业团体反复从事的行为，因其具有先行行为的共同、共同排他的支配等，且历经一定程度时间的继续，意识上或无意识地相互依赖、依存，此即为在保证人地位内之职务、机能，不论意识上或无意识上的分配，产生保证效果。因此，与回避结果发生的关系上即非仅属个人的义务，因促进结果的发生时属于全体行为人的行为，当然无法排除共同行为人的情形而不认为其有相互的义务。申言之，考量"共同违反共同注意义务"时，不仅须遵守个人自己的注意义务，尚须遵守与其他共同行为人设定作为义务下的注意义务，此构成不纯正不作为犯，亦构成过失共同正犯。鉴于对各共同行为人亦课予"共同作为义务"，该作为义务即为不纯正不作为过失共同正犯之要件。[①] 不难看出，不作为构成说的实质是在过失不纯正不作为犯的范围内，将过失共同正犯论者通常所持的共同注意义务转化为基于共同先行行为而生的保证人地位所导出的共同作为义务，以便与共同正犯中可以包含的"共同作为义务"相对接。从这个意义上说，不作为犯构成说对于解释过失犯之不纯正不作为犯成立共同正犯有一定的启发性。

---

① 参见〔日〕山口厚：《问题探求刑法总论》，第277页。转引自曾淑瑜：《成立过失共同正犯之理论根据》，载《甘添贵教授六秩祝寿论文集——刑事法学之理想与探索（第一卷）》，2002年版，第456—458页。

以"数人追打被害人，致使被害人无退路的情况下，跳入河中并试图游向对岸，数人当即离开，后被害人溺水而亡"的案件①为例。按照不作为犯构成说的观点，数人共同的先行行为使全体行为人基于保证人地位而被课予共同作为义务，从而可以构成共同正犯，即过失共同正犯。但我们认为，仅凭这样的共同先行行为和共同作为义务并不足以彻底证成过失共同正犯的成立。因为共同的先行行为，只是表明了在先行行为的实施上各行为人之间是有行为的意思联络，而决定行为人是否构成不作为的过失致人死亡罪的关键不在于是否先行行为已经导致了法益处于危险之中，而在于后续的行为人是否没有履行因先行行为而生的救助义务这点上。因此，欲成立过失共同正犯，还是要进一步看数行为人是否在共同实施不履行救助义务这样一个危险行为，而且这一共同实施不救助的危险行为当然还要求行为人之间有行为意思的联系，不论这样的联系采取何种方式。所以问题还是应该且能够归结到共同实施过失犯客观构成要件层面的危险行为上来。

再者，不作为构成要件说将过失共同正犯仅限于不纯正过失不作为犯的观点也有待商榷。过失犯既然有实行行为性，那么也就应该包含过失作为和不作为，这当中的作为和不作为都是仅就实质性导致法益侵害结果出现的行为，而非所谓抽象意义上的是否履行了注意义务。因此，从逻辑上讲，所有的过失犯都可成立过失共同正犯。

（六）相互行为归属论

学者藤木英雄一方面基于犯罪共同说，另一方面，又认为意思之联络与共同之行为非均属于过失共同正犯的要素。过失犯之所以与故意犯不同，最大的特征在于过失欠缺实现犯罪事实的意思，故其犯罪意思与故意犯之犯罪意思的意义无法相比拟。换言之，过失犯无明确犯意，无提高结果发生危险性之强烈意思的联络；过失共同正犯仅仅是以其内相互不注意助长

---

① 参见李晓庆：《赵金明等故意伤害案——持刀追砍致使他人泅水逃避导致溺水死亡的如何定罪》，载中华人民共和国最高人民法院：《刑事审判参考》（第55集），法律出版社2007年，第21—26页。

结果发生的程度，而刑法上是否认此心理上的因果性，即为问题所在。而相互行为归属论即尝试解决此问题。所谓相互行为归属论，系从过失犯统一正犯体系论之立场出发，认为"共同正犯的处罚根据，乃基于其个人地位、职务之重要性，沟通意思，实现犯罪，即使仅有一部分之分担行为，鉴于相互行为归属于全体行为人，全体行为人均负责任。"①

相互间行为的归属自然是过失共同正犯的本来属性和当然要求。换言之，要证明过失共同正犯的成立，就必须要证明行为主体间行为的内在交错和协力，从而得以适用"部分实行，全部责任"之法理。这是本说的可取之处。

三、意大利

如我们第二章所述，意大利刑法典第 113 条明确肯定了过失共同正犯。在意大利 1930 年刑法典施行前，意大利刑法学界曾以缺乏犯罪意志为据，否认过失行为也有共同犯罪形态的存在，这种观点现在仍然得到不少人的支持。但是，意大利刑法学界的通说还是持肯定态度。

根据通说，过失重罪中的共同行为，是一种对结果发生具有原因力的过失行为的竞合形式。过失行为人间相互合作的意识和意志，是将这些过失行为联系起来的心理因素，但这种合作的意识和意志中没有故意犯罪必须的内容。例如，两个郊游者在干燥的森林中点火做饭，结果引起了火灾；又如，车主将自己的车借给一个没有驾驶执照的人开，后者因技术不熟而压死了行人。在实践中，单个过失行为要具有刑法意义，必须本身就是完全符合构成要件的行为。他们因行为人进行合作的意识和意志而成为共同行为，实际上只具有影响量刑的作用，因为这种过失的合作可以适用某些加重情节的对象（刑法典第 113 条第 2 款）。

但实际上，就某些本身尚不足以单独构成过失犯罪的合作行为来说，

---

① 参见曾淑瑜：《成立过失共同正犯之理论根据》，载《甘添贵教授六秩祝寿论文集——刑事法学之理想与探索（第一卷）》，2002 年版，第 456—458 页。

没有理由认为不能以刑法典第 113 条的规定作为定罪的根据。例如，提佐怂恿奥凯超速行驶，以便提前到达目的地，结果凯奥因为来不及刹车而撞死了森博。在这个例子中，就提佐本身的行为和身份而言，他并没有违反注意义务，但他却应因其行为与凯奥的行为间有合作关系而承担刑事责任。

综上可见，意大利刑法理论基于立法的明确规定而以肯定说为通说。意大利刑法学界的通说认为，尽管意大利刑法典第 113 条的标题为"过失重罪的合作"，但其内容就是有关共同过失犯罪也按共同犯罪处罚的规定。因此，只要构成过失犯罪的行为，是多个主体有意识地共同实施，或者说是多个主体相互合作的意识和意志的结果，就不能排除过失行为共同犯罪形态的存在。不仅如此，事实上，也有相当一部分学者肯定了过失犯的教唆犯和过失犯的帮助犯。①

四、我国台湾地区

台湾地区"刑法"基本维持了我国 1935 年刑法中第 28 条对共同正犯的规定。虽然大体上目前理论和实务上的实务上的通说持否定观，不过从早期学者开始，就有以"过失共同正犯"为主题的文章出现②，后来有越来越多的学者，尤其是留学德日的学者在台湾大力介绍国外的相关研究，并努力推崇在日本逐渐成为多数的肯定说，并主张过失共同正犯，当然理由互有差异。其中陈朴生教授、甘添贵教授、陈子平教授、余振华教授、许玉秀教授是代表。

（一）陈朴生教授

在陈朴生教授的文章中，他首先对共同正犯的内在构造和归责依据作了分析。他认为，按共同正犯，系因二人以上之人共同实施犯罪之行为而

---

① 参见何鹏：《评意大利刑法的修改》，载《政法论坛》1987 年第 6 期。

② 参见洪福增：《过失犯之共同正犯》，载《刑法之理论与实践》1958 年 9 月。陈朴生：《论过失犯之共同正犯》，载《法令月刊》1976 年第 27 卷第 8 期。廖正豪：《过失共同正犯》，载《刑事法杂志》1977 年第 21 卷第 5 期。

成立，不仅在主观上具有共同为实行行为之意思，并在客观上有共同为实行行为之事实，即所谓意思之共同与行为之分担，此非仅为各国立法例所采行，亦为学说及判例上所共认。惟称意思之共同，即意思之联络，指有共同实现犯罪之意思，或称共同加功之意思。必有共同之意思，始有分担之意思；有分担之意思，因生依赖之意思。如无为实现一个犯罪，而分担其实行行为一部之意思，自不能认为有共同实现一个犯罪之意思，其与同时犯异者，亦即在于有无为达成共通之目标，而参与实施，并将他人之行为作为自己的行为，并入自己行为之中之相互的意思。是所谓具有共同实现一个犯罪之意思，必对于他共同者之分担亦有意识，且对于分担者之行为为其所容忍。因之，自己虽仅实施其一部，对于他共同者之分担部分亦应负责，亦即指对于自己分担部分与他共同者分担部分双方均应负责。此项共同之意思，以共同者各自相互存在为已足，即以有明示或默示相互了解为已足，并不以意思之表示或交换为必要。

具体到过失共同正犯的问题，数人在同时在同一处所各别犯罪者，惟因二人以上之不注意行为之竞合，致发生一定之结果者，其各个过失行为，与构成要件并不相当，必与他过失行为之竞合，始与该罪之构成要件相当者，如从其各个过失行为言，各行为者均不构成犯罪；但从其共同行为言，则各行为者均构成犯罪，与故意共同正犯本质无异，所不同者，一为意识之共同，一为不注意之共同，论者因应一般称此为过失同时犯，亦即狭义同时犯，各就其行为负责，乃多数单独犯；但从其行为与结果间之关系观之，亦不失其共同犯罪，与刑事诉讼法第 7 条第 3 款之个别犯罪者略有差别；况近代文明进步，科学发达，生活关系高度机械化、复杂化，一定结果之发生，往往由于多数人之协同行为，虽系出于过失；但难分别定其责任。是过失犯之共同正犯是否有认其存在之必要，实不无检讨之价值。①

对于以上陈朴生教授的观点，我们认为：其一，陈文对共同正犯内在

---

① 陈朴生：《论过失犯之共同正犯》，载《法令月刊》1976 年第 27 卷第 8 期。

构造及归责根据的分析是值得肯定的。以上学说的内容在每一个细节上都适用于过失犯，即由于过失犯本身并不要求行为人对法益侵害结果本身有明确的认识，而只是对其实施的过失危险行为本身有认识以为足。故只要共同过失者对自己和其他共同者的行为事实有明确的认识，甚至于还要求对彼此相互分担，共同协力，相互配合，相互依赖的内在关系是明确的即可，而这样一种内在互动，相互借力的行为特性，在过失共同中是完全可能的。其二，陈朴生教授认为单独过失正犯无法归责，而过失共同与故意的共同并无本质不同，从整体行为与结果间关系来看亦可认定为共同犯罪，于是从过失共同正犯的内部构造以及单独因果关系不明的疑难案件的归责需要出发，来肯定过失共同正犯。这一思路是大多数肯定论者所采用的。不过需要注意的是，这两者之中，应该将重心放在过失共同正犯与共同正犯的内在关系上。

（二）甘添贵教授

甘添贵教授采取日本学者大塚仁教授的理论，赞同加重结果犯的共同正犯之理论移植到过失共同正犯，且理由同样在于共同注意义务的共同违反。①

针对甘添贵教授从结果加重犯的共同正犯来证成过失共同正犯的论证思路，本书认为，对于数人共同犯罪中一部分人的过失行为造成加重结果的情况，如果能够证明共同行为人都应该对加重结果负责，而成立这种特别情形下的结果加重犯的共犯的话，那么就可以由此肯定过失共同正犯。这一论证路径是可取的。事实上，大塚仁教授由否定立场转而采肯定说便是通过其在结果加重犯的共同正犯上的新认识而形成的。不过，其中需要注意的一点是，不能仅仅因为共同行为人中的其他人对于加重结果的发生有预见可能性，就可以肯定其成立结果加重犯的共同正犯，关键还要看加

---

① 参见甘添贵：《正犯与共犯：第一讲——共同正犯的本质》，载《月旦法学教室》第6期，第91页。

重结果是否由行为人的共同行为所引起。① 所以，关键问题还是在于共同行为及其与结果间的客观因果联系。

（三）陈子平教授

陈子平教授考察日本的实务和学说，肯定过失共同正犯的存在。针对日本学说否定过失共同正犯的理由，陈子平教授进行了归纳。对于这些否定理由，陈子平教授做了反驳②。最后陈子平教授归纳出共同正犯之所以具有"一部行为全部责任"的效果，就在于存有"相互利用、补充的关系"，过失共同正犯亦同。③

对于陈子平教授以上各论点，我们认为有几点值得重视和肯定：其一，共同正犯成立不限于故意共同正犯。其二，过失犯中所谓的"不注意"并非抽象的存在，与其对应的是现实中实实在在的过失实行行为。的确，其三，在过失实行行为之上，行为人之间也完全经由意思联络而达成"相互利用，补充关系"。

不过，对于陈子平教授将"一部行为全部责任"的根据最终还是落脚到"共同注意义务之共同违反"上的观点，我们不能完全认同。事实上，"在法律上并没有"共同的注意义务"这种东西。每一个法律义务都可以，而且也应该表述为由个别法律主体所承担的义务。"④ 不仅如此，"不注意"或"注意义务的违反"都是站在法规范的立场对行为人实施的过失实行行为的规范性和抽象性的评价，也可以说共同危险行为表现了"共同违反共同注意义务"，但二者毕竟不是完全一样。因此，虽然注意义务及其共同违反对于行为人是其最终承担刑事责任的决定性要素之一，但从过失犯的实

---

① 参见张明楷：《共同过失与共犯》，载马克昌、莫洪宪主编：《二十一世纪第二次（总第八次）中日刑事法学术研讨会论文集——中日共同犯罪比较研究》，武汉大学出版社 2003 年版，第40页。

② 陈子平：《论过失共同正犯》，载《东海法学研究》第 10 期，第 162—163 页。

③ 陈子平：《论过失共同正犯》，载《东海法学研究》第 10 期，第 174—175 页。

④ ［德］普珀著，王鹏翔译：《反对过失共同正犯》，载《东吴法律学报》，第 17 期第 3 卷，第 347 页。

际归责过程和逻辑关系来讲，它却不应该是决定对共同行为人成立共同正犯的要素。

第一，只要行为人在有意思联络的前提下共同实行某种危险行为，然后这一共同实行行为与结果符合客观因果法则，就可以初步认定这一犯罪形态符合共同正犯的要件，便可以适用"一部实行，全部负责"之归责原则。至于所谓"有没有共同的注意义务"和"是否共同违反了这样的注意义务"（实质是"是否已经履行了必要的安全注意义务"或者是"共同危险行为是否已经越过了法律所容许的安全界限"）则是下一步在决定行为人是否要承担刑事责任时需要考虑的。换言之，在针对实际个案的归责过程中，如果行为人已经符合构成要件类型中的有意思联络下的共同危险行为，且与结果有客观的联系符合客观的因果法则，那么就意味着可以用共同正犯应有的"部分实行全部责任"来开启归责的旅程。

第二，违法判断。接下来在违法性判断的阶段才需要考虑这一共同实行行为是否具有实质的违法性，即行为人是否具有注意义务，是否按照法规范的要求而履行了相应的注意义务。通常情况下，都可以推定具有违法性，但如果证明行为人没有这样的义务，或者已经谨慎而认真地履行了安全注意义务而没有逾越法律所容许的风险界限①，那么就不能将结果归责于行为人。

第三，责任判断。最后来考察行为人有没有责任能力，有没有期待可能性（预见可能性和避免的可能性）等责任要素。经历这三步考察后，最终判定行为人是否应当承担责任。

综上，我们认为，在构成要件体系和归责过程层面上，决定是否成立共同正犯或是否应当适用"部分实行全部责任"来追究行为人责任的决定性要素，在于构成要件符合性中的共同行为和共同行为与结果间的客观因果关系，而不是"共同违反共同注意义务"。不能将最终是否承担责任与是

---

① 现代社会很多行为都具有一定的危险性，法律制定的诸多安全规则，如交通规则，或习惯意义上的安全规则的目的就是尽可能降低危险，也就是说，只要行为人在规则范围内行为，最后实在要发生法益侵害，那也是法律应该容许的危险，不能归责于行为人。

否应该以共同正犯之法理归责混淆起来。陈子平教授的结论估计也是深受日本学说的影响所致。

(四) 许玉秀教授——规范保护目的内共同义务的违反

许玉秀教授认为，故意共同正犯要求的犯意联络，在于确定客观犯罪事实，进而确定归责范围。过失犯没有意欲，故无法确定客观犯罪事实范围，进而确定归责范围。但是行为人如果同属于一个义务团体，透过共同义务范围可以确定违反义务的所实施的构成要件范围，共同过失犯的归责范围即可依违反义务的范围而决定。共同义务范围可藉由义务规范保护目的而确定，从客观归责理论的立场，违反共同义务所制造的风险是否实现，可以依规范保护目的而确定，所以承认过失共同正犯应无可议。

许玉秀教授以"进香团案"为例，说明此一问题：某进香团在进香途中，正沿着山路由山下往山上行进，进香团的前导鼓车中一名义工甲男自车后座施放信徒携带之鞭炮以示迎接。在行经某处时，遇见由乙女驾驶的小客车往山下行驶，乙女沿着山壁而行，并未将车窗关上，甲男所抛出的鞭炮正好落入乙女车内。鞭炮在车内爆炸，乙女因惊吓而驾车失控向左冲撞正步行上山的正义宫进香团团员，其中丙女因乙女再将车转向右边山壁当场死亡，另有十三人受轻伤。

台湾地区士、云林地方法院认为，乙女第一次冲撞行为应无过失。第二次冲撞行为有过失。甲男施放鞭炮误入乙女车中爆开有过失。乙女第二次撞壁行为仍在前段鞭炮炸开之余悸中，与甲男之施放鞭炮行为有因果关系。许玉秀教授首先认为第一次冲撞时甲男的行为和乙女的行为，对于侵害法益的不法结果，呈现一个累积的因果关系，或称为风险竞合。其中，甲男未注意鞭炮施放地点，任意施放鞭炮，制造了交通上不能容许的风险。乙女面对进香团应可以了解有鞭炮施放的情形，却未关车窗而开车，也是逾越了行车安全的界限而制造了法所不容许的风险。而所造成的人身伤害，是甲男的过失行为和乙女的过失行为共同造成的。如果乙女关上车窗，甲男的行为创造之风险不致在任何构成要件结果中实现；而甲男若不任意施放鞭炮，乙女敞开车窗并未制造法所不容许的风险。①

关于累积的因果关系，根据条件理论的反证排除法则，每个独立的事实条件都是造成结果的原因，因此，德国学说和实务多肯定每个独立的事实条件与结果的因果关联。在客观归责理论形成以前，承认了因果关系也就确认了结果归责。但是依客观归责理论，则不同的累积关系可能得出不同的结论，数个并合造成结果的原因，可能因为结合时间的先后，而有的可以予以结果归责，有的不可以。

本案有两个同时发生而相互结合的危险事实，依自然的因果概念，甲男的风险行为与乙女的风险行为与进香客死伤结果都有因果关联。如果两个过失行为不同时发生，施放鞭炮和敞开车窗甚至是没有制造不被容许风险的行为，甲男即便将鞭炮扔向车道，对车窗紧闭的轿车不会造成损害，即使行为逾越安全规则，风险也不会实现，而在一般的交通环境中，甲男和乙女其实相互都可以主张相信对方会小心放鞭炮和相信对方听到鞭炮声会把车窗关起来，但眼下的问题是，他们共造成了一死十三伤。换言之，他们的行为结合创造了一个风险的复合体，这个风险是法所不能容许的风险，而这个风险也的确在伤害和死亡的构成要件中实现了。② 换言之，许玉秀教授在此认为，若将两人之行为拆开来单独考察，各个行为都不是逾越风险的行为，两个人的行为综合起来才是超出了容许风险。不过此一检验行为是否制造风险的结论应该是错误的。甲男将鞭炮丢到车道上，即使乙女将车窗关上，甲男也可能将鞭炮丢入其他的未关窗车辆中，并非一定要乙的行为才使得 A 男的行为超过风险，甲男本身的行为即制造了法所不容许的风险。不过，在许玉秀教授看来，对受到伤害的进香客而言，甲男和乙女在交通环境上是属于结合的一体，他们在为交通行为时，各自因为自己的安全义务以及互动的交通义务而对其他交通参与者有共同的安全义务，在这里甲男和乙女相对于进香客而言，可以视为一个共同的义务团体，有

---

① 参见许玉秀：《刑法新思潮》，中国法制出版社 2005 年版，第 532—533 页。
② 参见许玉秀：《客观归责的射程范围》，载《台湾本土法学杂志》第 12 期，第 110 页。

互相注意对方的行为而实施安全的排除风险的交通行为的义务，因为违反共同安全义务造成法益受害，因此可以成立过失共同正犯。那么个中的"共同义务"应该是通说中过失犯的"注意义务"，用客观归责理论的说法是指"制造法所不容许的风险"，只是许玉秀教授在过失犯中并不采用"客观注意义务"的标准①，所以在此用"共同义务"的说法有待商榷。而观察其"共同义务"的内涵，实际上仍是着重于"造成同一不法结果的风险之中的一部分"，和有无共同义务并没有关系。

我们认为，许玉秀教授从客观归责理论出发，认为过失共同正犯可以藉由共同义务在客观上所构成的义务范围来构成。但单独正犯也好，共同正犯也好，都必须以行为为基础，必须围绕着行为来展开讨论。既然客观归责理论的最大贡献在于对于过失犯的重构，那么过失犯的实行行为实际可以理解为制造并实现法不容许的风险的行为，从而更好地还原过失构成要件行为的本质。以此为出发点，结合规范在客观上的目的，去论证过失共同正犯问题，可能是许玉秀教授给予的最大启示。另外，就其举到的"进香团案"，我们认为不能证明行为人在过失实行行为的实施上有主观层面上联络，所以不能肯定过失共同正犯，只能构成过失竞合，以过失同时犯处理。可见，其主张的过失共同正犯的范围较广。

五、我国大陆地区

由于我国大陆刑法典并无正犯的规定，所以刑法学界对过失共同正犯的关注和研究多以"共同过失犯罪"或"过失共同犯罪"的面目出现。② 但是，也有少数论者直接以"过失共同正犯"或"共同过失正犯"为题展开。③

---

① 许玉秀：《探索过失犯的构造——行为人能力的定位》，载于《主观与客观之间，春风煦日论坛》，1997年9月，第199—202页。

② 如张明楷：《共同过失与共同犯罪》，载《吉林大学社会科学学报》2003年第2期；冯军：《论过失共同犯罪》，载《刑法问题与争论》（第三辑），中国方正出版社1999年版，第329页；童德华：《共同过失犯初论》，载《法律科学》2002年第2期。

③ 参见陈家林：《共同正犯研究》，武汉大学出版社2004年版，第171—205页；黎宏：《过失共同正犯质疑》，载《人民检察》2007年第14期；刘永贵：《过失共同正犯研究》，载《刑法问题与争论》（第三辑），中国方正出版社1999年版，第367页

就立场而言，在旧中国，关于过失犯罪与共犯的关系，立法与理论上大致采取了这样的定式：新派——主观主义——行为共同说——承认过失的共同犯罪；旧派——客观主义——犯罪共同说——否认过失的共同犯罪。[①] 而中国大陆地区在建国后的历次刑法草案和刑法典虽然承认共同过失犯罪现象的存在，但在立法上都明确否认共同过失犯罪应当作为共同犯罪来处理。可能是囿于立法规定的障碍，不仅理论界对此问题研究不够深入，而且很自然促使通说站在否定立场且力量强大。不过，在种种力量的作用下，这一局面在最近十年以来在逐步改变，肯定论越来越多，影响力似乎也在慢慢壮大。以下从时间先后顺序选择几位代表性学者作简要介绍和评析。

（一）侯国云教授

侯国云教授早在其 1992 年出版的专著《过失犯罪论》中设专章对共同过失犯罪进行了讨论。而其最近的以此为主题的论文是 2001 年发表在《刑法问题与争鸣》上的《论共同过失犯罪》。仔细对比其前后论著的观点，未见明显改变。[②] 其观点可以概括为如下几点：

1. 全面肯定共同过失犯罪

他认为："数人以共同的过失，相互协力造成同一个危害结果，这毫无疑问是一个共同过失犯罪。那种认为共同过失缺乏共同犯罪所要求的内在一致性的见解，是不正确的。请问，数人之间的共同过失和在共同过失下实施的共同行为，难道不是共同过失犯罪内在的一致性吗？"[③] 在此基础上，他认为所谓共同过失犯罪，是指二人或二人以上的过失行为共同造成一个或数个危害结果所构成的犯罪。按照分工标准，共同过失犯罪包括过失实行犯，过失教唆犯和过失帮助犯。二人以上的过失实行犯就等于所谓过失共同正犯。另外，他将过失教唆犯定义为"过失引起他人过失犯罪的人"，

---

① 参见张明楷：《共同过失与共同犯罪》，载《吉林大学社会科学学报》2003 年第 2 期。

② 参见侯国云：《过失犯罪论》，人民出版社 1992 年版。侯国云、苗杰：《论共同过失犯罪》，载《刑法问题与争鸣》2001 年第 3 辑，第 310—318 页。

③ 侯国云：《过失犯罪论》，人民出版社 1992 年版，第 158 页。

即指以要求、命令、劝说、鼓动、怂恿或其他方法使本来没有实施过失行为意图的人，产生实施过失行为的意图，或者使本来就有实施过失行为的意图但尚不坚定的人，决意实施过失行为。① 然后认为故意教唆他人实施过失犯罪、过失引起他人故意犯罪以及过失引起他人过失犯罪都不成立过失教唆犯。② 而所谓过失帮助犯则是指没有直接参与过失行为的实施，但过失地为他人实施过失行为提供方便、创造条件、给予帮助的过失犯罪人。因为过失帮助犯所起的作用一般都是次要的，因而多为过失从犯。对于共同过失犯罪的各行为人依然只能分别处罚。③

对于以上观点，张明楷教授提出三点质疑：其一，刑法分则明文规定的只是实行行为，教唆犯与帮助犯是刑法总则规定的行为；既然刑法总则的规定明文将教唆犯、帮助犯限定为故意犯，那么，将过失教唆行为与过失帮助行为直接根据刑法分则的规定处罚便缺乏根据。其二，承认共同犯罪而又主张分别处罚，这便丧失了承认共同犯罪的意义——适用"部分实行全部责任"；其三，"过失教唆犯就是过失地引起他人实施过失行为的意图"的说法，不仅与教唆的语意相矛盾，而且也与过失犯的本质冲突。换言之，"实施过失行为的意图"的说法，本身就难以成立。④ 可见，张明楷教授对于侯国云教授主张的过失共同正犯没有多大疑问。

我们认为，对于侯国云教授主张的所谓过失教唆犯，其概念阐释本身有矛盾。侯国云教授对过失教唆犯定义为"过失引起他人过失犯罪的人"，这样的表述难免让人以为教唆行为本身也是过失的，也就是不小心引起他人实施过失犯罪行为，而在其对应的进一步解释中却很明显地将教唆行为限于故意。这样容易让人误解。而且他认为故意教唆他人实施过失犯罪、过失引起他人故意犯罪以及过失引起他人过失犯罪都不成立过失教唆犯。⑤

---

① 侯国云：《过失犯罪论》，人民出版社 1992 年版，第 169 页。
② 侯国云：《过失犯罪论》，人民出版社 1992 年版，第 171 页。
③ 侯国云：《过失犯罪论》，人民出版社 1992 年版，第 168 页。
④ 张明楷：《共同过失与共同犯罪》，载《吉林大学社会科学学报》2003 年第 2 期。
⑤ 侯国云：《过失犯罪论》，人民出版社 1992 年版，第 171 页。

但就教唆的主观特征的排列组合而言，除去故意教唆他人故意犯罪外，就只剩下这三种组合了，侯国云教授把他们都排除了，那么其主张的过失教唆犯在哪里呢？

另外，针对张明楷教授的质疑，我们认为：

其一，中国大陆现行刑法总则只规定了从犯和教唆犯，由于教唆犯不一定是主犯，所以从犯不能等同于帮助犯，从而应当认为刑法总则并没有明文规定帮助犯。

其二，教唆行为本身应当是故意，但故意犯之教唆和过失犯之教唆都可以成立教唆犯。现行刑法总则第29条规定的教唆犯只是规定了"教唆他人犯罪的，应当按照他在共同犯罪中所起的作用处罚"。应当承认，从教唆通常的理解来看，教唆行为本身只能限于故意，但并不等于说要求整个教唆行为在最后只能限定评价为故意犯罪。事实上，仅从文义和逻辑理解，"教唆他人犯罪的"既可以是教唆他人故意犯罪，也可以是教唆他人过失犯罪。不过，后者还需要进一步说明：过失犯罪是事后的法律评价，本身不要求行为人在行为过程中对结果有明确的容认或追求，不能要求过失犯在实施过失犯构成要件实行行为的时候，要求其在主观上认识到：我是在实施过失犯罪。既然如此，那么对于过失犯的教唆人而言当然也不能作此要求，即不能要求教唆者明确认识到：我是在教唆他人实施过失犯罪。事实上，只要教唆人有故意引起或增强他人的实施过失犯罪构成要件客观方面的实行行为的决意即可。也可以说，过失犯之教唆犯的要求是：教唆行为是故意的，但对于最终的结果而言是过失的，所以最终对教唆者的行为定性也可以且只能定性为过失犯罪。如酒醉者A饭后欲打车回家，但B却极力怂恿其自己开车回家，并基于真实的想法①对其说：你喝得不是很多，自己开吧，没问题。结果A肇事撞死1人伤数人。在此情形下，教唆行为与结果有因果关系，其本身具有风险，但这种风险是通过被教唆人的实行行为实

①　类似情况下，还可能存在B故意借A醉酒之机加害A，令其出车祸死亡，或者陷害A，令其肇事而承担刑事责任。

现的。所以也应当以教唆犯来处罚。只不过，也应当以交通肇事罪来处罚。

其三，承认共同过失犯罪与分别处罚原则不矛盾，但后者需要进一步解释。侯国云教授关于共同过失犯罪的处罚原则或许可以这样理解：承认过失犯的教唆犯和过失犯的帮助犯，首先在归责原理上适用"部分行为全体责任"，但到最终判断共同体中每个人的具体责任大小的时候，必须个别观察，考察其在整个共同犯罪中的作用来确定。

其四，由于行为人在过失行为时主观上不可能认识到：我实施的是过失行为，所以"实施过失行为的意图"的表述的确有问题。故，应该将其进一步解释为：实施过失犯中的构成要件客观危险行为的决意。

2. 共同过失犯罪的社会危害性比单独过失犯罪大，但比共同故意犯罪小

侯国云教授论述到：与单独过失犯罪相比，共同过失犯罪的社会危害性要大一些。这是因为：（1）在某些情况下，单独过失不会造成危害社会的结果，而共同过失则会使危害结果的发生不可避免；（2）共同过失犯罪造成的危害结果常常比单独过失犯罪造成的危害结果更为严重；（3）共同过失犯罪人在犯罪之后可能研究对策，互相包庇，甚至消灭罪迹、毁灭罪证，以便逃避责任。共同过失犯罪的社会危害性要比共同故意犯罪小一些。这是因为：（1）共同过失犯罪人没有犯罪目的，不希望结果发生，因此不会为了犯罪而进行密谋策划；（2）共同过失犯罪不存在犯罪集团的形式；（3）共同过失犯罪较共同故意犯罪人容易接受教育和改造。

以上对共同过失犯罪的社会危害性的比较分析对于理解共同过失犯罪成立的根据有帮助。但对于其中所谓的"单独过失"还应细分为：单独过失正犯和同时过失正犯。同时过失正犯与共同过失正犯一般意义上的危害性大小比较也是理解过失共同正犯成立的关键点之一。

（二）张明楷教授

张明楷教授早在 2002 年参加第八次中日刑事法学术研讨会时以《共同过失与共犯》为主题作了发言。后来该主题论文在《吉林大学社会科学学

报》2003 年第 2 期以《共同过失与共同犯罪》为题全文发表。此后，在其2007 年 8 月出版的专著《刑法学》（第三版）中也就共同过失犯罪进行了讨论，观点与 2002 年一致。不过，其在 2011 年 7 月出版的《刑法学》（第四版）中提出了新的观点。因此，我们以《共同过失与共犯》及《刑法学》（第四版）为基础，将其观点简要总结如下：

1. 史论

旧中国刑法关于共同过失犯罪的规定，经历了由全面肯定——部分肯定——全面否定的过程。之所以出现此种变迁，可能跟与当时的学派由新派转向旧派相关：新派——主观主义——行为共同说——承认过失的共同犯罪；旧派——客观主义——犯罪共同说——否认过失的共同犯罪。

2. 解释论

第一，通说全面否定过失的共同犯罪，是以现行刑法为基本依据的，但理论上的论证未必充分：通说并未说明共同犯罪的本质特征的根据；认为过失共同犯罪时，各行为人所起的作用相同不符合事实；通说认为，对于过失共同犯罪分别定罪科刑即可，没有必要按共同犯罪处罚，但在个别因果关系不明且又都有义务防止结果发生的情况下，只有认定为共同犯罪，适用部分实行全部责任的原则才能定罪量刑，否则就不能分别定罪量刑。第二，在《共同过失与共同犯罪》一文中，张明楷教授认为现行刑法并没有承认过失的共同犯罪，从解释论上试图推翻这一点，几乎不可能。而冯军教授所主张的通过区分"过失共同犯罪"与"共同过失犯罪"两个概念，进而试图从解释论上肯定过失共同正犯的做法还难以被人接受。[1] 不过，张明楷教授在《刑法学》（第四版）中对自己的观点进行了修正，并提出另外两种解释的可能性[2]："其一，刑法第 25 条第 1 款'共同犯罪是指二人以上

---

[1]　张明楷：《共同过失与共同犯罪》，载《吉林大学社会科学学报》2003 年第 2 期。

[2]　张明楷教授作为答辩委员会主席参加本书作者 2010 年博士论文答辩中所提问题之一便是："你认为在中国刑法中过失共同正犯有没有其他的解释可能性？"现在看来，他当时对此可能已经有了新的见解。

共同故意犯罪'中的'共同犯罪'，仅指教唆犯与帮助犯，只是意味着否认了过失的教唆犯与过失的帮助犯。第 2 款的规定则意味着对过失的共同犯罪采取单一的正犯体系，对二人以上共同过失犯罪的，均按正犯处罚，于是仅存在过失的共同正犯。其二，由于共同犯罪首先是违法形态，所解决的是结果能否客观地归属于参与人的行为问题，所以，只要将第 25 条第 1 款中的'共同故意犯罪'理解为'共同有意识地犯罪'，就完全可能包含过失的共同正犯的情形。由于过失犯的实行行为较为缓和，凡是违反客观主义义务的行为均可谓实行行为，故没有必要将其作为共同正犯处理，分别处罚即可。因此，第 25 条第 2 款规定'不以共同犯罪论处'。"[1] 第三，陈兴良教授的一方面否定过失共同正犯，另一方面又肯定结果加重犯的共同正犯的观点，"给人以自相矛盾的感觉"。事实上，只要能肯定加重结果是由基本犯的共同行为所致，便可以成立结果加重犯的共同正犯。第四，对侯国云教授承认过失教唆犯和过失帮助犯的观点表示质疑。

3. 判例论

第一，迄今为止，最高人民法院、最高人民检察院并无承认明确过失共同犯罪的判例和司法解释。最高人民法院 2000 年颁布的《2000 年解释》并不能证明已经肯定了过失共同犯罪。但依立法否认过失共同犯罪，就会导致对该司法解释理解和解释上的困难。第二，实践中存在悄悄地按共同犯罪的原则处理共同过失犯罪的情况，当然也有不按照共同犯罪处理的情况，比较混乱。在现有立法条件下，都难以自圆其说。

4. 立法论

第一，认为冯军教授的努力其实是从立法论的角度来承认过失共同正犯。第二，赞同冯军教授应当承认过失共同犯罪但仅限于过失共同正犯的结论。第三，认为冯军教授以行为各方法律地位平等来限制过失共同正犯成立的范围过小。

---

[1]　张明楷：《刑法学》（第四版），法律出版社 2011 年版，第 365 页。

5. 结论

第一，《刑法学》（第四版）中所提出的两种解释可能性，是否可行，还值得进一步研究。[①] 第二，从立法论上来说，主张过失共同正犯具有合理性。是否承认过失共同正犯的实质在于是否要对其适用共同正犯的"部分实行，全部责任"。而这又取决于二人以上共同行为、法益侵害结果及其客观的因果关系。而意思联络是判断二人以上的行为是否成立共同行为的资料，但不能与故意的意思联络等同。其二，如果在理论上肯定了过失的共同正犯，便随之可以肯定结果加重犯的共同正犯。

综上，如果没有理解错的话，张明楷教授是从根本上肯定过失共同正犯，或者也可以理解为共同正犯当然包括故意共同正犯和过失共同正犯，两者都应该适用"部分实行全部责任"的归责原则。而且，在其立论根据中，并未对通常所见的"共同注意义务的共同违反"有太多着墨。张明楷教授的上述诸多观点具有很大的启发意义，其中部分内容如"共同行为"的实质和意思联络的性质等或许还可以进一步细化。而其新近提出的两种解释论有可取之处，如认为共同犯罪首先是违法形态，可以将"共同故意犯罪"中的"故意"解释为实行行为层面上的"有意识地"之意。但是这两种解释论总体上可能的确"还值得进一步研究"。这是因为：其一，我国刑法第 25 条第 1 款是对共同犯罪的统一定义，而共同正犯是共同犯罪的主体类型，故将"共同犯罪"限制性地解释为狭义共犯即教唆犯与帮助犯，而将共同正犯排除在外的解释可能失于狭隘。其二，解释论的最终目的似并未实现。在解释论上努力的最终目的是在现有立法条件下证成过失共同正犯之成立进而对其适用共同犯罪的归责原则。但张明楷教授所提出的解释论的结论似乎并未很好达此目的。无论是将过失犯解释为单一正犯体系，还是以"过失实行行为较为缓和"而主张没有必要将其作为共同正犯处理，其结局都是"不以共同犯罪处理"，既然如此便可能因缺乏清晰的因果关系或泛化的实行行为和责任主体而使过失共同犯罪的归责违反责任主义。所

[①] 张明楷：《刑法学》（第四版），法律出版社 2011 年版，第 365 页。

以，这两种解释论还有待进一步探讨。当然，张明楷教授提出的否认过失犯之教唆犯和帮助犯的观点，从共同过失犯罪的体系结构来讲，可能还值得进一步分析。

纵观肯定论立场，大致可以分为解释论上的肯定论与立法论的肯定论。前者认为我国刑法已经承认了"共同过失犯罪"这一概念，只不过我国刑法对共同过失犯罪不以传统的共同犯罪（即共同故意犯罪）论处罢了。后者则更多地从立法论的角度认为应当在刑事立法上承认共同犯罪包括共同过失犯罪，以便适用"部分实行全部负责"来解决实践中的疑难案件。[1] 至于其他肯定论的理由，如"过失共同犯罪客观存在，不以法律的态度为转移"、"理论研究不能局限于现行刑法的规定"、"是刑事政策上有效遏制越发频繁的责任事故犯罪的需要"等，实质是从立法论的角度来谈的。若非如此，则即使这几条理由都成立，但其自身并不能证明现有立法就已经承认过失共同正犯构成共同犯罪了。在这点上，黎宏教授的批评是有道理的。[2] 因此，还得从实质和应然层面上证明过失共同正犯的情形是否应该纳入共同正犯的范畴。

第二节　否定论及评析

总体看，否定论基本在各国占据优势地位。鉴于否定论属于论争中传统和"防守"一方，观点和角度相对比较集中，故本节拟就德、日、中国台湾地区、中国大陆地区的否定论统一进行介绍和评价。

一、违反罪刑法定原则

各国现行立法不完全一致，通说的首要理由来自于立法，认为在立法没有明文承认过失共同正犯的情况下，承认并适用过失共同正犯的归责原

---

① 张明楷：《共同过失与共同犯罪》，载《吉林大学社会科学学报》2003 年第 2 期。
② 参见黎宏：《过失共同正犯质疑》，载《人民检察》2007 年第 14 期。

则有悖于罪刑法定原则。这其中包含两种情况：

其一，特别是对于如中国大陆这样的在立法上明文排斥过失共同正犯的国家和地区而言，那些试图从解释论立场上肯定现行刑法已经承认了过失共同正犯的理论，更是被认为违背罪刑法定原则。因此，在这些国家和地区，恐怕只能主张立法论上的肯定论。

其二，对于德、日和中国台湾地区等在立法上没有明确承认但也没有明确排除的国家和地区而言，在解释论上似乎还有一定的空间。但即使这样，还是有可能被认为有违罪刑法定原则之嫌。

以德国刑法典为例。其第 15 条规定："法律未明确表示处罚过失行为时，只有故意行为具有可罚性。"因此，必须是法律有明文规定才能处罚过失行为。至于定义共同正犯的第 25 条第 2 项则是："数人共同实行犯罪者，皆以正犯论。"，条文内并未特别提到"数人过失共同实行犯罪者"。于是否定论者普遍认为承认过失共同正犯将超出德国刑法第 25 条的文义。[1] 而日本刑法和我国台湾地区刑法恐怕也面临同样的问题。

不过，有学者对此批评道：作为和不作为犯也没有被规定在共同正犯的定义里，是否也否定了"不作为共同正犯"成立的可能？而且总则规定必须在分则的每个犯罪构成要件中使用。共同正犯的规定必须加入到个别犯罪对行为主体的构成要件。因此以共同正犯的方式构成过失致死罪，其构成要件会是"数人共同地过失致人于死，处……"。这样的解释与"过失行为的处罚要有特别规定"并不违背。从而承认过失共同正犯并不会违反罪刑法定原则。[2]

就日本刑法而言，也有学者提出了类似批评：日本刑法确实以处罚故意犯为原则，处罚过失犯为例外，但这与处罚过失共同正犯不矛盾。如共同过失致人死亡，刑法第 210 条[3]规定才处罚。在分则中，对单独犯的处罚

---

[1]　施勇全：《过失共同正犯问题之研究》，台湾成功大学硕士论文，2009 年，第 43 页。

[2]　Vgl. Weißer, Bettina: *Gibt es eine fahrlässige Mittäterschaft?*, JZ 1998, S. 232f.

[3]　日本刑法典第 210 条规定：过失致人死亡的，处五十万元以下罚金。参见张明楷译：《日本刑法典》（第 2 版），法律出版社 2006 年版，第 78 页。

只有刑法有规定才处罚，而对于共犯是根据总则第 60 条的共犯规定处罚，这里刑法第 38 条①的规定不能适用。②

鉴于以上德、日、我国台湾地区的刑法并未明文规定共同正犯必须是"故意"，解释论上还有成立过失共同正犯的空间，所以欲从立法及罪刑法定原则彻底否认过失共同正犯并不是十分有力。关键问题还要看在实质上过失犯是否符合共同正犯的要求。对于我国大陆地区刑法而言，更是要从实质和应然角度讨论共同正犯是否本来就应该包含过失共同正犯这一类型。

二、欠缺共同的犯罪决意或意思联络

反对过失共同正犯最简单、直接、常见的理由是过失犯中欠缺共同行为决意（gemeinsamer Tatentschluss）或所谓意思联络，从而不符合共同正犯的本质要求。这是几乎所有持否定论的学者都会提到的一个理由。具体来说，所谓共同正犯（Mittäterschaft），是通过有意识的和所意愿的共同作用（bewußtes und gewolltes Zusammenwierken）对犯罪行为的共同实施。③ 共同正犯的综合性要素是各共同者想通过互相补充的行为来实现一个结果的决心，这种相互理解的心态只能存在于故意行为之中。④ 而共同过失犯罪，彼此缺乏意思联络，不可能使各个行为人的行为形成一个互相支持、互相配合的统一体，⑤ 或者说不可能形成共同犯罪所要求的有机整体性，因而也不需要对他们以共同犯罪论处，而只根据各人的过失犯罪情况分别负刑事责

---

① 日本刑法典第38条规定：没有犯罪故意的行为，不处罚，但法律有特别规定的不在此限。参见张明楷译：《日本刑法典》（第2版），法律出版社2006年版，第20页。
② 此为佐久间修教授的观点。参见马克昌，莫洪宪：《二十一世纪第二次（总第八次）中日刑事法学术研讨会文集——中日共同犯罪比较研究》，武汉大学出版社2003年版，第255页。
③ 参见［德］约翰内斯·韦塞尔斯著，李昌珂译：《德国刑法总论》，法律出版社2008年版，第293页。持同一立场的还有耶塞克教授。（参见［德］汉斯·海因里希·耶赛克，托马斯·魏根特著，徐久生译：《德国刑法教科书》，中国法制出版社2001年版，第819页）
④ ［日］泷川幸辰：《犯罪论序说》，有斐阁1947年版，第229页。转引自［日］大塚仁著，冯军译：《犯罪论的基本问题》，中国政法大学出版社2003年版，第258页。
⑤ 参见马克昌主编：《犯罪通论》，武汉大学出版社1999年版，第519页。

任即可。①

　　"一种错误观念是设想科学的一切发展都是按照单向推理的战略进行的。这种战略意味着首先提出一般性的理论假设；然后对与假设有关的每个变量确定一个有效的定义。如果有效实验的结果是肯定的，那么，人们就会设想有效定义是令人满意的，并且设想假设得到了证实。反之，如果实验结果是否定的，人们就不会知道定义是不是选错了，或者也不知道假设是不是没有根据的。人们将会指责操作方法，但是保留假设。总之，在这种战略中，理论方案受到过分的保护。资料很少有机会能修改和改进基本假设。"② 在共同正犯是否应该包括过失共同正犯的问题上，前述所谓"欠缺共同的犯罪决意或意思联络"就是沿着这样一个战略进行的——先以法律规定为前提，将共同正犯等同于故意共同正犯，那么自然共同正犯的主观要件便是故意共同正犯的要件，进而反过来以此为大前提，认为不符合这一条件的情形，便不属于或不应该归入共同正犯。不仅如此，当遇到实务中出现对现有理论观点形成挑战的案件时，仍然拒绝对这一大前提进行反思与检讨。这固然是一种省力的逻辑，但却在不经意间湮没了变革的可能。

　　总之，将共同行为的决意或意思联络等同于故意的意思联络的观点和前提是从故意共同正犯中发展出来的，不能用来统一检验过失犯。这样的逻辑实质是一种有待商榷的单向逻辑。对此，魏贝尔曾指出，共同行为决意是从故意犯罪发展出来的标准，而不是从共同正犯衍生出来的，过失犯并不需要以故意犯的标准为根据。③ 这样的区分，在发展过失犯的正犯和共

---

　　① 团藤重光教授、陈兴良教授、姜伟教授等持此观点。（参见［日］团藤重光：《刑法纲要（总论）》，创文社 1980 年版，第 367 页转引自马克昌，莫洪宪：《二十一世纪第二次（总第八次）中日刑事法学术研讨会文集——中日共同犯罪比较研究》，武汉大学出版社 2003 年版，第 258 页；陈兴良：《共同犯罪论》（第二版），中国人民大学出版社 2006 年版，第 399—400 页；姜伟：《罪过形式论》，北京大学出版社 2008 年版，第 339—340 页。）

　　② ［法］让·梅松纳夫著，殷世才、孙兆通译：《群体动力学》，商务印书馆 1997 年版，第 12—13 页。

　　③ Vgl. Weißer, Bettina, *Kausalitäts- und Täterschaftsprobleme bei der strafrechtlichen Würdigung pflichtwidriger Kollegialentscheidungen*, 1996, S. 148f.

同正犯体系也应该保留，否则整个法律体系会产生矛盾。罗克辛教授也认为，德国刑法 25 条只是规定了"共同正犯是共同实行犯罪"，而没有规定是共同"故意"实行犯罪，故不能用故意的标准去检验过失犯。①

而且，即使是通说共同正犯中的意思联络的含义也同样有审视的必要。数行为人各自故意犯罪，但无意思联络的情况下同时向被害人开枪的情形。否认其意思联络，进而否认其成立共同正犯的可能。可见，共同犯罪中的意思联络应侧重于行为者间横向的就"一起"（together）实施实行行为的意思表示和联络。这是将本来彼此不相干的行为主体有机结合在一起形成更大合力的决定性因素所在。而对于行为性质的认识以及对结果的态度，则是个体固有之认识，并不必然会因为共同行动而有所损益，不应该成为决定是否成立共同正犯的要素。在这点上，过失犯亦如是。

三、过失犯的正犯体系

一般认为，刑法区分正犯、教唆犯和帮助犯的概念只在故意犯的领域中才有。在德国等大陆法系国家，单一正犯体系已被通说扬弃。但是，故意犯区分正犯和共犯体系，过失犯却仍局限在单一正犯的体系下。对此，需要从三个方面进行分析：

（一）立法模式

在德国刑法理论体系中，过失犯通常被界定为：一个可受非难的结果被过失地引起（Verursachung）。过失犯条文中使用"引起"（verursacht）这个字，可见于德国刑法第 222 条之规定"引起（verursacht）某人死亡者"，或德国刑法第 229 条"引起他人身体伤害者"。相较于故意犯，则是因为一个人死亡或身体伤害或是损害健康而被处罚。另外过失犯中并未使用"正犯"和"共犯"的方式。从这两点可推论出，德国立法者想藉此表达，违反注意义务的行为共同引起犯罪结果，已经足够成为过失的正犯，即使这

---

① Vgl. Roxin, Claus, *Strafrecht*, *Allgemeiner Teil*, Bd. 2. ,2003 ,Rn. 242.

一行为在故意犯的体系中是一个教唆或帮助的行为。[1] 对此，有学者提出了反驳意见：首先，立法者在故意犯罪的条文中也未使用"正犯"的用语，而是用"某人"（Wer）。"正犯"和"共犯"的参与问题，必须加入总则规定后才能得出。其次，在观察德国刑法典所有的过失犯罪后，发现立法者在 44 个犯罪中只有 25 个使用"引起"（verursacht）这个字。因此在更多的犯罪中，过失犯的构成要件要求更具体的行为，并由此行为导致结果，单纯的因过失引起结果是不够的。而在这 44 个犯罪中，只有 3 个犯罪是单纯以引起为构成要件（Verursachungstatbeständ）：德国刑法第 223 条，第 229 条，和第 340 条第 2 项……第 229 条。这些罪名因为社会事实的复杂程度，难以举例表示。所以使用"引起"（verursacht）这样不具体的用语。德国刑法第 325a 条第一项也说明了"引起"（verursacht）这一用语特殊意义，该条的故意犯罪处罚工厂设备引起有害健康的噪音，而关于本条故意犯的参与问题就不是适用论者所说的单一正犯，而是依总则规定。[2]

（二）教唆犯和帮助犯的位置

德国刑法第 26、27 条明确规定教唆犯和帮助犯只能存在于故意的行为之中。可见，过失犯放弃了正犯、教唆犯和帮助犯的区分模式，所有因过失而实现构成要件的都被论以正犯，任何过失的促进行为都可以是过失正犯。其实，不仅在德国，在日本、我国台湾地区及大陆主张此二元的正犯体系也是被普遍认可的。[3]

德国将犯罪的参与者区分为正犯和共犯，而过失犯采单一正犯模式。

---

[1] Vgl. Bottke, Wilfried, *Mittäterschaft bei fahrlässiger oder leichtfertiger Erflogserwirkung*; in: GA 2001, S. 467.

[2] Vgl. Kraatz, Erik, *Die fahrlässige Mittäterschaft*: ein Beitrag zur strafrechtlichen Zurechnungslehre auf der Grundlage eines finalen Handlungsbegriffs, 2006, S. 93-94. 转引自施勇全：《过失共同正犯问题之研究》，台湾成功大学硕士论文，2009 年，第 45 页。

[3] 也有新近学者大力主张彻底的单一正犯体系。（参见黄荣坚：《论共犯》，载甘添贵教授祝寿论文集编辑委员会：《甘添贵教授祝寿论文集：刑事法学之理想与探索》（一），台北学林文化事业有限公司 2002 年版，第 325—367 页；柯耀程：《刑法单一行为人概念评析》，载《变动中的刑法思想》，中国政法大学出版社 2003 年版，第 180—200 页）

这样的二元模式，也受到了相应批评：从条文规定来看，也不是不可反驳，并不违反总则的规定。德国学者认为，"过失共犯（教唆和帮助）的概念，在现行法是找不到地位的"这样的说法是断章取义的，过失教唆和过失帮助在释义上是完全可能的。除了1870年德国（北德联邦）立法者在有关著作的著作权法第20条第1项可见之外，还有现今德国基本法第26条2项的施行法第19条（关于军用武器的控制）的规定。① 过失犯之教唆与过失犯之帮助在释义和学理上并非不可能，罚与不罚则是另外一回事。

我们认为，二元的正犯概念体系下，故意区分正犯与共犯，而过失犯不区分，是适用标准上的不统一，应该采取统一的正犯概念体系。理由有二：

（1）单一的正犯概念使得过失犯之帮助犯与过失犯之教唆犯都要以过失正犯来处罚，那么这就关系到正犯的概念，即实施构成要件行为者。那么关键的问题是，过失犯有没有实行行为，以实行行为为中心，整个过失犯的原因力体系中，有没有一个以实行行为为中心的具有层次性的架构？我们认为，过失犯中的教唆和帮助行为很难被界定为过失的实行行为。例如，在皮革加工案中，皮革工厂老板把没有经过消毒的羊皮交给工人去加工，结果使工人因为受到细菌感染而死亡。② 如果没有将羊皮交付给工人而产生工人接触羊皮的机会，那么老板事先没有消毒的行为本身并不会引起感染。因此就交付之前怠于消毒的行为而言，老板并没有加工感染的预见可能性（过失），同时也没有着手的行为。相反，当老板把未经消毒的羊皮交给工人加工的时候，老板已经可能预见到，甚至是事实上也已经预见到工人可能受感染。因此这个时候的行为是有过失，并且符合着手的概念，所以构成作为的过失致人死亡罪。③ 由此可见，过失犯的实行行为当以行为给法益直接形成风险或威胁为准，此其一；其二，教唆和帮助行为并非直

① Vgl. Kraatz, Erik, Die fahrlässige Mittäterschaft: ein Beitrag zur strafrechtlichen Zurechnungslehre auf der Grundlage eines finalen Handlungsbegriffs, 2006, S. 96.

② Vgl. RGSt. 63, 211.

③ 黄荣坚：《基础刑法学》（下），中国人民大学出版社2009年版，第449页。

接导致法益侵害结果发生者及其原因力，而只能归属于对过失正犯加功行为，而且属于单向而非双向的加功行为。

（2）在正犯概念的体系层面，共同正犯和帮助犯或教唆犯应该共存亡。故意共犯中的帮助犯和教唆犯，最后在定罪的时候，也是与正犯一样的罪名，但在学理上或原理上定义为帮助犯和教唆犯。之所以发展帮助犯和教唆犯的概念，其目的还是在于更好地在共同犯罪中区分原因力和责任的大小，使之更定型化、规范化。但其实在单一的正犯概念体系下，对于实际起帮助和教唆的加功行为者，在责任区分阶段，还是可能在说理中阐明其仅仅起帮助作用或教唆作用，而对其责任区别对待，况且教唆犯在正犯体系下虽然处于从属地位，但就其作用而言，未必比正犯小①，所以才有对教唆犯按照主犯来处罚的情况。所以，帮助犯和教唆犯的意义，更多地在于区分行为对于结果原因力的层次和方式以及多数情况下责任的区分。只是不采取帮助犯和教唆犯这样的概念而已。因此，在限制正犯概念下，创造帮助犯和教唆犯的概念和制度之目的并不是为了制造这些概念本身，而是为了总的目的：归责和责任的合理分配。所以，故意共犯最后会定正犯一样的罪名。因此，虽然过失犯之帮助犯引起或教唆犯有时候可以处罚的情况下，如借车、继续卖酒给②或教唆已经醉酒的行为人而致人驾车肇事，也会以正犯的罪名处罚，但并不能根据这点就认为因为可以以同样的罪名对实行行为人予以帮助或教唆之人处罚，就可以否认其内在的作用原理和作用层次。换言之，故意不能因此而否认帮助犯和教唆犯而承认这样的原理和概念，那么过失也不能。也就是说，对过失帮助和教唆的处罚与否，与

---

① 如一个女人要杀死一个粗壮的男人，果真她自己动手去杀人就比她花钱雇佣杀手来得有支配力？（参见黄荣坚：《基础刑法学》，中国人民大学出版社 2009 年版，第 516 页）意思是说在某些情况下，教唆犯在共同犯罪中的作用未必比直接被害者小。而且从中国的刑法传统来看，"造意为首，予以重处"的立法精神一直影响至今。（参见陈兴良：《共同犯罪论》，中国人民大学出版社 2006 年版，第 5—22 页）

② 英、美、德等国都有这样的判例。（参见张旭主编：《英美刑法要论》，清华大学出版社 2006 年版，第 156—157 页；参见［德］汉斯·海因里希·耶赛克，托马斯·魏根特著，徐久生译：《德国刑法教科书》，中国法制出版社 2001 年版，第 823—824 页）

是否应该承认这两个概念是两回事。应该是先承认，分清作用方式和结构，然后再讨论是否处罚的问题。

四、违反疑罪从无原则

该说认为否认过失犯中也是有共同行为的存在，只是因为对于结果的发生没有一致的意愿，无法使行为人的责任互相补充。如果承认过失共同正犯，将使本来应依疑罪从无原则获得无罪的人，变为有罪。黎宏教授也赞同此观点："出现这种情况（因不能查明各自独立的因果关系而都不能处罚之情形）确实是人们所不愿意看到，但也是一种无可奈何的选择。"[①]

我们认为，此处的关键问题是，当法益受到侵害时，刑法应当首先站到优先保护法益的立场上。换言之，如果确定法益被侵害，甚至出现了很严重的法益侵害结果，就要尽可能在合法合理的范围内找到负责之人。在能够认定共同行为是造成危害结果的唯一原因，且各行为人皆有过失的情况下，令其负过失共同正犯之责任，是合理的。这跟单独正犯因证据不足而据"疑罪从无"不处罚的情况不能等同视之。

另外，还有一个关键问题值得注意，即就故意犯而言，故意同时犯，因果关系不明，适用疑罪从无没问题；如果有意思联络的，则适用共同正犯解决也没问题。也就是说刑法必须要对行为意思联络下的"共同行为"这一点进行评价。在过失犯中，没有行为意思联络的两个人，致害，因果关系不明，适用疑罪从无，没有问题，但如果对有行为意思联络的共同行为也适用这一原则的话，就意味着两种情况最终归责结果上是一样的。那么，问题是，刑法对于"共同行为"这一点是否应该评价？是否应该采取统一的评价逻辑？

五、承认过失共同正犯没有实益

有观点认为过失共同正犯的问题，在现行刑法规定下便可解决，为了

[①] 参见黎宏：《过失共同正犯质疑》，载《人民检察》2007 年第 14 期。

避免刑法理论的复杂化，基于经济原则，不应再发展这种法律理论。

首先，否定论者认为在过失犯中每个有因果关系贡献的犯罪参与者，都能以同时犯被归责。但是，我们认为这在大多数的案例中可以适用，在因果关系不确定的案件里，还是有发展过失共同正犯的空间和必要。

其次，否定论者还认为，对于那些因果关系有疑问的案件，利用保证人地位理论即可解决，没有必要沿用过失共同正犯的理论。但这仍涉及不作为犯的最大问题，也就是作为和不作为的区分。人们经常将过失界定为不作为犯罪，是注意义务的不履行。但是每个犯罪行为都包含回避可能性，且作为犯与不作为的界线必须是独立的。就像 Nowakowski 所叙述的：过失并非客观义务的不作为，而是涉入一个不容许的风险。① 在多人参与过失犯罪以及因果关系有疑问的案件中，用不作为犯来处理也不可行的，过失共同正犯是必要的。

最后，凭有无实益来判断一个概念和制度的成立与否是不完整的。在故意犯的类似情形，如果一定要用单一正犯体系或概念去解决归责的问题似乎也不无可能，那么即使是故意的共同正犯的概念和制度也未必见得有必然的所谓"实益"，那么整个共同正犯乃至犯罪参与体系都没有必要了。

六、取代因果关系

这主要是 Puppe 教授对过失共同正犯所提出的批评。在他看来，肯定论者的目的在于"使得确定个别的过失行为人与损害之间的因果关系成为多余之事。"② 其认为，共同正犯理论的通说认为，只有满足下列三个条件，行为人之间的相互归责才是有依据的。首先，互相约定犯罪计划分担实行

---

① Vgl. Nowakowski, Fredrich, *Zu Welzels Leher von der Fahrlässigkeit*, JZ 1958, S. 337. 转引自 Kraatz, Erik, *Die fahrlässige Mittäterschaft*: ein Beitrag zur strafrechtlichen Zurechnungslehre auf der Grundlage eines finalen Handlungsbegriffs, 2006, S. 108。

② 参见［德］普珀著，王鹏翔译：《反对过失共同正犯》，载《东吴法律学报》第 17 期第 3 卷，第 344 页。

犯罪行为。若只是多个行为人彼此间行为方式相同，或者某一行为人对另一人的行为方式在内心上表示赞同，都不足以将其他行为人的行为当作是其自己的行为而加以归责。其次，犯罪计划必须是以故意实施构成要件为对象。最后，在犯罪行为实施时都必须有分担行为，并且由其分担行为导致结果发生。最后，Puppe 教授总结到：那些被用来证明有必要引进取代因果关系的过失共同正犯的案子，特别是超过门槛的集体决议（委员会犯罪问题）的案件，其实并不能作为适合的理由，因为在这些案件中，对于参与者责任的争议无疑地可以透过因果关系概念的具体操作来解决。那些因为假定的共同正犯和结果之间实际上并无因果关系，以致引进过失共同正犯会有实际效用的案件，过失共同正犯的捍卫者们并没有将其作为研究的焦点。引进取代因果关系之过失共同正犯对故意共同正犯、故意与过失的交错，乃至有待接受的过失教唆或过失帮助等问题所带来的不可预见的后果，更是少有人注意。①

对于以上观点，我们认为：其一，因果关系理论不能解决所有的刑法问题。其二，共同正犯中的因果关系的侧重点应该是基于共同行为整体与侵害结果之间的因果关系，而不是个别行为与侵害结果间的因果关系。② 其三，过失共同正犯概念的主张和引进并不是为了取代因果关系，恰好相反，是基于共同的过失实行行为与侵害结果之间的因果关系来主张过失共同正犯。其四，故意共同正犯中当个别因果关系不明时，正是基于行为整体与侵害结果间的关系而归责于整体，这没有疑问。那么，为什么到了过失共同行为整体与侵害结果间有因果关系时，主张共同正犯之"部分实行全部责任"却成为问题了呢？这显然欠缺说服力。其实，比如"甲和乙成立过失犯的共同正犯之际，在不能判明是甲还是乙投下的木料导致了行人负伤的场合下，只要可以确定是由他们当中的行为导致了该结果，就可以理解

① ［德］普珀著，王鹏翔译：《反对过失共同正犯》，载《东吴法律学报》第 17 期第 3 卷，第 364 页。

② 关于整体性可参见马克昌主编：《犯罪通论》，武汉大学出版社 1999 年版，第 519 页。

为他们都为所发生的结果承担责任。"① 换言之，过失共同正犯的确立是以意思联络下的共同行为所确定的。确定以后，只要可以确定结果是由其整体意义上的行为——可能是全体，也可能实际由其中一部分直接致害，那么就可以适用共同正犯的归责原理对其进行归责。其五，Puppe 教授自己也承认，其所陈述的关于共同正犯三个要件的通说地位在过去十几年中正在受到越来越多的挑战。虽然教授很"庆幸""联邦最高法院尚不敢采用取代因果关系之共同正犯以解决超过门槛的集体决议问题，也还没有采纳过失共同正犯的想法"。② 但没有挑战和不同声音，就没有变革的可能。传统坚持共同决意等同于共同故意的立场的改变，甚至联邦最高法院出现承认过失共同正犯的判决，或许只是时间的问题。

通过对前述否定论的陈述和分析，我们认为肯定论的基本立场是妥当的。不过，在已有的肯定论中，有相当一部分的出发点是以在现有的立法条件和通说理论格局下，面临新的、有困难的案件时，仅仅从司法实践需要的角度去思考是否应该承认过失共同正犯。必须承认，这一视角不无问题，一旦不能证明在司法实践中的不可替代性或很明显的必要性，那么就很容易陷入无力的境地。

所以，不仅要从司法实践考虑，而且根本上还要从过失共同正犯本身的内部构造原理与共同正犯之间的关系着眼，努力证明应当扩张现有共同犯罪和共同正犯的概念，证明过失共同（正犯）犯罪本来应该属于共同（正犯）犯罪的范畴。换言之，即使对于那些在解释论上绞尽脑汁可以过失同时犯处理的过失共同正犯案件，也不能因为可以处理，就放弃了过失共同过失正犯的概念和理论体系应然的归属之地；对于那些个别因果关系不明的疑难案件，主张以过失共同正犯处理的着眼点不应该是所谓"避免所谓举证责任上的困难，从而更容易的归责"③，而理应是此类情形在本质上

---

① 参见［日］野村稔著，全理其、何力译：《刑法总论》，法律出版社 2001 年版，第 402 页。

② ［德］普珀著，王鹏翔译：《反对过失共同正犯》，载《东吴法律学报》第 17 期第 3 卷，第 364 页。

③ 廖正豪：《过失犯论》，台湾三民书局 1994 年版，第 155 页。

属于共同正犯，理应适用"部分实行，全部责任"之原则去处理。欲从根本上论证过失共同正犯的成立，还必须从源头上入手。过失共同正犯是过失犯和共同正犯的交集，因此有必要从过失犯理论和共同正犯理论上去寻求根据。

第三章　在过失犯理论上的探寻

对于具体犯罪构成要件的解释是刑法分则的任务。刑法总则以及犯罪论所要研究的是对犯罪构成结构和框架而言的一般构成理论和原理。或者也可以这样理解，犯罪论中的构成要件理论所要研究的是当行为与结果之间应当处于一种什么样的状态，二者之间具有何种内在联系时，法规范才能将这一结果归咎于行为和行为人。在某种程度上讲，几乎所有的刑法理论的核心甚至归宿都在于归责。

但是所有的归责都首先要与行为联系起来。"一种行动之被称为一种行为（或道德行为），那是由于这种行为服从责任的法则，而且，这行为的主体也被看作当他在行使他的意志时，他有选择的自由。那个当事人（作为行为者或道德行为的行动者）通过这种行为，被看作是该行为效果的制造者。"① 没有行为就没有犯罪。犯罪首先是一种行为，只有行为才是实际的致害力量。在这点上，故意和过失都不例外。

"共同正犯的中心要素应该说是共同行为"②。过失共同正犯理论所要解决的问题是过失行为的共同及其归责机制。"共同注意义务的共同违反"在"共同"上的解释力并不充分。而且，过失犯的法律规范、犯罪构成体系所要禁止的最终不是注意义务，而是说行为人被禁止为那种表现出他没有注意到他能认识结果的行为。③ 故本章试图对行为理论和过失犯理论的发展脉

---

① ［德］康德著，沈叔平译：《法的形而上学原理——权利的科学》，商务印书馆2005年版，第30页。

② ［日］大塚仁著，冯军译：《犯罪论的基本问题》，中国政法大学出版社1993年版，第252页。

③ Vgl. Samson, *SK*, 1989, Ann. zn16/14.

络进行梳理和分析，并在过失犯中重申过失实行行为的重要地位，并对其实质化阐释，以此为行为人在过失实行行为上的主客观的"共同性"提供基础。过失共同正犯在过失犯理论上的追寻要从过失行为开始，至过失犯的归责机制结束。

第一节　过失行为在犯罪体系中的定位

在已有的犯罪论研究中，过失犯的理论体系基本上是以注意义务及其违反为中心展开的，过失行为并没有获得充分重视。这一点在大陆法系不难发现，在中国刑法理论和司法实践[①]中更明显。

一、行为理论

在正统的犯罪构成体系中，犯罪行为长期以来毫不动摇地处于核心地位。[②]

[①]　中国司法实践中，对过失犯罪的认定和分析对实际的致害原因力过失行为没有给予应有的重视和体现，往往以主观存在过失而代之。以"王之兰过失致人死亡案"为例，本案中，被告人王之兰自1973年起即在杭集村卫生室工作，曾取得卫生行政部门所发的《乡村保健医生证书》。2001年8月，杭集村委会申请设置杭集卫生室为医疗机构的，报主管部门验收，因未合格，至本案案发时尚未领取到《医疗机构执业许可证》。2001年11月22日，林奇因上呼吸道感染到杭集镇卫生院就诊，林奇在该卫生院做了青霉素皮试，其结果为阴性；但未在该院输液。随后林奇来到王之兰所在的卫生室，王之兰看过林奇在杭集镇卫生院的病历、处方和皮试单后，要林奇做皮试，林奇称刚做过，王之兰即未坚持，遂对林奇进行青霉素输液。林奇输液后不久即感不适，经抢救无效死亡。经鉴定，王之兰在未对林奇重新做青霉素皮试的情况下给林奇注射了与杭集镇卫生院皮试试液不同生产厂家的青霉素，以致林奇发生青霉素过敏性休克而死亡，属一级医疗事故。法院审理认为，王之兰已经预见到自己的行为可能造成他人死亡的后果而轻信可以避免，以致发生他人死亡的严重后果，其行为已构成过失致人死亡罪，依法判决王之兰犯过失致人死亡罪，免于刑事处罚。（参见张澎：《王之兰过失致人死亡案——在未领取〈医疗机构执业许可证〉的乡村卫生室工作的乡村医生行医致人死亡的应如何定性》，载《刑事审判参考》，法律出版社2002年第5辑，第20页）从法院的判决意见中，可以看到，对本案中不当注射青霉素这一直接致害行为没有给予应有的关注和体现，似乎主观上过于自信的过失心态与危害后一结合就构成了犯罪。而这一模式几乎是我国目前实践中认定过失犯罪的一大通病。但这始终是不合理的，因为，单纯地主观判断错误并不会致害。而这一模式几乎是我国目前实践中认定过失犯罪的一大通病。

[②]　谢望原：《胡萨克及其〈刑法哲学〉》，载［美］道格拉斯·N.胡萨克著，谢望原等译：《刑法哲学》，中国人民公安大学出版社2004年版，第6页。

在现代刑法学中，行为的概念被赋予了四种不同的基本任务。① 虽然对刑法上的行为概念（Handlungsbegriff）应当提出哪些要求还是个非常有争议的问题，即应当将它完全看做一个存在的范畴（Kategorie des Seins）（＝本体论行为概念），还是应当将它理解为是一个法律的范畴（Kategorie des Rechts）（＝法学的行为概念），② 但到现在还没有一个行为概念能完全同时符合以上四个标准。我国有学者揭示了行为理论从存在论走向价值论的发展脉络。③ 但刑法学在行为概念的探究还在继续，仍然在苦苦追寻一个统一的行为概念，以期达至犯罪论建构上的统一性。

（一）前古典的行为概念

行为概念被引入刑法理论并逐渐取得纽带作用，在理论渊源上要溯及到近代黑格尔学派刑法学者的贡献。④ 现代行为概念是 19 世纪刑法科学逐

---

① 首先，它应当为全部应受到刑事惩罚的举止行为的表现形式提供一个上位概念，一个种属概念，这个概念把所有相近内容的规定作为不同的种类（specificae）联系在一起。其次，行为应该与具体的犯罪范畴相互联系，从而使行为在犯罪构造的每个阶段重新出现，并且通过附加的属性成为一个更加准确的标志。再次，行为的概念还具有排除的任务，就是说，行为必须具有把那些从一开始就与行为构成变化特性无关的、在刑法评价中不能考虑的事物全部加以排除的功能。最后，有时，行为概念也被安排了作为构成行为在时间和地点的链接点上的含义，以及行为的单数和多数，即所谓的竞合理论（Konkurrenzlehre）的链接点上的含义。（参见［德］克劳斯·罗克辛著，王世洲译：《德国刑法学总论》（第一卷），法律出版社 2005 年版，第 147—148 页。）

② ［德］约翰内斯·韦塞尔斯著，李昌珂译：《德国刑法总论》，法律出版社 2008 年版，第42 页。

③ 从行为理论在 20 世纪以来的演进过程中可以看到，行为观念中的物理因素在逐渐消解，或者说逐渐成为讨论内部的对象要素，而规范要素、评价要素则逐渐增多，行为概念的解释力也随之逐渐增高。从自然行为论、因果行为论直至目的行为论、社会行为论以及人格行为论，行为成立的着眼点依"身体性"、"意思性"、"目的性"而至"社会重要性"及"人格性"的脉络而发展，由行为的事实存在及至行为的价值评价，颇清晰地形成一条由存在论的行为论——自然行为论、因果行为论及目的行为论，至价值行为论的行为论——社会行为论和人格行为论的发展轨迹。前者从物理空间的实证意义上认识行为，而后者则从一定的价值意义上来界定行为。前者从行为的外在特征或内在特征判断行为，仅局限于行为本体；后者则在理解刑法中的行为时需要人之外的引入价值评价爱或者规范评价要素。（参见陈兴良：《行为论的正本清源——一个学术史的考察》，载《中国法学》2009 年第 5 期）

④ 他们将发生于外界的事实与人类主体相连接，并将其视为该个体的衍生品而归属于他，以此来与纯粹的事故事实相区别。至此行为概念才开始在刑法学中出现其轮廓。（参见［德］许内曼著，陈志辉译：《关于客观归责》，载《刑事法杂志》第 42 卷第 6 期，第 83 页）

渐发展的结果。至今也不过是百余年的时间，"在黑格尔学派刑法学者之前的刑法领域中，行为概念犹如无名无形的浪荡游魂一样。"① 在此之前的费尔巴哈时代，行为概念是一个独立的探讨对象。② 一般认为，"刑法的行为概念之父"是黑格尔③："但是，意志的法则应当是，在意志的构成行为中，仅仅在这一点上具有罪责，即意志在自己的目的中从罪责条件知道，在自己的故意中由此存在着什么。——构成行为只能作为意志的罪责被归咎"。④ 在黑格尔的认知体系中，可受归责的对象，仅仅以故意的意志自由为限，过失的心态并不在归属的范围内。

此后黑格尔的刑法学生们（阿尔格，克斯特林，贝尔纳）毫无例外地都将过失行为引入了行为概念之中。⑤ 这一变化使得刑法上的归属性概念合并为单一责任归属性。这一结果衍生的问题在于，一旦论及刑法上的所谓责任就意味着对于违法的责任，那么责任的判断必然早已附有违法的成分

---

① Vgl. Radbruch, *Der Handlungsbegriff in seiner Bedeutung für das Strafrechtssystem.* 1904. S. 85.

② ［德］克劳斯·罗克辛著，王世洲译：《德国刑法学总论》（第一卷），法律出版社 2005 年版，第 148 页。另可参见 ［日］下村康正：《刑法学客观的归属理论》，载《中央大学法学新报》第 79 卷 9 号，第 1—47 页。［日］齐藤诚二：《客观的归属理论》，载《警察研究》第 49 卷 8 号，第 3—24 页。

③ 黑格尔于 1821 年出版的《法哲学原理》，在西方法律思想史上占有极其重要历史价值，在今日中国的影响也是如此。在"法学是哲学的一部"的理念下，该书无疑是黑格尔法律思想体系的全面表述。简单而言，黑格尔主张整个世界形成的本质实际是沿着"逻辑"到"自然"以至"精神"的三阶段路径而进行的"绝对精神"的发展过程；在其中的精神发展阶段，按照其先后顺序依次体现为"主观精神"、"客观精神"、"绝对精神"三者；再次，客观精神部分的发展又再经历"抽象权利"、"道德"而达于"伦理"三阶段，所谓的法哲学就是用以研究自由意志分别于抽象权利、道德与伦理各阶段中不同程度的"定在"（体现、实现）。（参见 ［德］黑格尔著，范扬，张企泰译：《法哲学原理》，商务印书馆 1961 年版）

④ 之所以会出现这样的判断，主要原因在于：在黑格尔的理论体系内，"道德"是一个具有特殊内容的内心的法，即主观意志之法；而所谓归属性乃至于行为，正是归属于这一道德世界的领域，作为道德的外化表现，从而主张行为的本体即为主观意志的客观化产物。任何道德行为必然内涵有人类意志上"我"的主观因素，而且非要与"我的故意"相一致不可，否则，主观内部的意志与客观外部的结果就无从获得统一性。据此，就法的实现阶段而言，只有出于人类故意意志的外化事实，才能还原为客观精神的"定在"而对其进行归属的判断，一旦外界的现象对于某意志而言属于偶然或意外，当然不得被归属为该意志的产物。（参见 ［德］克劳斯·罗克辛著，王世洲译：《德国刑法学总论》（第一卷），法律出版社 2005 年版，第 148—149 页）

⑤ ［德］克劳斯·罗克辛著，王世洲译：《德国刑法学总论》（第一卷），法律出版社 2005 年版，第 149 页。

并以之为前提。如此一来，同时内含违法性与有责性的归属性概念其实就无异于犯罪本体的同义词。正因为此，贝尔纳（Berner）于是试着将责任限定于结果间的关系概念，而视其为行为内容要件，至于违法性则解释为行为类型的厘定概念；也正是因为这样，自贝尔纳以降，作为归属性本体的行为概念便跃升为犯罪结构的上位概念而非仅止于犯罪的标帜反倒是其他相关的犯罪成立要件，不过是在行为概念上所添加的犯罪属性的叙述而已。[1] 这应该是前古典的行为概念最大贡献，为近代犯罪论体系乃至刑法学体系奠定了最初的根基。

（二）因果行为论（kausale Haudlungslehre）

由李斯特和贝林创立的自然主义因果行为论是早期古典主义犯罪论的产物。[2] 因果行为理论论的观点认为，行为是行为人为实现其内在的意思，以意志支配身体的行动，而所谓经由意志所支配的身体行动，按照李斯特的意思是经由想象及经由运动神经的内在作用所引致肌肉的用力[3]，此一身体的行动改变了外在的世界。只是在因果行为理论的概念下，似乎无法解释某些不作为犯的情形。[4]

---

① 苏俊雄：《刑法总论》，台湾大学 1997 年版，第 16 页。

② 李海东：《刑法原理入门》，法律出版社 1998 年版，第 26 页。

③ 参见黄荣坚：《基础刑法学》（上），元照出版公司 2003 年版，第 110 页。罗克辛教授认为这样的定义延伸开去是很可笑的："自然的行为概念在自己作为连接因素的功能中，延缓了各种合理的批评。虽然自然的行为概念有这样一个优势，即它相对于行为构成而言是中性的，这样，各种任意的意志性（还不是在法律上已经作出评价的）神经或棘手的紧张活动，就都作为行为显现出来了，但是，这样一种被贝林自己描述为'无血的幽灵'的行为的概念，与它所要承担的这个体系相比，具有太少的说服力。这不仅适用于'外部世界因果性改变'的标准，而且也同样适用于'外部世界因果性改变'的标准，而且也同样适用于'有意志的肌肉紧张'和'神经支配'的标准。例如，如果人们把侮辱表示为符合行为构成的、违法的和有责的'对空气震动的激发和在被攻击者的神经系统中推动了心理过程'，或者将伪造证书表述为'应收刑事惩罚的肌肉紧张'，这样不仅听起来可笑并且它也是可笑的。"（参见［德］克劳斯·罗克辛著，王世洲译：《德国刑法学总论》（第一卷），法律出版社 2005 年版，第 151 页）

④ 因果行为理论所要求的身体的活动，而导致外界发生变动，方得谓为行为，倘若基于意识的活动，所生的身体举动，具有一定的外观动作形式，固然容易从外在的形式加以察觉，但倘若外观上无法发觉发生身体活动时，例如静止不动的情况，是否会被当作行为来看待，就会发生问题，毕竟从外观上无法发觉身体的活动时，此种静止的情况，是否也是属于单纯的意识活动，恐怕判断上不无疑虑。

因果行为理论主张对于行为人的内在意思并不作任何区别，行为人只要以其外在的行动，表现其内在的意思，而使外界发生变动，即属行为。这里区别行为的标准是人的身体行动是否由意志所支配，至于意志的具体内容是什么则无关紧要。于是，内在意思的具体内涵（故意或过失）已非行为概念，而是属于罪责的问题。

实际上，正如学者所言，有意义的行动和没有任何主观意义的纯反应性行为之间的界限，是不能严格地从经验上划分出来的。所有社会科学上的相关行为，尤其是传统的行为，很大一部分都是处于这两者之间。许多不能用言词适当传达的神秘经验，对于怀疑这种经验的人来说，不是能够完全理解的。① 但是法律科学与其他学科不同之处在于，必须在现有的社会科学发展的条件下，对于所面对的法律关系和性质作出定性和判断，作出规范和取舍。因此，即使因果行为论所主张的那几种非出于意志的行为的判断还未找到终极的依据，但现有认知条件下，其初步的区别和过滤功能还是值得肯定。从历史发展来看，似乎因果行为论已经被广泛摒弃，但直到如今仍然有学者主张适用，只是作了一些修正。② 而且，事实上，即使后来的行为理论看起来比其全面、科学，但任何一种行为恐怕都不能抹杀其自然因果关系的性质。

（三）目的行为论

目的行为论是将以前的行为论视为只以盲目的因果性为要素的因果行为论加以排斥，强调存在论（Ontologie）的观点，在目的性（Finalität）上求得行为的特殊性，即认为行为人预定一定的目的，选择实现它的必要

---

① ［德］马克斯·韦伯著，杨富斌译：《社会科学方法论》，华夏出版社1999年版，第37页。
② 该论者基本上仍认为行为的概念，如同因果行为理论所主张的，就是人的意志所支配的身体举止。不过认为，将反射行为，纯粹本能的惊吓反应或绝对强制下的行为排除在人的意志所支配的身体举止的概念之外，并非完全正确。因果行为理论的重点仍在于，一个人是否在意识状态之中。如果一个人仍在意识状态中，得以知道反射动作可能造成侵害行为，却不事先避免，如此情形，是没有必要一开始就以行为概念来免除其责任。（参见黄荣坚：《基础刑法学》（上），元照出版公司2003年版，第112—115页）

手段，有计划地指向目的实现。这种见解，在德国，在二战前就已经由威尔泽尔提出，二战后由其有力展开，并由毛拉赫（Reinhart Maurach）、布施（Richard Busch）、尼泽（Werner Niese）等加以赞同，变得更为有力，影响了各国学界。在日本，共鸣者有木村龟二、平场安治、福田平等。[1]

具体地讲，威尔泽尔认为行为并非只是如因果行为论所主张之自由意志所支配的因果历程，而是目的活动的实施，是目的活动的整个历程。[2] 所谓行为的目的性，是指行为人所为的举动，必须是一种有意识地指向某一个特定目的的实现，才得以称其为行为。正是由于人类有能力为具有目的意识的行为，故从规范的功能和目的来讲，刑法才得以使用刑罚手段，禁止或命令人类的目的活动。

威尔泽尔认为行为是有目的的，并非仅仅是因果关系之整个过程，故行为应是目的活动之整个历程。[3] 目的行为理论固然不否认行为与结果间的因果关系，其并不认为任何在因果关系的关联性判断上，足以造成结果发生的举动，都可以视为行为。[4] 按照目的行为理论的观点，故意行为固然可以视为目的活动的实施，但对于过失行为而言，则不符合目的行为论所描述的行为概念，如此就很难解释过失犯罪的构成。[5]

从构成要件理论的角度观察，目的行为论的看法，影响目的论者对于共同正犯与共犯的思考。他们认为，只能针对故意的正犯而帮助或教唆，对于过失犯，不可能帮助或教唆。共同正犯是指，一起对于因果流程有特定目的加以操控的多数人，且相互间有意思联络；过失犯不可能有共同正犯。

由上可见，或许目的行为很大程度上是基于故意犯而衍生出来的，因

① 参见［日］大塚仁著，冯军译：《刑法概说（总论）》（第三版），中国人民大学出版社2003年版，第98页。
② 林山田：《刑法通论》（上），元照出版公司2008年版，第202页。
③ 林山田：《刑法通论》（上），元照出版公司2008年版，第202页。
④ 柯耀程：《刑法概论》，元照出版公司2007年版，第65—66页。
⑤ 林山田：《刑法通论》（上），元照出版公司2008年版，第202页。

此在本质上也属于自然主义的行为论，[①] 对于过失犯的解释力实在有限。不过，在行为论上所持的观点与刑法上是否承认过失共同正犯似乎没有必然的关系。事实上，也有持目的行为论，站在犯罪共同说的立场赞同过失共同正犯的学者。福田平教授就是其中之一。[②] 因此，尽管对过失实行行为还可以有不同的理解，但对过失犯而言，由于共同实行行为完全可能，故如果肯定共同实行行为的意思与事实，就应该肯定过失共同正犯。

（四）社会行为论

社会行为理论（soziale Handlungslehre），是把具有社会意义的有意的人的身体动静理解为刑法上的行为的立场。[③] 社会行为理论虽然受到学者的肯定[④]，但也遭到批评。[⑤] 对此，大塚仁教授也认为，这种行为论没有充分理解行为的存在意义，同时在内容上过于模糊，有不能充分发挥行为概念作为界限要素机能之嫌。[⑥] 其次，刑法所要评价的行为，本来都具有社会的重要性，而行为理论就是要找出这样具有重要性的行为，方具有使刑法加以评价的意义，而不是本末倒置地说行为必须具有社会重要性，方才是行为，这是一种反因为果、倒果为因的诠释方式。

社会行为论虽然在概念上能统一故意和过失、作为和不作为等行为形式，但由于要对行为对于社会的侵害性在行为概念阶段就作评价，故极易与构成要件的其他要素判断混淆，不可取。过失犯和过失共同正犯的问题在社会行为论这里并不能找到合适的基础。但社会行为论为行为界定和理

---

① 参见小野清一郎著，王泰译：《犯罪构成要件理论》，中国人民公安大学出版社 2004 年版，第 78—79 页。

② ［日］福田平：《刑法总论》，有斐阁 1992 年版，第 249 页。

③ ［日］大塚仁著，冯军译：《刑法概说（总论）》（第三版），中国人民大学出版社 2003 年版，第 97 页。

④ 参见［德］约翰内斯·韦塞尔斯著，李昌珂译：《德国刑法总论》，法律出版社 2008 年版，第 48—55 页。

⑤ 黄荣坚：《基础刑法学》（上），元照出版公司 2003 年版，第 112 页。

⑥ ［日］大塚仁著，冯军译：《刑法概说（总论）》（第三版），中国人民大学出版社 2003 年版，第 97 页。

解所提供的社会性和规范性视角则是值得重视的。对于过失共同犯罪而言，不管以何种方式展现出行为的主观意义，最重要的是要重视其社会意义：与他人行为的内在关系和因果指向。

（五）人格行为论

简单地说，人格行为论认为，刑法上的行为应当理解为行为人人格的外化表现。团藤重光教授认为，行为时作为"行为人人格的主体性现实化"的"身体的动静"，其中既包含作为和不作为，也包含基于故意和基于过失的东西，但是，单纯的反射运动和基于绝对强制的动作一开始就不相当于行为。并且认为，这种行为具有生物学的基础和社会的基础，是在人格和环境的相互作用中由行为人的主体性态度所实施的。所以，认为忘却犯"因为是与本人的主体性人格态度相结合的不作为，仍然是行为。"① 在人格行为论的支持者中，还有两位重要的学者，即大塚仁教授和罗克辛教授。此二人立场相同，但主张的具体内容和思考方向不尽一致，而且在总体上人格行为论也受到了一些批评。以下分述之：

1. 大塚仁教授：综合的人格行为论

大塚仁教授支持人格行为论。首先，他认为人格行为论适当地发挥了行为观念应该担负的作为界限要素的机能，同时具备两个理论特征：人格行为是事实性行为；人格行为的主体性特征充分考虑到责任判断阶段的需要，即责任的归属始终都要针对行为主体进行。其次，融入了"有意性"和"社会上有意义"两个属性，最终将刑法上的行为定义为：作为犯罪概念的基底的行为是作为行为人人格的主体性表现的基于有意性的身体动静，是由一般人的认识性判断能够肯定其社会意义的东西。② 可见，大塚仁教授的人格行为概念是吸取了自然行为论、目的行为论、社会行为论等的全部

① 参见［日］大塚仁著，冯军译：《刑法概说（总论）》（第三版），中国人民大学出版社2003年版，第100页。

② ［日］大塚仁著，冯军译：《刑法概说（总论）》（第三版），中国人民大学出版社2003年版，第100—102页。

或部分要素基础上形成的，故可以称作"综合的人格行为论"。

2. 罗克辛教授：开放的人格行为论

罗克辛教授在对"前古典的行为概念"、"古典体系的自然的（自然主义的，因果性的）行为概念"、"目的行为概念"、"社会的行为概念"、"否定的行为概念"①、"在行为构成中放弃行为"等理论的分析后，主张人格行为论。其具体内容如下：

其一，主张一个开放性的人格行为论。他认为，人格行为是指能够归于（zuordnen）作为心理和精神的动作中心的自然人的一切，而不涉及"仅仅从自然人的身体性（肉体性）范围，即'物质的，有生气的，动物性的存在领域'"。② 这里，罗克辛教授指出了人格行为的本质性要求：出自行为人的心理和精神。从其后面的论述中，也可以认为其所谓人格基本等同于这里的"心理和精神"。③ 这样的表述不应该看成是罗克辛教授对人格行为论下的"行为"所下的定义，实际上他本人也不主张对其下一个统一的、既定的定义④。其目的在于为在行为的实际判断提供一个开放的而非狭隘的客观判断标准。⑤ 正是从这个意义上，我们将其人格行为论总结为"开放的

---

① 所谓"否定的行为概念"实际上是完全从法规范出发的行为概念，其核心理念是："如果一个行为人能够避免一个结果的发生，并且法律也要求他避免这个结果的发生，那么，只要他不避免而使这个结果发生的，就应当将这个后果归责于这个人。"由于可以说任何犯罪都应该有所谓"结果避免性"，所以从这个理念出发，刑法的行为可以理解为凡是制造了法规范予以否定且要求行为人避免的结果的行为，都是刑法上的行为。（参见［德］克劳斯·罗克辛著，王世洲译：《德国刑法学总论》（第一卷），法律出版社 2005 年版，第 156—157 页）

② ［德］克劳斯·罗克辛著，王世洲译：《德国刑法学总论》（第一卷），法律出版社 2005 年版，第 160 页。

③ 罗克辛教授指出，人格表现的显现形式是非常多样的，它们的共同点仅仅在于都能够归责于自然人的精神和心理领域，即他的人格。

④ 但在某种程度上也可以认为这本质上就是他对人格行为下的定义，即只要出自认定精神和心理，都可以认为是人格行为，即刑法上的行为。

⑤ 对此，罗克辛教授论述到：因此，这个作为"人格表现"的标志也没有提供定义，从而使人在具体情况中能够进行逻辑的推理，什么是一个行为。另一方面，行为大大多于一个用于表示不同性质外表的综合标志。更准确地说，它涉及一种在先前表明的意义上的一种具体和一般的概念。在这种概念表明的全部"人格的客观性"中，这种概念提供了一个标志。这个标志应当详细具体地说明现实，并且在现实的大量表现中，把各种现象判定为"行为"。（［德］克劳斯·罗克辛著，王世洲译：《德国刑法学总论》（第一卷），法律出版社 2005 年版，第 170 页）

人格行为论"。他认为，这样的概念建构方式是更合理的。[①] 的确，相对于大塚仁教授的综合人格行为概念，罗克辛教授提供的判断标准在内涵上要小的多，但相应的外延就更大。

其二，人格行为的概念是一种规范性的概念，但不是规范主义的。[②] 规范性在于人格表现的标准从一开始就表明了决定性的评价方面，是根据一种与评价观点相适应的法律决定安排的。但由于它最准确地使生活的真实性一目了然，并且在任何时候都能注意到最新的经验型研究的知识，不是狭隘和一成不变的，所以也就不是规范主义的。

其三，反射性动作[③]、不由意志控制的自动动作[④]、高度冲动中的构成行为[⑤]或者在"无意识的"心醉神迷状态[⑥]中，甚至在催眠状态下的侵害行

----

① 罗克辛教授认为："这样一种构造概念的方式，不是摆脱困境的方法，而是在非常广泛的概念中，当人们不想借助法律材料的丰富特点，从科学主义方面来歪曲这些法律材料的情况下，唯一适当的构造概念的方式。在犯罪理论的其他主导性范畴中，这种方式也将证实是有成果的。"（参见［德］克劳斯·罗克辛著，王世洲译：《德国刑法学总论》（第一卷），法律出版社 2005 年版，第 170 页）

② ［德］克劳斯·罗克辛著，王世洲译：《德国刑法学总论》（第一卷），法律出版社 2005 年版，第 170 页。

③ 罗克辛教授以"女子开车经过弯道，突然从外面飞进来一个虫子进入眼睛，她用一只手做出'突然的防卫性动作'，结果失去了对汽车的控制，因为造成了一起车辆相撞事故。"认为，这样的情形仍然可能是"一种以心灵为纽带的有目的进行的防卫性动作，而这对于人格表现的认识就足够了"。

④ 例如"在高速公路中突然发现前方 10～15 米远有一只兔子大小的东西，急忙'将车向左打去'并撞上护栏，导致同行女伴死亡"的判例里，罗克辛教授认为，这种自动避让的自动进行的行为，实际是一种长期练习而形成的一种行为状态，熟悉地近乎无意识。但这种通过学习获得的行为性处置，也属于人格的内部结构。引发的人格就是人格的表现，不依赖于它在确定的情况中是否导致有用的或者有害的后果。

⑤ 罗克辛教授论述到："但正确的方式是，就像司法判决在其他情况下也同意的，在冲动性构成行为中具有仅仅存在于罪责能力领域中的问题。在高度冲动的情况中，也不会缺乏行为，因为满足本能的，或者就像经常在激愤杀人中那样，为爆发性攻击服务的那些举止行为方式，已经指向了一种对法益的侵害，也就是说，决定了人格的各种表现，并且完全不是单纯由因果关系决定的。"

⑥ 相关判例是：这个喝得大醉的被告被一名女子开车送回家。当汽车停下来时，这名女子把这个喝醉并暂时睡着的人放在驾驶座上，然后重新发动了汽车。汽车发动之后，他就开走了，结果在开出 1.5 公里后造成了一起车祸。对此判例，初级法院宣告被告人因"缺乏行为"而无罪，因为他仅仅是那名女子手中的一个"工具"。但罗克辛教授认为，在事实上，只要这个醉酒人还能在目标方向上进行有意义的和并列性的一个"行动"，在这个过程中，就总是有一个行为的。一辆汽车的发动和开走是很明显的，在这个范围内，这个举止行为方式是有意识地实现的和在事后还能再被回想起来这一点，对于一个行为的认识是不重要的。

为①，都有可能因为无法排除心理和精神与外界发生联系和作用即人格的作用而可以成为刑法中的行为。至于行为人是否有故意和过失，刑事可罚性都是另外一个问题，是需要在此后的各种判断阶段和关系中再行辨别的问题。②

3. 对人格行为论的批评、过失行为的心理分析及我们看法

对人格行为论的批评主要集中在三点：其一，本说强调"主体性之表现"，惟"主体性"是哲学用语，而"行为"则属于事实基础概念，以"主体性"定义"行为"概念，既不明确又复杂；其二，人的举止当中，何者是具有主体性人格之表现（行为），何者非人格性之表现（非行为），也不明确；其三，若"主体性"是指"自由意思"，则将会与第三阶段的"有责性"判断有所关联，恐导致行为概念中内含有责性（责任）的性质，故不妥当。③

以上批评主要围绕所谓"主体性"展开。人格行为论中的主体性，从罗克辛教授的分析中可以理解为（尽管其本人没有提到"主体性"）"出自行为人"，显然这是归罪的前提条件，但并不是责任本身。至于何为主体性人格的表现，罗克辛教授已经解释得很清楚。所以，前述批评不能成立。另外，鉴于社会行为论本身固有的弊病，所以罗克辛教授对人格行为论的处理或许更合理。

从行为心理学上看，过失是反态的表现，但无论是有认识过失还是无认识过失，都是有内容和意义的，都有理性参与其中，是理性被非理性牵

①　罗克辛教授认为，对于诱发犯罪的情形，由于催眠并不能凭空诱发犯罪，其根源还在于行为人的人格异样："从另一方面说，人们在催眠或者催眠之后的状态下，根据目前流行的观点，是必须肯定其具有行为性质的。在这种状态下实施的构成行为，是与心灵性联系的并且是与周围世界相适应的。因为催眠命令的执行遇到了受影响人中的'性格限制'，以至于人格异样的行为——例如在诱发犯罪行为时——也是不能由催眠者引导出来的，所以，它对人格范围的归类，就可能不取决于意识的困难性。"当然责任则同样是另外一回事。

②　[德] 克劳斯·罗克辛著，王世洲译：《德国刑法学总论》（第一卷），法律出版社 2005 年版，第 167—170 页。

③　陈子平：《刑法总论》（上册），元照出版公司 2005 年版，第 110 页。

制和弱化后的表现。在行为心理学看来，过失是反态①的反例，是复杂理性在反态进行过程中由于不能成功地借助理性典范的力量阻扼最初引起焦虑的某种情绪，经验重新回到意识迫于情势所采取的解决焦虑的一种转移方式。所谓过失也就是将焦虑以一种理性典范始料未及的形式加以表现出来。例如，在开会之前主持会议的人就对这个会议持有反感，认为不如散会来的痛快，因为在会议开始时便矢口说出"人大体已到齐，现在宣布散会"，把本来应该说的"开会"说成了"散会"，即是过失行为的例子之一。② 又如，根本就不想去赴一次不愉快的约会，因而在约会过期之后才突然想起这件事，则是过失行为表现为忘记的例子。

作为一类司空见惯、普遍存在的心理现象，过失并不是无因而致的事件，而是一系列心理过程中的一种。过失虽然经常表现为好像是无意的，但实际上却总是有意义的。对此，弗洛伊德曾举过一例。某女士和她的姐夫同游罗马，住在罗马的德国人设盛宴款待她姐夫并送给他一枚古雅的金质章。这位女士因为她的姐夫不太看重这精致的赠品而很不高兴，她回国后发现自己竟把金质章带回来了，至于如何带回来的她并不知道，她立即写信告诉她姐夫说次日将金质章寄还。弗洛伊德分析说，无意的过失都是有意义的，某女士误留金质章，"其目的是要将这个艺术品留为己有。"③ 因此，过失从本质上是有内容和有意义的表示，是一种有目的的心理过程，尽管行为人自己不一定认识到这个目的。

另外，从过失的心理过程的发生机制来看，④ 心理的过失过程之所以发生乃是因为在反态进行过程中，复杂理性未能在适当地控制焦虑中获得成功的原因所致。由于痛苦的情绪经验被相关的心理因素唤起，从生命冲动

---

① 所谓反态，是指复杂理论在理性典范带领下解决焦虑的一种外部特征最为突出的转移方式。所谓反态也就是将焦虑以一种与其最初目的完全相反的形式加以表现出来。例如，即使自己对新来的上司有所不满，也千方百计地加以掩饰而表现出顺从的姿态，即是反态行为的一个例子。参见冯绍群：《行为心理学》，广东出版社 2008 年版，第 158 页。

② ［奥］弗洛伊德著，高觉敷译：《精神分析引论》，商务印书馆 1984 年版，第？页。

③ ［奥］弗洛伊德著，高觉敷译：《精神分析引论》，商务印书馆 1984 年版，第？页。

④ 冯绍群：《行为心理学》，广东出版社 2008 年版，第 166—168 页。

中涌出的焦虑的强有力的对象精力贯注再一次在理性典范的反相形成中发生作用。这样复杂理性就要同时受命于两个主人，即理性典范以及理性典范本应加以禁止，但在最后却又未能够禁止的业已进入复杂理论之中的情感。尽管这两个主人都在竭力为"快乐原则"排除障碍和促进发泄服务，但由于它们的目的不同，一个想极力压制情感的需要为相反的本能冲动服务，另一个则是反抗理性典范的意志而要为原初的本能冲动服务，这就使得复杂理性总是被两种意向或倾向所支配：一种是来自理性典范，另一种则是来自不情愿的情感。这两种意向虽各不相同，但却又是密切联系的，因为它们有着共同的心理根源，即两者都根源于焦虑，因此两种意向总是互相干涉互相牵制。结果来自理性典范的意向由于受到来自不情愿的情感的意向的反抗，虽然没有全被阻扼但却也不能像反态那样照原来的目的直冲而出。在这里，如果我们把被来自不情愿的情感的意向胁迫的、来自理性典范的意向称为被牵制的意向，而把起来胁迫来自理性典范的意向的来自不情愿的情感的意向称为牵制的意向，那么牵制的意向和被牵制的意向总是互相干涉、互相对抗。在心力的争衡只能够，牵制的意向和被牵制的意向各有一部分成功，从精神的控制中溜了出来，加以表现，使焦虑得以适当的解决。这一过程就是过失行为的机制。马克斯·韦伯将社会行为的模式区分为四种：第一种是依目的理性而行为；第二种是依价值理性而行为；第三种是依情绪或感觉而行为；第四种是依传统习惯而行为。依目的理性而行为，所考虑的是目的、手段和副作用，这三者之间必须做理性的选择，当发生目的冲突时，则必须依价值理性而行为，手段便成为唯一合乎目的的理性的选择，而愈是依价值理性而选择，价值变成绝对时，愈不理性。[①] 但很明显，过失行为不是由一种意向或倾向促成的，而是由两种意向相互牵制、干涉影响的结果。在很大程度上也是理性与非理性斗争的结果，理性在其中也存在，并且发挥了重要的作用，只不过相对于故意行为中理性绝对占据上风而言，理性的作用较小，这也能够从根本上说明为什

---

① Vgl. Marx Weber, *Wirtschaft und Gesellschaft*, 5. rev. Aufl. , Studienaug. , 14. -18. Tsd, 1980, S. 12f.

么刑法学上犯罪故意比犯罪过失的恶性要大的原因。

综上，在行为论上，我们主张人格行为论，并认为，过失犯罪也是行为所致，不管是有认识过失还是无认识过失，都同样出自行为人的精神和心理。在事实行为上都具有有意性，均有行为人理性的参与，而且在诸多过失行为背后，其实隐藏着行为人本质上对行为对象和规范的一种内在的对抗和否定态度，同样是行为人人格的现实表现，而且完全可能在事实危险行为上形成有意的联系并融合而成一体。

二、新旧过失论

在大陆法中，过失犯理论存在旧过失犯论、新过失犯论和新新过失犯论等诸多学说争鸣的局面，对于过失犯罪的本质是在于行为无价值抑或结果无价值等基本问题展开了集中深入的探讨。[①] 其中的核心问题是过失在犯罪构成体系中的定位。对此，前后的过失论有不同理解，而这同时也关乎行为在过失犯中的角色以及过失共同正犯的命运。

（一）旧过失论

旧过失理论源自古典犯罪学理论。旧过失论将故意、过失视为责任条件、责任形式，因此，故意犯与过失犯之间，在构成要件该当性与违法性阶段，并无本质差异。[②] 旧过失论以道义责任论[③]为依据，将"主观的预见

---

① 黄丁全：《过失犯理论的现代课题》，载陈兴良主编：《刑事法评论》（第7卷），中国政法大学出版社2000年版，第465页。

② 亦即，于构成要件该当性与违法性阶段，并不区别故意犯与过失犯，凡发生法益侵害的结果，即便属于偶然或不可抗力，也可肯定构成要件该当性与违法性之成立。并认为犯罪行为，是意识的动作，自发的行为。基于自发的意思导致危害，故意犯与过失犯并无差异；其区别，仅属责任要素的问题。过失概念仅违反，行为人对于犯罪事实应该要预见，并加以防止，但行为人却因精神的懈怠（欠缺意思的紧张）以致不注意的一种心理状态，未预见犯罪事实而值得受刑法非难的心理状态。从属于故意概念，两者具有共通性。（陈朴生：《过失理论之发展及趋向》（上），载《军法专刊》，第25卷第5期，第8页）

③ 道义责任论视责任的归责基础在于人的自由意思之中，以人具有意思自由为道义非难的前提，认为犯罪是人基于自由意思的产物。所谓意思自由，是指人具有选择实现现行行为或者其他行为的可能性。（参见马克昌主编：《刑法学全书》，上海科学技术文献出版社1993年版，第631页）

可能性"作为过失的判断基准而主张过失是指行为人应预见犯罪事实，并且能预见却因精神的懈怠，而没有预见犯罪事实，导致结果发生，而违反了此义务，并应受刑法的非难的心理状态。

可见，作为旧过失理论前提的犯罪论体系，是根据判断对象而区别违法性、有责性及违法性，是以"客观的行为"为判断对象。从而，以行为人主观的预见可能性为前提的过失，是属于有责性阶段的责任要素。至于过失犯的构成要件与违法性阶段，既然是以客观的行为为对象，而与故意犯并无不同，因此过失犯与故意犯在构成要件该当性与违法性阶段并无本质差异。而仅在有责性阶段才有所区别，从而造成"行为"和"过失"之间并无直接的关联性。也就是说，旧过失理论中并无过失行为的观念。然而如此理解的旧过失理论。由于过度忽视过失"行为"的层面，几乎等同于仅追究结果责任，而有造成处罚范围扩大的嫌疑。

如此一来，在这样的体系下，过失行为的存在及其价值很容易被忽略。那么，很自然地试图建立在过失行为共同基础上的过失共同正犯的讨论受到很大程度上的限制。

（二）新过失论

旧过失论将过失仅仅视为责任要素的缺陷，在20世纪初责任论从心理责任论向规范责任论转移的过程中，受到了广泛批评。意见主要集中在：责任的根据不仅仅是对行为人造成结果的心理关系的非难，而是对反规范违法行为的非难可能性。故过失不单纯是心理概念，还应包括所谓违反注意义务的规范要素。由此便逐渐形成了以规范违反说为核心理论的新过失论。"新过失论"认为过失犯不应到了责任论阶段才开始讨论，在违法性甚至构成要件符合之阶段皆有可能成为问题。传统的违法性论向来以"所有客观要素归违法，所有主观要素归责任"为命题，却因受到目的行为论以及"人的不法论"等的影响，不仅责任阶段有主观要素的存在，违法性阶段构成要件也有主观要素的存在，使得该命题已经有逐渐瓦解之趋势。①

1. 违法性要素理论

依据目的行为论的观点，故意的问题，不应等到责任的领域才开始探讨，故意实际是构成要件乃至于实现不法的意思，是违法论中赋予行为无价值或其凭据的重要的主观要素（主观违法要素）。与其并行的，若有因果关系及结果的发生，那么过失也属违法的要素，而不应仅在责任中讨论过失的有无。行为人若已尽"社会生活上必要的注意"义务，行为无价值将被否定，本身即不存在不法的过失。再者，从"人的不法论"导出的"结果无价值"、"行为无价值二元论"，违法性的有无与强弱的判断，不仅关系法益侵害与侵害危险的结果无价值，同时也关系脱离社会相当性范围内的行为。据此，过失犯的成立，不仅关系行为人心理状态的问题，同时更关系到过失行为的问题，甚至可以说过失行为是过失犯的核心，也不为过。这是过失犯理论伴随着社会的变化给予过失行为"平反"的表现，具有极为重要的意义。

2. 构成要件要素

构成要件要素说认为，过失不仅是罪责要素和主观违法要素，同时也是构成要件要素。当行为人的行为不成立过失而不构成过失犯罪时，不是由于其不具备违法性或者被免除责任而非罪化，而是根本不符合构成要件。在此理论体系下，故意犯的构成要件包括主观故意和实行行为。那么，从主客观相统一原则出发，或者仅从犯罪论体系的统一性出发，过失犯的构成要件也应该包括过失心理与过失行为两方面。"一个过失的举止行为能够在具体案件中被正当化或者免责；但是，这个举止行为究竟是不是过失，是在行为构成中决定的。"② 由此，过失实行行为就成为认定过失犯成立与否的首要问题。于是，过失的实行行为的地位被重视起来，从而关于过失

---

① 陈子平：《刑法总论》（上册），元照出版公司2005年版，第190—191页。
② ［德］克劳斯·罗克辛著，王世洲译：《德国刑法学总论》（第一卷），法律出版社2005年版，第713页。

实行行为理论研究也逐渐兴起。① 但要用一个统一的标准对过失行为进行定型化很困难。②

就实践中的运用和价值而言，新旧过失论对于过失行为的理解都基本没有超出注意义务的范畴。③ 但无论如何，新过失论找回过失实行行为在过失犯理论体系中的地位，暂且不论当如何对其实质化，都至少使得附着于行为这一实体上的行为人之间的主观联系和共同行为在学理阐释上变得更易理解，从而为过失共同正犯理论提供了一定条件。

（三） 新新过失论

新新过失论，也称危惧感说。亦即，所谓的结果预见可能性的概念，无须像从前一样将其解释为以"因果历程的基本部分"乃至于"因果关系的概要"的预见可能性为必要；而是行为人只要有结果发生的概然的不安感或危惧感即为已足。④ 不过需要明确的一点是，危惧感说并非仅仅是关于放宽预见可能性概念的理论，更基本的是涉及过失犯整体构造的理论。其中，先将企业组织的行为视为整体来讨论其责任的观点，与共同过失犯罪的内在机理吻合。或许，在此类犯罪中可以找到过失共同正犯或过失共犯

---

① 很多学者对于这一体系性转变做出了贡献，其中，德国学者恩吉施（Engisch）在 1930 年所发表的《刑法上的故意与过失之研究》一书中"谈及过失概念时，开宗明义即肯定过失必须归置于构成要件不法，才能就过失行为人的行为予以责难。"（许玉秀：《当代刑法思潮》，中国民主法制出版公司 2005 年版，第 342 页）他以宾丁（Binding）的规范论为基础，认为"当一个规定性规范，一种立法性的对举止行为的命令，为这些行为构成提供基础时，这个规范就不能是简单的禁止结果的发生，而是仅仅禁止一种特定的不谨慎的举止行为。"

［德］克劳斯·罗克辛著，王世洲译：《德国刑法学总论》（第一卷），法律出版社 2005 年版，第 713 页。

② 实践中过失实行行为的表现方式纷繁复杂，不如故意犯那样容易被定型化，因为过失犯罪构成要件中行为规定的内容也必然很抽象。如何将过失实行行为定型化，是构成要件要素说所面临的难题。

③ 我国大陆学者虽然论述角度有所不同，但基本还是赞同过失犯的本质在于注意义务的违反。参见陈兴良：《刑法哲学》，中国政法大学出版社 1997 年版；林亚刚：《犯罪过失研究》，武汉大学出版社 2000 年版。

④ ［日］山中敬一著，陈运财译：《日本过失理论之发展及其现代之课题——大规模事故及刑事责任》，载《东海大学法学研究》第 10 期，第 399 页。

的实践根据。

(四) 小结

可见，从完全的结果归罪，到无罪过无责任的旧过失论，及至新过失论，最后危惧感说出现，过失理论的发展，是随着社会的发展而变化的。不仅过失实行行为逐渐回归其重要地位，而且过失犯的规制范围总体上呈扩张趋势。我国现在正处于经济快速发展的时期，社会分工越来越细，过失共同犯罪的数量也（会）越来越多。因此即使仅仅出于社会防卫的需要，我国也应该肯定过失共同犯罪应当成立共同犯罪，在理论和立法上予以变革、回应。

第二节　过失实行行为定位

如前文所述，日本对过失共同正犯的理论争议比较大。战前倾向于否定，而在战后的学说中，对这一问题的论述也有若干变化。特别是过失犯中也有实行行为的理论被广泛承认之后，即便是支持犯罪共同说的立场，从完全可以共同实施过失行为的理由出发，认为应当肯定过失犯的共同正犯。① 可见，对于过失共同正犯的问题，过失实行行为及其理论至关重要。不过，客观地说，过失实行行为问题在我国没有得到应有的重视和充分展开。在通说的理论体系中，对于过失犯的研究在总则篇主要局限于或等同于犯罪过失②，而在分则部分的具体罪名中则多为一笔带过。在理论研究上，"对于过失犯罪行为本身的研究，常常被对于危害结果的预见的研究所

---

① ［日］大谷实著，黎宏译：《刑法总论》，法律出版社2003年版，第377页。
② 在总则中出现的到底是"过失犯"或"过失犯罪"，还是"犯罪过失"，这可能与各个国家和地区所采的犯罪构成体系有关。在大陆法系的阶层式体系中，在每个阶层都有过失的存在空间，尤其在犯罪构成符合性上更使过失实行行为及其研究成为必要。而在中国的"耦合式"犯罪构成理论体系中，构成要件是以犯罪客体、客观方面、主体要件、犯罪的主观方面先后且平行排列，所以总则中以"犯罪过失"出现是当然的要求。但在客观方面对于"危害行为"的论述也都基本不区分故意和过失。但无论如何，这无疑在体系上就限制了过失实行行为理论的发展。

代替，以致不能科学的说明过失犯罪的客观方面。"[1] 在实务中也有将过失犯的成立几乎简单归结为：行为人主观上过失＋客观上犯罪结果。而在对过失实行行为的描述上也多采用"违反注意义务的行为"或者"违反规章制度的行为"等，这很容易造成过失犯处罚范围扩大的倾向。[2] 但过失犯和犯罪过失并不能等同[3]，而且，共犯的意思联络也是以实行行为为载体的，所以缺乏对过失犯实行行为的具体界定，也很难在过失犯的主观面上寻求过失实行的共同。故，过失实行行为研究即成必要。

一、实行行为

尽管理论上否定实行行为这一概念的观点也具有一定影响[4]，但通说还是认为实行行为是构成要件的核心[5]，且属于实定法上的概念，且已经深入渗透到司法实务界，应当维持。[6] 中外对实行行为的概念有不同界定，但有

---

① 张智辉：《理性地对待犯罪》，法律出版社 2003 年版，第 60 页。

② 以交通肇事罪为例，在限速 20 公里的街道上，行为人以时速 30 公里的速度开车。路边的小巷子里突然跑出一个意图自杀的人，冲到马路中央，行为人躲闪不及，于是将该人撞死。事后发现，就当时的情形而言，即便行为人以正常速度行驶，也难以避免危险结果发生。但即便如此，行为人的行为还是会被看作交通肇事罪的实行行为。因为，按照前述过失犯的实行行为的理解，此种场合下，既有危害结果发生，同时，行为人又违反了限速规定，因此当然要构成犯罪。但是，将这种行为人难以预见和难以避免的偶然情况看作犯罪，有悖法律的公平正义之理。（参见黎宏：《过失犯研究》，载赵秉志主编：《刑法评论》（第 10 卷），法律出版社 2006 年版，第 111 页）但这个问题仅仅从"预见可能性"和"避免可能性"上可能还不足以阐释清楚，还要从过失实行行为的定型性背后的法规范禁止的目的进行说明，即法律规范禁止"超速驾驶"这一过失实行行为的目的在于，禁止超速行驶给同一交通环境下的其他参与者因速度过快而带来的反应时间的缩短所形成的危险，但不能禁止被害人故意的自杀行为。因此，不能追究行为人的刑事责任。（参考张明楷：《交通肇事的刑事责任认定》，载《人民检察》2008 年第 2 期）

③ 过失犯是一种客观行为和状态，它是指在犯罪过失心理支配下所引起的危害社会的结果；而犯罪过失则是指导致过失犯结果时行为人的主观心理状态，二者显然不是一回事。参见黎宏：《过失犯研究》，载赵秉志主编：《刑法评论》（第 10 卷），法律出版社 2006 年版，第 104 页。

④ 山口厚教授和藤木英雄等持此观点。山口厚教授认为，"将行为理解为'基于意思的身体动静'是妥当的，且作为如此理解既已足够"，并进一步指出，"唯有'基于意思'才是行为的要素，至于意思内容，那作为故意、过失，属于责任要素"，从而主张意思行为论。转引自［日］西田典之著，刘明祥、王昭武译：《日本刑法总论》，中国人民大学出版社 2007 年版，第 61 页。

⑤ ［日］西原春夫著，戴波、江溯译：《犯罪实行行为论》，北京大学出版社 2006 年版，第 13 页。

⑥ 参见［日］西田典之著，刘明祥、王昭武译：《日本刑法总论》，中国人民大学出版社 2007 年版，第 61 页。

一点应该是统一的，即实行行为应在构成要件的领域里理解。① 作为共同犯罪构成要件中的行为也不例外。我国刑法理论对实行行为概念的界定存在两种分歧：其一，实行行为系具体犯罪构成客观方面的行为，还是刑法分则条文规定的构成要件行为？其二，实行行为的概念应当从形式的立场还是从实质的立场界定。由于实行行为无疑是主客观相统一的实体，我国刑法理论也不予否定，故分歧的第二点才是难点所在。② 同时，这一争点也是大陆法系刑法理论所面临的问题。

在大陆法系，通说认为实行行为是"该当于构成要件的行为"。③ 西田典之教授认为，这一定义显然过于笼统，作为实际的判断标准，并无多大意义。④ 对实行行为还要从实质上进行界定。大塚仁教授在形式定义的基础上，认为："可以把包含着实行犯罪的现实危险性的行为解释为实行行为。"⑤ 而大谷实教授则进一步主张："确定实行行为，要靠是否符合构成要件来确定，因此，就得判断该行为或事实在形式上是否充分满足法定的构成要件。由于所有的构成要件都是以保护一定的法益为目的而被法律规定出来的，因此，成为实行行为，仅在形式上满足构成要件要素还不够，还必须具有实施该行为的话，通常就能引起该构成要件所预定的法益侵害结果程度类型的危险。"于是，所谓实行行为是"具有侵害法益的现实危险，在形式上和实质上都符合构成要件的行为。"⑥

---

① 大塚仁教授认为："站在罪刑法定主义的立场上论及犯罪的成立时，行为当然应该是作为犯罪的行为，它需要是法律规定的构成要件的东西，把仅仅是事实的行为符合作为讨论的问题，不仅是无用的逻辑操作，而且可以说没有认识到犯罪常常是刑罚法规所规定的具体存在物。"（参见〔日〕大塚仁著，冯军译：《犯罪论的基本问题》，中国政法大学出版社1993年版，第77、24页）

② 参见何荣功：《实行行为研究》，武汉大学出版社2007年版，第16页。

③ 参见〔日〕团藤重光：《刑法纲要总论》，创文社1990年版，第139页；〔日〕佐久间修：《刑法讲义》（总论），成文堂2000年版，第60页；〔日〕大塚仁著，冯军译：《刑法概说》（总论），中国人民大学出版社2003年版，第134页。

④ 〔日〕西田典之著，刘明祥、王昭武译：《日本刑法总论》，中国人民大学出版社2007年版，第60页。

⑤ 〔日〕大塚仁著，冯军译：《犯罪论的基本问题》，中国政法大学出版社1993年版，第71页。

⑥ 〔日〕大谷实著，黎宏译：《刑法总论》，法律出版社2003年版，第104页。

的确，仅从形式上解释实行行为是不够的，否则具体到实际运用中，还从实质上结合具体的犯罪构成去解释具备什么特性的行为才能是实行行为。但是，在国内坚持对实行行为的概念作形式上界定仍旧是我国大部分刑法学者的基本立场。当然也有少数学者从结果无价值和客观主义立场出发，对实行行为作实质性解释。①

我们认为，站在法益侵害的角度对实行行为进行实质性的解释是合理的。"每个实行行为必须包含法益侵害之危险的内容"②，德国和台湾地区当下较流行的从客观归责理论对实行行为③所作的解释——创设并实现法不容许的风险的行为，其根据也是法益侵害危险这一点。只有具有侵害法益的风险或危险的特性，才能被作为实行行为进入构成要件的评价领域，这实际上是基于罪刑法定原则实质的侧面限制处罚范围的要求和表现。这不是要抛弃形式概念，而是对形式概念和罪刑法定原则的具体化。有鉴于此，有论者提出的"离开了实行行为的形式特征，而只是从实质上界定实行行为的概念，实行行为岂不成为一个更加没有边际、更加无法定型、更加抽象的概念?"之观点更似一种误解。④

---

① 如有学者论述到，"不可否认的是，实行行为必须是符合客观构成要件的行为，这是罪刑法定原则决定的。但问题在于如何认定何种行为符合刑法分则所规定的客观构成要件?"因此，"对于实行行为这一重要概念，不能仅仅从形式上认定，还必须从实质上考察"。"实行行为并不意味着形式上符合客观构成要件的行为，而是具有侵害法益的紧迫危险的行为"。(参见张明楷:《刑法学》(第三版)，法律出版社 2007 年版，第 139 页)

② [日] 西原春夫著，戴波、江溯译:《犯罪实行行为论》，北京大学出版社 2006 年版，第 13 页。

③ 一般认为客观归责理论是对过失犯的重构，但罗克辛教授认为，这同样也可以适用于故意犯。参见 [德] 克劳斯·罗克辛著，王世洲译:《德国刑法学总论》(第一卷)，法律出版社 2005 年版，第 724 页。

④ 有论者针对张明楷教授的观点，提出批评:"但不知道张明楷教授是否意识到:若离开了实行行为的形式特征，而只是从实质上界定实行行为的概念，实行行为岂不成为一个更加没有边际、更加无法定型、更加抽象的概念? 实行行为是刑法分则规定的构成要件的行为，被刑法分则规定，作为一种无法否认的客观事实，为何在对其界定时不加考虑呢? 实行行为既是一个理论上应当研究的概念，更是一个需要在司法实践中被贯彻的概念，对于一个司法者来讲，摒弃了刑法分则的规定，他将如何确定实行行为的类型? 如何确定行为的罪名?"(何荣功:《实行行为研究》，武汉大学出版社 2007 年版，第 18—19 页)

二、过失实行行为

通过前面的分析得知，在大陆法系，传统的犯罪论体系没有把行为概念作为整个体系的基础，只是将犯罪现象作为引起结果发生的过程来把握，而行为类型和行为人对自己行为的认识程度则不属于构成要件。如此一来，如果故意和过失在构成要件该当性和违法性阶段的区别仅在于与客观方面要件相对应的主观的、心理的态度不同，这样就不能从整体上把握作为结果犯的过失犯罪。① 但是，过失犯和故意犯的区别不仅在于主观面，而且其行为样态也不同。而且，"如果进一步分析的话，那么导致结果的不是行为人的故意、过失这种心理的态度，而是有故意、过失之时行为人的外部态度（行为）。如果说什么是刑法所禁止的东西的话，也就体现在因故意或过失而引起法益侵害的态度。"② 所以，对过失犯的把握不能仅仅从结果无价值进行，而且还要更侧重于行为无价值的一面。自此，从违法性乃至于构成要件要素把握过失犯的观点也逐渐得到认同。在这种格局下，既然在主观面能够承认构成要件过失的概念，那么，就不可避免要肯定在客观面与之相对应的过失实行行为。行为人的内在意向不发诸于外，不可能成为刑法规范的评价对象。行为人怎么想都不重要，而是要透过行为人所做的事，决定他怎么想。于是有学者指出："以前把它理解为结果犯时，并不发生实行行为的问题，但是近年普遍承认基于过失的实行行为。"③

（一）中国

我国大陆刑法典第15条规定："应当预见自己的行为可能发生危害社

---

① 李海东主编：《日本刑事法学者》（下），中国法律出版社、日本成文堂1995年联合出版，第198页。

② ［日］西原春夫著，戴波、江溯译：《犯罪实行行为论》，北京大学出版社2006年版，第71页。

③ ［日］大塚仁著，冯军译：《犯罪论的基本问题》，中国政法大学出版社1993年版，第79页。

会的结果，因为疏忽大意而没有预见，或者已经预见而轻信能够避免，以致发生这种结果的，是过失犯罪。过失犯罪，法律有规定的才负刑事责任。"

1. 研究不足及其批判

如前所述，中国刑法理论和实务对过失实行行为研究、关注不足，其弊端甚明。除了可能导致过失犯处罚范围被扩大、有违"无行为即无犯罪"之基本理念及对完整的犯罪论体系建立的阻力外，还使得过失共同正犯的成立丧失了一个强有力的支柱。

对于造成这种局面的原因，有学者提出这主要由两点造成：其一，刑法规定的原因，即刑法规定以处罚故意犯为中心，以处罚过失犯为例外，后者相关条款很少，相应理论研究就以故意犯为中心。① 另外，我国刑法第15条对过失犯罪的客观方面只是涉及危害结果，却没有包含客观行为。② 其二，认识理解上将故意和过失等同视之。③ 我们认为，我国对过失实行行为关注、研究不够是事实，但前述两点原因却难以成立。

第一，并非只有中国刑法规定了以处罚故意为中心、过失为例外，但这并没有影响其他国家和地区对过失实行行为的深入研究和发展。其实相对于德、日等国家和地区对过失犯罪极其简约的规定④，中国刑法对过失犯罪的规定还属比较详细之列了。也不能说其中没有规定客观方面的行为，只不过是以服务于过失主观面的认定之面貌出现的。事实上就归责的决定性要素而言，行为的主观面恰好是最重要的。行为是主观面的外化，后者的认定肯定要经由前者来认定。这样的规定方式只是容易让人更重视主观

---

① 黎宏：《刑法总论问题思考》，中国人民大学出版社2007年版，第266页。
② 高洁：《过失犯罪实行行为研究》，陈兴良主编：《刑事法评论（第20卷）》，北京大学出版社2007年版，第411页。
③ 黎宏：《刑法总论问题思考》，中国人民大学出版社2007年版，第266页。
④ 1976年联邦德国刑法典第15条第1款："本法只处罚故意行为，但明文规定处罚过失行为的，不在此限。"日本1907年刑法典第38条第1款规定："无犯罪意思之行为不罚，但法律有特别规定时不在此限。"意大利1968年修正刑法典第42条第1款："刑法规定处罚之作为或不作为除行为人明知并有意为之者外，不得处罚。"这三个典型的、具有代表性的大陆法系国家的刑法典根本就没有给过失犯罪一个"正脸"，没有一个正面的界定。

面，但并不至于无视客观方面行为。再者，也不难看出，我国对过失实行行为的认识和理解实际也是从实质面进行的，其根据就在于"可能发生危害社会的后果"，其实也是宣示过失实行行为具有"侵害法益的实质危险性"。

第二，关于对故意和过失犯客观行为的无差别认识，应当辩证评价。一方面，由于对过失犯在实践和理论上受到重视和发展是一个历史渐进的过程，大陆法系刑法理论也不例外。因此，身在当下历史之中的人，不能将这一次发展或发达的现状和结果作为原因来看待。另一方面，通论视故意行为、过失行为一致，而统一指出具有三大特征：客观上是人的身体动静，主观上是由行为人的意志支配下的身体动静，在法律上是对社会有危害的身体动静。这恰好指出了故意行为和过失行为在本质上的共同点。尤其值得一提的是第二点，通说认为"支配身体动静的意志或意识活动，是危害行为的内在特征，也称为危害行为的有意性特征。我国刑法中的危害社会的行为，必须是受人的意志支配的。因为只有这样的人体外部动静即危害行为，才可能由刑法来调整并达到刑法调整所预期的目的。"基于此，排除"人在睡梦中或精神错乱状态下、在不可抗力下、在身体受强制情况下的举动"作为危害行为。[1] 这说明：其一，有意性是故意行为和过失行为的共同特征。有意性是基于意志，意志的前提乃认识，显然这里的认识和意志控制仅仅针对行为人所实施的外在身体动静这一事实性的行为而言。故意犯的行为是这样，过失犯也应该如此，即过失犯也有行为，其行为也有有意性，即对行为人实施的事实性行为的认识和控制。但以此为足。其二，通说排除的非行为并不包括过失行为，所以行为人对结果的认识、预见、希望或容认等主观特征不应在实行行为层面考虑。这些是需要放在违法性或责任阶段，或者中国刑法中的主观面进行讨论的问题。故意共同正犯的共同行为的主观联络要求应仅限于事实行为的有意性，共同正犯对力量的增大，其实不以目标的性质为转移，团队合作可以向着合法、甚至高

---

[1]　高铭暄、马克昌主编：《刑法学》，北京大学出版社、高等教育出版社 2000 年版，第 68 页。

尚的目标前行，同时也可以向着违法犯罪出发，不会因为行为人都认识到自己从事的是犯罪行为，实施的是犯罪计划而变得更强大。这两种情况下，都因为各行为人对共同实行行为本身的认识和控制而比单个个体强大。当然，行为人对结果所持的心态是希望，还是容认或反对，对行为的力量是有影响的。但这是纵向的问题，即以相同的主体为前提进行比较，即只能说如果行为人是单独的话，那么对结果的希望，显然其破坏力可能比反对要大。同样的，一个共同行为团体希望结果发生可能要比不希望结果发生的破坏力要大。这是属于故意单独正犯和过失单独正犯间的比较，或故意共同正犯与过失共同正犯间的比较。而共同正犯成立基础所关切的问题始终是：共同体的力量相对于单个个体的力量更强大。是一个横向的问题，即以相同的主观面来展开比较，也就是单独的故意或过失正犯的破坏力不如共同的故意或过失正犯大。因此，共同正犯概念成立和必要性来自于力量的不同，力量的不同来自于事实性行为的有意结合，而与对结果的态度无关。其三，过失实行行为也应该包括作为与不作为。而关于不作为的实行行为性和致害力，不能简单地说行为人没有为某种行为而导致了法益侵害结果的发生，还要进一步看到自然规律的力量在其中扮演的重要角色。对此，泷川幸辰教授提出："母亲以杀死婴儿为目的的不给授乳而使婴儿死亡结果到来的情形，是故意不作为犯。母亲为引起外界的变动而以身体的不动作达到目的，即有意志而没有身体动作，然而母亲仍是利用自然规律的发展使结果发生了。在故意犯中，对作为和不作为同等重要的有两点，即引起外界的变动和希望发生这种变动。我认为在利用自然规律的方法上，是采取身体的动作，还是采取身体的静止，这从刑法评价的观点来看，是无关紧要的"。[①] 的确，对于故意的不作为犯而言，行为人在身体上未采取积极的行为的同时，还包括了对特定自然规律的认识和利用，如故意不给婴儿喂奶而饿死的情况，不为喂奶的动作是一个方面，从逻辑上讲是否定的，是"无"，单纯"无"并不足以致害；更重要的是，行为人认识到了持

续一定时间的不喂奶便可以导致婴儿身体机能发生变化而饿死，这是一个客观规律。显然，行为人是积极地利用或借助了这一规律而致害。相形之下，过失的不作为的情形下，首先行为人的不作为是基于一种错误的判断而无所为；但这种错误并不是对自然规律的本身错误判断。如因其先行行为而令他人落水而不救并过失致人死亡的情形，行为人对河水可以溺毙他人这样的自然规律是知道的，并没有错误判断。其错误在于对规律发生的条件和可能性进行了错误的判断，即认为水虽深且急，但认为被害人自身水性好或已经表现出可能自己游上岸的迹象等，而错误地认为不会发生符合自然规律的结果。以上几点或许是我国通说没有专门研讨过失实行行为的同时不经意间留下的财富。最后，过失实行行为不仅要从行为角度把握，而且同样也有实行的着手点的问题。①

其实，造成过失实行行为研究不充分的原因除了理论研究的自然历史进程的客观限制以及现有理论和实践的偏颇所造成的影响外，根本原因可能还在于犯罪论体系构造之差异。大陆法系的阶层犯罪构成体系中，实行行为贯穿归责的始终，而且更是第一阶段的核心，自然会更容易受到重视；而我国的构成体系是四要件平行的耦合式，实行行为仅仅寄居于客观方面，而且仅仅是其中的一部分。结构上的不同注定了实行行为和过失实行行为不会得到太多关注。这一现状的改变可能有待于犯罪构成理论和过失犯理论的整体发展来推动。

2. 观点纷争

关于有无过失实行行为或何为过失行为的争论在我国也比较激烈。主要观点有以下四种：

第一，故意与过失实行行为一致说。这是我国刑法学界的通说。通说未将故意行为与过失行为作出区分，如"表现人的犯罪心理态度，为刑法所禁止的危害社会的行为"②，或者是"在人的意志支配下实施的危害社会

---

① 参见陈朴生：《过失行为及其着手时点》，载《法令月刊》，第 42 卷第 1 期。
② 杨春洗、杨敦先主编：《中国刑法论（第 2 版）》，北京大学出版社 2001 年版，第 53 页。

的身体动静"①。前者所强调的实行行为对犯罪心态的表现，以及其违法性和危害性，是一个综合的行为概念。后者则是侧重于实行行为的有意性、事实行为性及危害性。很明显，二者的共同点在于都不将过失实行行为单独列出，而是认为故意犯、过失犯仅仅是主观要件的不同，在客观行为方面并无区别。同时值得注意的是二者的不同之处：前者特别强调了所谓行为要反映"犯罪心理"，后者只要求行为具有"人的意志支配性"即可。很显然后者的范围应该大于前者。而且给危害行为加入了犯罪心理、违法性和危害性，似乎是要将犯罪的几乎所有要素和特性加在行为之上。果真如此的话，从客观行为的判断上似乎就可以认定犯罪了，构成要件的其他要素即无必要。这显然是一种以行为已经构成犯罪的前提下对客观行为的回溯性定义，而不是从归责的顺序和逻辑来定义的。按照这样的逻辑，那么对犯罪构成的其他要件都应该加上犯罪所有的属性才行。殊不可取。

第二，过失实行行为事后成立说。该说认为，犯罪行为有故意和过失之分，但因过失以犯罪结果的发生为成立条件，因此结果发生以前的过失行为不具有个别化特征，不可能确定过失行为的性质。也就是说，危害结果不发生，即不存在实行行为，过失行为成为犯罪的实行行为是在犯罪结果出现之后的事情。因此，过失实行行为的终结判断只能发生在结果发生之后，且结果一旦发生，实行行为即刻成立。② 照此说，过失实行行为无法脱离危害结果而单独成立，而只有当危害结果发生后才能"事后成立"。这一观点无疑抹杀了过失实行行为本身的法益侵害的危险性和独立价值。如果（也应当）把过失犯看成一个由意志控制下实施的危险行为并由该危险行为导致法益侵害结果这样一个连续的、完整的过程，而不是以结果发生的那一刻作为考察的起点的话，那么过失犯也可能有未遂和既遂之分，否则即无过失危险犯存在的空间。现行刑法不处罚过失未遂可能是出于谦抑主义的考虑，但这与过失实行行为的概念本身是否成立，是否有独立的

---

① 高铭暄、马克昌主编：《刑法学》，北京大学出版社、高等教育出版社 2000 年版，第 68 页。
② 范德繁：《犯罪实行行为论》，中国检察出版社 2005 年版，第 125—143 页。

存在价值无关。

第三，过失实行行为不存在说。持此观点的学者认为，从过失犯的行为构造来看，过失犯没有实行行为，虽然过失行为也属行为的范畴。实行行为必须具备形式上的定型性、实质上的危险性、主观上的有意性和规范上的可责性四个特征。表面上看过失行为虽然也具备，但从实质上分析，所谓过失行为并不具有实行行为所要求的主观上的有意性，也不是一种完整的独立的行动。否认过失犯有实行行为，并不意味着对过失犯无法归责，只要行为人的行为给社会造成了危害结果，并且行为人对危害结果的发生具有主观过错，就足以令其对危害结果承担刑事责任。[1] 这是典型的无视实行行为的观点。"无行为无犯罪"，不内含着犯罪结果的行为不能认定为犯罪行为，不是由犯罪行为造成的犯罪结果不能认定为犯罪结果。实行行为是直接导致侵害结果的力量，也只有在结果中证明和实现自己，而反过来法益侵害结果必须要在实行行为中找根据。因此，任何犯罪及其构成都不能抛开实行行为而论。就过失犯而言，其犯罪结果是由过失实行行为现实造成的，其对于过失行为具有内在依附性。另外，如前文所述，即使在中国的理论环境下，恐怕也不能否认过失实行行为的有意性。故该观点实不足取。

第四，过失实行行为特定说。过失实行行为已经被视为与故意实行行为相并列的特定行为类型，具有独立的存在意义。但对于过失实行行为的本质问题，理论上有争议。有论者认为"违反注意义务"是过失实行行为的本质；[2] 有的学者认为过失实行行为是"实质上不被允许的危险"的行为。[3] 前者来自德日刑法理论的通行的"义务违反说"，而后者则是借鉴客观归责理论对于过失实行行为的界定。

综上，既然坚持"犯罪即是行为"这一刑法学的基本信条，那么，就

① 周铭川、黄丽勤：《论实行行为的存在范围与归责原则的修正"，载《中国刑事法杂志》2005 年第 5 期，第 15—17 页。
② 陈兴良、周光权：《刑法学的现代展开》，中国人民公安大学出版社 2006 年版，第112 页。
③ 黎宏：《刑法总论问题思考》，中国人民大学出版社 2007 年版，第 270 页。

不能只把过失犯罪结果发生的那个静止的时点视为刑法的评价对象，而置引起犯罪结果发生的动态的、完整的行为进程于不顾，或者说等待犯罪结果发生后才认为过失行为由一般的违法行为转化成了过失犯罪行为。这种事后回溯式的考察方式除了使过失实行行为成为过失犯罪结果的附庸和为了使犯罪结果能够归属于行为人所做注解之外，我们不知道行为在整个过失犯罪体系中还有何独立存在的价值。[①] 另外，如前文所述，过失的实行行为既有形式的侧面，也有实质的侧面，而且后者更重要。因此从实质上对其加以界定是必要的。至于采"注意义务违反说"还是客观归责理论下的"不被允许的危险说"，则需要在大陆法系维度下比较二者各自的利弊后才能得出结论。

（二）大陆法系

在大陆法系，"注意义务违反说"占据通说地位。[②] 但在理解上，不能简单认为"注意义务违反说"仅仅是将过失实行行为定义为注意义务的违反而没有顾及其背后的行为。正如大谷实教授所言，"没有履行客观上被要求的注意义务而实施的一定的作为和不作为是过失犯的实行行为的见解极为有力，司法实践也接受了这一见解。"[③] 但同时有学者认为概说并不足以清楚明白地揭示过失实行行为的本质内容，故主张从实质的立场，在客观归责理论体系下来界定，认为过失实行行为的本质为"引起实质上不被容许的危险"或"创设法不容许的风险"。应该说，前后两种学说都在试图对过失实行行为进行实质化，只不过程度不一：前者探索到"注意义务违反"即停止，但后者认为这还不够且不乏弊病，还要透过注意义务的违反看到其背后的与侵害结果直接联系的特性。因此，可以认为，后者是在对前者

---

① 吴振兴：《犯罪形态研究精要》，法律出版社 2005 年版，第 520—521 页。

② 参见［德］汉斯·海因里希·耶赛克、托马斯·魏根特著，徐久生译：《德国刑法教科书（总论）》，中国法制出版社 2001 年版，第 691 页以下；［日］大塚仁著，冯军译：《刑法概说（总论）》（第 3 版）中国人民大学出版社 2003 年版，第 199 页。

③ ［日］大谷实著，黎宏译：《刑法总论》，法律出版社 2003 年版，第 149 页。

的批判基础上更进一步实质化的结果。

1. 注意义务违反说的不足

其一，过于抽象，使得过失实行行为的主观面难以与实行行为本身结合起来。无论将注意义务的违反定位于结果预见义务，还是结果回避义务，还是兼而有之，都不能改变"违反注意义务"是法律规范在事后根据归责的需要而对行为所作的一个综合性但抽象的评价。换言之，这样的抽象性评价是法律的规范性评价，而非行为人行为时实际的对行为的认识判断。行为人在实际的行为过程中，很难认为他是在"我现在是违反了注意义务"的认识内容下而为过失行为，而只能是在对事实性行为本身有认识的情况下，基于对行为是否会发生侵害结果的错误判断下，在意志的控制下所为之行为。如果将过失实行行为定义为"违反注意义务下的行为"的话，就还要求行为人主观上对"违反注意义务"这一抽象的评价有认识。这显然不合理。过失行为的特色在于行为人在对可能发生的结果有预见的同时，误以为有另一种因果流程存在，因此因果流程并没有受正确的预见所支配，而是被错误的确信所决定。而意志的目的性在于对因果流程作有意义的规制，因此从目的上来看，被预见的结果有避免可能性。因为结果在目的上能经由意欲行为的规制而被避免，所以在意志的支配下，即使结果没有被避免，也属于行为人的作品，过失行为同样不是机械性因果关系。就有认识过失而言，由于情绪上高估了误以为能达到的目标，而低估了可能避免的结果；在无认识过失的情形，也同样有依照特定的可能性决定行为实际意志存在。[1] 换言之，过失行为的行为决定也是出于意志行为，即使这是一个错误的意志，这个意志针对的是一个没有被避免的结果。

因此，如果将过失实行行为进一步定义为"危险行为"，则能够更好还原过失实行行为的行为属性，从而也更容易理解和定义与之伴随的行为人的主观上的"有意性"。

其二，容易混淆过失犯与不作为犯的界限。注意义务的违反是传统过

---

[1]　Vgl. Welzel, *Natrualismus und Wertphilosophie im Strafrecht*, 1935, S. 80 ff.

失论的核心概念，但却误导人们认为过失行为的不法普遍存在于不作为。注意义务的违反是传统一方面，不作为犯是应当履行义务而未履行，行为主体一般具有所谓"保证人"地位。其中的义务是特定义务，刑法要处罚的是行为人不履行作为义务，但更重要的是要处罚不阻止构成要件结果发生；另一方面，过失犯中的行为人是一般主体，其所担负的所谓"注意义务"也是一般的应当谨慎行为的义务，其对结果而言可以通过积极的作为形式造成，也可以通过不作为的方式构成，过失犯同样也有作为的过失与不作为的过失犯之别。可见，两者不是同一个层面的问题，过失犯是与故意犯相对的概念，而不作为犯是与作为犯对应的概念。但如果将过失犯的实行行为定义为违反注意义务的行为的话，就很容易让人误以为所有的过失犯都是不作为犯。如有的学者就明确将过失犯看成不作为犯。① 对此，大塚仁教授提出不同意见，他指出："在过失犯中，也应该考虑基于过失的一定的作为、不作为，它不外乎是违反法律上的注意义务而进行的行为人的身体的动静。不过，也有立场认为过失犯都是不作为犯。在形式逻辑上虽然可以理解，但是，率直地把握事态时，我想能够看出，过失犯中也存在作为犯和不作为犯。例如，铁路的扳道工因为不注意而没有定时地落下遮断机，导致列车和汽车相撞、造成人员伤亡时，是基于不作为的过失犯。而工厂的扫除工因为不注意而触发了按钮，使机器启动，造成正在修理机器的人员死伤时，就是基于作为的过失犯。"② 可见，过失犯中的作为和不作为与故意犯的作为和不作为至少在客观的可观察的外在表现形式上是没有差别的。作为与不作为是就引起结果的行为的表现形态而言的，作为是

---

① 日本学者井上正治认为："所谓过失……最好看作为在危险的境地下，不实施该避免危险行为。在复杂的现代社会中，我们为各种各样的危险所包围，因此，必要的时候，只有实施了避免该种危险的行为才不受处罚，如果不实施该种行为的话，就成立刑法上的过失"，"如把狗从项圈里放出来的话，就有咬伤孩子的危险，但是，引起这种危险的行为并不是过失行为，而不回避已经产生的该种危险，才应当作为过失行为受到谴责，因此，过失行为常常具有不作为犯的构造。"陈兴良教授也认为："重大责任事故罪的违章行为，在相当多的情况下都表现为不作为。"转引自黎宏：《刑法总论问题思考》，中国人民大学出版社2007年版，第268页。

② ［日］大塚仁著，冯军译：《犯罪论的基本问题》，中国政法大学出版社1993年版，第79—80页。

积极的，看得见的外在动作直接或通过一定的媒介作用于对象，不作为则是行为本身没有实施针对对象的应有行动，而借助或任由或客观上经由原有的原因力作用于对象之上。的确，正如客观归责理论所持的立场，如果某人因使用火柴不当而引起火灾，其过失在于"积极行为"，而非消极不作为，亦即，其过失本质在于积极制造了一个法不容许的风险，而非消极地没有采取注意措施。[①]

其三，容易使人忽视过失实行行为对于犯罪本质的意义和价值。犯罪的本质是侵害或者威胁法益的行为，而不仅仅是所谓违反注意义务的行为。换言之，对犯罪的本质特征的把握，只能从行为本身所内含的对法益的威胁或侵害的风险之特质把握。如果将过失实行行为定位于或止于"违反注意义务的行为"的话，则容易让人误以为所谓犯罪就是违反注意义务，从而忽视过失犯的实行行为性，试图以相对抽象的注意义务的违反来代替过失犯在主观和客观上的完整结构。事实上，行为人是在主观上有意性且存在瑕疵的意识状态下地实施了创设法不容许的风险的行为，并最终侵害法益。法益侵害必然最终是由实行行为所致。因此，过失犯在客观方面的表现不应该仅仅是发生了危害结果这一结局性的规定性而忽视了过失犯法益侵害的整个历程，进而对犯罪的本质特征的把握造成不利。因此，传统刑法理论在这点上是有缺陷的。

其四，容易根本上消解过失概念本身的意义和价值。如果把注意义务之违反作为构成过失的要件之一，就像是德国学说及实务对于过失概念的认定一般，那么结果仅止于，"注意义务之违反"在过失的构成上并无实际的过滤功能。后果严重的是，如果仅以所谓注意义务的违反作为过失的构成要件，则过失责任的认定不免流于浮滥。换言之，从因果关系直接导出注意义务，从注意义务直接导出过失责任，结果是有因果关系的行为都可以构成过失犯罪。如此，过失概念的意义已经完全丧失。[②]

---

① 林钰雄：《新刑法总则》，元照出版公司 2006 年版，第 165 页。
② 黄荣坚：《基础刑法学》，元照出版公司 2006 年版，第 412 页。

2. 客观归责理论对过失实行行为的界定

客观归责理论发轫于德国刑法学。但"它并不是一种近年来才出现的，而是自上世纪 70 年代以来在德国刑法学界乃至欧洲刑法学界讨论的最频繁和最热烈的学理问题。"[①] 在大陆法系中，由于违反注意义务并不足以判断是否可以归责，于是还必须借助于因果关系理论，即以因果关系理论来对行为是否具有对法益实质的危险性进行判断。如此一来，就使得原本客观的因果关系理论被赋予了太多的价值评判功能，从而与归责难以划分界限。因此客观归责理论的构想首先来自于对因果理论和归责理论的区分。客观归责（dieobjectivezurechnung）的概念最先是由拉伦茨提出来的。但由于他的客观归责理论源于黑格尔的归责思想，故黑格尔往往被认为是客观归责理论的鼻祖。[②] 现在的客观归责理论多以罗克辛教授的整理和完善为基础展开的。20 世纪 70 年代以前，还仅仅停留在限制条件理论的适用范围，局限在区分因果关系和归责。但罗克辛的客观归责理论，却不仅限于此，其最大的贡献在于对构成要件的实质性重构，尤其是对过失不法的重构，但其使用范围被认为不局限于过失犯。[③] 也就是提出判断客观构成要件符合与否

[①] 王扬、丁芝华：《客观归责理论研究》，中国人民公安大学出版社 2006 年版，第 1 页。

[②] 在黑格尔哲学中，犯罪行为只能由于意志过错而被归责。因为只有在意志中才能将个人确定为主体。而行为是主观意志的外在表现，是主观在客观上的转化。但是，黑格尔并没有在客观归责与主观归责之间作出明确区分。拉伦茨的归责学说虽然源于黑格尔的归责思想，但他在行为归责和责任归责（imputatioiuris）之间进行了划分。"归责"开始从上位的一般归责概念向下位概念演变。行为归责涉及对行为的判断，并以因果关系判断代表行为归责。但两者又并不等同，因为归责就是要排除意外事实而确定始作俑者，而因果关系判断对此无能为力。"行为归责与行为人的个人特性无关，而仅仅决定于一个对于客观关系的判断（urteilobe：einenObjektivenzusamnmenhang）。"所以他又将行为归责称为"客观归责（objeetiveZurechnung）"。（参见许玉秀：《当代刑法思潮》，中国法制出版社 2005 年版，第 383 页、378 页）

[③] 在新古典目的论综合犯罪阶层体系中，过失犯和故意犯的根本区别在于过失犯是违反义务的义务犯，换言之，违反注意义务是过时犯的独有特征。然而在学说上对注意义务的法源不断提出质疑之后，违反注意义务逐渐不再被认为是过失犯的专利，因为义务来源被认为是刑法禁止和命令规范，而刑法禁止和命令规范给予故意犯和过失犯的义务是一样的，在作为形态，是不粗鲁地对待法益的义务，在不作为形态，是小心保护法益的义务。换言之，从广义上的违反注意义务上讲，成为故意和过失犯罪的一般归责要素，而风险是否被容许，就和行为人是否有意地实现风险，或是没有想到风险没关系了。更进一步说，不粗鲁对待法益的义务和小心保护法益的义务在本质上都是一致的，规范的目的都可以说是对法益的保护也好，还是说禁止对法益的不当侵害也好，都是一样的意思。

的实质依据。罗克辛教授找到将构成要件结果归责于行为人的根本原理在于：行为人制造法不容许的风险，而这个风险在构成要件结果中实现了。据此，他将构成要件行为定义为：制造法所不容许的风险。过失的构成要件行为即实行行为也不例外。客观归责的核心原理在于，若行为人籍由侵害行为：（1）对行为客体制造了法不容许的风险，（2）这个不法风险在具体结果中实现了，且（3）这个结果存在于构成要件效力范围内，那么，由这个行为所引起的结果，才可以算作行为人的成果，而归责于行为人[①]。

首先，关于建构犯罪论体系的方法论。罗克辛教授以新康德学派的规范论和新黑格尔学派的归责思想——目的理性为指导方向，只能从刑法的目的设定中建构起来，以预防的目的作为架构体系的指导原则。[②] 在建构犯罪论体系时，应同时考虑应罚性和需罚性，前者是犯罪成立与否的判断依据，需罚性则是处罚与否的判断依据。罗克辛教授的所谓目的理性是以"制造并实现法不容许的风险"实质地定义客观构成要件符合性，同时定义客观可归责性，并以法规范的客观目的作为客观可归责性的内在决定要素，而以行为实现风险的能力，作为客观可归责性的外部决定要素，这就是所谓"目的理性"的意思。不强调绝对目的，辅以刑事政策上预防效果风险的界限，决定客观构成要件符合性（即可归责性的界限）即是符合理性的实践目的。据此，基于意志支配之下的共同过失行为而承认过失共同正犯，也是符合目的理性原则的。过失共同正犯的这个理论基础使得法规范可以通过行为人主观认识和意志可控的行为来达到调整行为和预防犯罪的目的。并且，在建构过失共犯的理论体系时，既要考虑应罚性，又要考虑需罚性，后者决定了过失教唆和帮助不罚，前者决定了过失共同正犯和教唆、帮助过失犯的狭义过失共犯的可罚性可能。

其次，对于构成要件行为的重构。20世纪70年代以前，目的行为论所掀起的行为理论热潮，使得行为概念成为建立犯罪的体系的基础概念，罗

[①]　林钰雄：《新刑法总则》，元照出版公司2006年版，第165页。
[②]　许玉秀：《当代刑法思潮》，中国法制出版社2005年版，第89页。

克辛教授提出客观归责理论，是借着实质的构成要件概念，说明归责的基础。因为对法益而言，构成要件行为才是开启归责的关键，而各种构成要件类型所描述的行为，之所以成为归责的基础，因为他们是足以导致构成要件实现，即导致法益受侵害的行为，他们的可归责性即表现在"有导致法益受侵害的可能性上面"，这种导致法益受侵害的可能性，罗克辛教授称之为"不被容许的风险"。实施构成要件行为并使构成要件实现的构成要件该当（Tatbestandsmäßigkeit），它的实质意义即制造并实现法不容许的风险。行为的客观可归责性即在于"制造不被容许的风险"。

再次，对过失不法的重构。根据罗克辛教授的看法，制造不被容许的风险作为构成要件行为的实质定义，可以取代传统上对过失行为的定义，而且可以更精确地描述过失行为。传统上借由违反注意义务、结果预见可能性和结果避免可能性来描述过失行为，但是用违反注意义务定义过失行为，不断引起过失是不作为的误解。

其实，违反义务即表示跨越（超越）被容忍的界限，已制造了不被容许的风险；而对结果有预见可能性，（其根源在于）表示就行为人的行为而言，结果和行为之间的关联性，是行为时可以想象得到的，换言之，行为对结果而言，具有一般所认为足以导致结果的风险，即行为人制造了不被容许的风险；对结果有避免可能性，表示结果不是在任何情况下皆会发生。换言之，风险并不当然属于生活中的一部分，因此表示行为所具有的风险是不被容许的。如此一来，"制造不被容许的风险"，可以解释各种认定过失的理由，也足以说明过失行为的不法本质。

另外，在客观归责理论体系下，过失犯被认为也有主观不法。过失不是不作为，违反注意义务也不是"无"，一个违反注意义务的行为，是在一种对行为控制有瑕疵的状态下的行为。过失行为的主观面，并不是"无"，过失行为是一种对法益而言，错误判断下的行为。在转弯处超速超车是一个制造不被容许风险的行为，这个行为虽不是为了伤害法益而为的，但的确是出于对危险评估错误的判断而作出的行为。最终导致法益侵害结果的不是违反注意义务这个抽象的规范评价和概念本身所直接导致，直接致害载体和力量是错误判断下的超速超车行为本身。对法益而言，故意和过失行为人都做了一个有害法益的决定，故意的决定是一个认识危险、明确危害法益的决定，过失的决定则是一个对危险认识不清、忘记法益的决定，法益不希望被用恶意记住，也不希望被忘记，忘记不是"无"，是一种对被忘记的客体而言，有瑕疵的心理状态，而这是法益和法规范所不能容忍的人的态度。所以过失也有主观不法。"无"不能成为归责的对象，故意和过失成为归责的对象，因为他们都是"有"！①

复次，对违反注意义务说的批评和对过失实行行为的重构。"违反注意义务"在传统过失理论中，是和过失基本等同的概念。因为显示各种"注意义务"的种种生活安全规则是风险的指标，违反安全规则的指示，即有导致法益受害的具体可能性，因此"注意义务违反"这一要件，被认为可以涵盖一切认定法不容许风险存在的要件。但，注意义务的特征并没有超出一般的归责的标准，而且，相比之下这个特征更为含糊，甚至存在逻辑上的错误。一方面，它使得过失犯与不作为犯发生混淆；另一方面，它使人错误地以为，只要违反抽象的注意义务当然产生对结果的归责。如今，"以"制造不被容许的风险"取代"违反注意义务"的概念，已经成为通说。② 的确，几乎所有刑法问题都围绕归责展开，而责任的根据最终还是应该归结到实行行为和法益侵害上。因此，"违反注意义务"只是表层的属性。本质上，过失犯的实行行为还是应归结到行为人跨越安全界限而制造法不容许的风险之上。

最后，过失实行行为的具体判断。③ 这里首先要注意的问题是，此中所谓"具体判断"，并非意指抽象意义上或一般意义上制造风险的行为，而应该结合每一个具体的案件来具体观察和认定。以过失致人死亡罪为例。同为过失致人死亡，在"滚石案"中，其实行行为是对安全状况不确定的状

---

① 参见许玉秀：《当代刑法思潮》，中国法制出版社 2005 年版，第 467—468 页。

② Vgl. Puppe, *NK*, Vor 13/143.

③ 具体内容参见［德］克劳斯·罗克辛著，王世洲译：《德国刑法学总论》（第一卷），法律出版社 2005 年版，第 714 页及以下。

态下推下石头的行为；在"李宁、王昌兵过失致人死亡案"① 中，其实行行为是其共同不履行先行行为而生的救助义务而共同离开的行为；在"新田过失致人死亡案"② 中，则为不谨慎的铲车作业行为。

接下来，对过失实行行为的判断所要做的是，根据客观归责理论，过失实行行为可以被定义为"制造法不容许的风险"，但这仅仅是实行行为的定义，在具体运用中，仍然需要一些特别的原则对它加以限定。主要有法律规范、交往规范（行业规范）、信赖原则、不同的标准人物、询问的义务和不作为的义务、权衡用途和风险、构成作用范围的具体化、过失性标准的确定。此等具体规则中，尤其需要特别要注意两点。

其一，注意规范保护的目的：纵然行为人违反注意规范而制造了风险，而且最后结果也发生了，还不足以认为不法风险已经实现了，必须该结果在注意规范的保护目的范围内，也就是符合规范规定的保护目的，正是在于避免该结果的发生，才受归责。如德国的"单车骑士案"中后面的骑车人没有开灯，固然与前骑车人的死亡有条件关系，但如果将此归责于后骑车人，那么就超出了规范的保护目的：规范要求夜间开灯骑行的目的在于

---

① 本案案情如下：1999 年 3 月 26 日晚被告人李宁、王昌兵与吐逊江（在逃）在阿克苏市一歌舞厅饮酒时，被害人阎世平进入李、王的包间与之攀谈，其间阎提出与李、王合伙挣钱，李宁等人再三追问如何挣钱，阎称要绑架一市长的儿子。后被告人李宁、王昌兵乘坐吐逊江驾驶的白色奥拓车将阎拉至阿克苏市团结路一茶园处，李、王等人追问绑架何人，阎世平不说，李宁、王昌兵等遂对阎拳打脚踢。期间，与被害人阎世平相识的一出租车司机上前劝阻，李、王等人停止了殴打并乘车离开，阎世平乘机躲进该茶园地下室通道处。后被告人李宁、王昌兵又返回茶园处，找到阎世平，并将其强行拉上车带至西湖后湖堤处。李宁、王昌兵等将阎拉下车，拳打脚踢逼问其欲绑架的具体对象，并以此敲诈其钱财。后被害人阎世平为摆脱李宁、王昌兵等人的殴打，趁其不注意跳入西湖中。李宁、王昌兵等劝其上岸，并调转车头用车灯照射水面，见阎仍趟水前行不肯返回，被告人王昌兵让李宁下水拉阎一把，李称其水性也不好，三人为消除阎之顾虑促其上岸，遂开车离开湖堤。后阎世平的尸体在西湖后湖堤附近被发现，法医尸体检验报告证实，阎世平肺气肿、肺水肿，全身体表无明显损伤，结论为溺水死亡，排除暴力致死。本案一审定性为故意杀人，二审终审定性为过失致人死亡。（参见《刑事审判参考》第 47 集，第 370 号判例，法律出版社 2005 年版，第 12—18 页）

② 本案案情如下：被告人左新田系王燕军雇佣的铲车司机。案发前王燕军将铲车租赁给崔光红，左新田仍然驾驶该铲车为崔光红工作。2007 年 10 月 28 日，被告人左新田驾驶铲车在平罗县崇岗镇鸿祥洗煤厂给李佃军的车（宁 B12768 号）装料时，将李佃军雇佣的正在清理车厢的司机马继军压在车厢内，后马继军被他人发现时已死亡。经法医鉴定，马继军系被煤炭埋压窒息死亡。（参见宁夏回族自治区石嘴山市中级人民法院刑事裁定书（2008）石刑终字第 94 号）

防止自己与他人相撞，而不在于防止他人相撞。"心肌梗塞案"中超车以致被害受惊吓而致心肌梗塞而亡，规范禁止违规超车的目的在于禁止由此带来的不安全性，当然不应包括考虑到被害人会因此而受惊吓进而引发心肌梗塞而亡。我国有学者也提出相同见解：概言之，交通肇事罪中的危害结果必须由违反规范保护目的的行为所引起。行为虽然违反交通运输管理法规，也发生了结果，但倘若结果的发生超出了规范保护目的，也不能认定为本罪。例如，交通运输管理法规禁止酒后驾驶的目的，是为了防止驾驶者因为饮酒而导致驾驶能力减退或者丧失进而造成交通事故。如果酒后驾驶并未导致驾驶能力减退或者丧失，而是由于行人横穿高速公路造成其死亡的，对驾驶者不能以交通肇事罪论处。再如，禁止驾驶没有经过年检的车辆的目的，是为了防止因车辆故障导致交通事故。如果行为人驾驶没有年检的车辆，但该车并无故障，而是由于被害人横穿高速公路造成了交通事故，对行为人也不以交通肇事罪论处。"① 其二，"结果存在于构成要件效力范围内"：检验结果是否属于他人负责或自我负责的领域。第一，他人专属的负责领域，形成构成要件效力范围的界限，由该他人单独负责。如"手术失败案"，A 致 B 伤进医院，医生手术中疏忽致 B 死亡，A 与 B 死亡虽有条件关系，但其不可归责，因为医疗过程系医生的专属负责领域，A 并无监督医生如何执行医疗行为的权利和义务，也不能为医生疏忽医疗行为负责。第二，自我（被害人）负责原则：行为人若参与他人故意自伤行为或同意他人的危害行为，在被害人自我负责原则的范围内，行为人不受归责。

　　综上，我们认为，从实际内容尤其是过失实行行为的具体判断方法和规则而言，注意义务违反说与"制造法不容许的风险说"具有内在联系②，

---

　　① 参见张明楷：《交通肇事的刑事责任认定》，载《人民检察》2008 年第 2 期。

　　② 第一，"注意义务违反说"在一定程度上吸收了"制造不允许性风险说"的合理成份，即"注意义务的限定—危险的分配"。其中的信赖原则更是在交通运输、医疗纠纷等领域得到广泛运用，但对"被允许的风险"的具体运用规则并未作出详细讨论。第二，"创设不允许性风险说"同样吸收了"注意义务违反说"的诸多内涵。其中所谓的"法律规范"、"交往规范"、"不同的标准人物"以及"询问的义务和不作为的义务"实际上就是论"注意义务的内容"。

但后者更可取。理由有：其一，前者过于抽象，后者更突出了过失实行行为的事实行为性，一来可以更好地认识行为人主观面的有意性及其与过失实行行为的有机结合，这对于过失共同正犯而言是至关重要的一点，二来，辅之以具体判断规则，更直观，更清晰，更容易在具体案件中把握。其二，客观归责理论将过失实行行为纳入自己的体系，使得建立统一的犯罪构成体系乃至于犯罪论体系成为可能。其三，将相当因果关系中的评价功能放到过失实行行为部分来实现，还原了因果关系的本色。其四，后者从实质上对过失实行行为作出了界定，在很大程度上避免了过失犯与不作为犯的混淆。

第三节　过失犯的归责重点与认识内容

一、过失犯的归责重点

以单独过失犯考察，它并没有直接的针对最后法益侵害结果的所谓"计划"，必然有的是对实施危险事实行为的有意性，如弯道超车、推石头等，最后造成法益侵害而构成犯罪的话，那么在这个过失犯罪流程中的有意部分在最终的归责评价体系中可以说起了极为重要的作用。正是其在有意为客观危险行为上的有意性，才可能对其进行主观不法的评价，进而才能进行最终的归责。反过来讲，如果行为人连这一事实行为都是无意实施的话，那么就要考虑是否有过失的先行行为，以酒后驾车为例，如果在驾车的时候行为人对事实的危险驾车行为失去认识和控制的话，就要考虑其先行的醉酒行为是否可归责，如果连这一先行行为都是无意实施的话，自然无可归责。再者，从法律规范的目的，特别是对过失犯的法规范客观目的而言，之所以要对过失行为人法益侵害行为给予否定，最关键的或决定性的因素还是在于行为人主观上的有意越过安全界限而实施过失的实行行为即制造法不容许的危险（有认识过失），或者在主观意志有瑕疵地实施上述事实行为（无认识过失）的主观特性——即以实施过失实行行为的有意性，而不主要是最终的法益侵害结果。理由有三：

第一，法益受损害，每天都发生，但原因有多种多样，再严重的侵害如巨大的自然灾害给人类社会带来的法益侵害，因为通常情况下是人力或人的主观力量和控制力所不及的，所以没有归责也没有犯罪，但只要在这个过程中，但凡有人在主观上故意的不负责任的逾越安全界限的主观心态和客观行为——作为与不作为皆可，就可能存在过失犯罪的可能性，如大地震中的人祸因素，如 2009 年末雪灾，小学食堂垮塌致死等案件中，都要考虑人逾越安全界限客观上制造风险并实现风险的情况出现，就要考虑归责。反过来，如果完全没有人主观的瑕疵或故意实施过失的构成要件实行行为的主观态度，则不会有犯罪的问题。有人可能认为，法律明文规定过失犯有法律规定的才处罚，而且如果没有发生结果，一般也不会作为过失犯罪来处罚，但这只是理论上的逻辑。现实中是，无论故意还是过失犯，都是一定的法益侵害结果发生后，才来讨论是否要将这一结果归责于行为人的问题，这是讨论归责决定因素的起点和大前提。以交通肇事罪为例，表明上看起来是以死伤的人数或法益侵害的程度来决定是否要处罚——起刑点，决定刑罚的量，但实际上一个人不可能在一次犯罪过程中反复多次来实现多个犯罪构成要件，无论死伤，侵害多少，法律都是以最终的结果来定。所以，现实的情况是，刑法发动规范评价的大前提是行为人已经肇事了，已经撞死、撞伤了多少人，在这个前提下考察行为人主观有无过错，所谓过错表面上看起来是过失——过失只是就结果发生而言，其背后的实质是看这一结果是不是由行为人故意违背安全注意义务，故意逾越安全界限而为法不容许的危险行为所致。如果是，才有归责的可能性，才在这一刑罚幅度内考虑有罪无罪的问题，其次再考虑量刑的问题。因此，不同的量刑幅度首要的功能是为过失犯罪的评价搭建不同的平台和区间，然后就一个特定的危害结果的量如死 4 人，放到其相应的区间 3 到 7 年有期徒刑里开始评价。在这个区间里，首先第一步仍然是根据前述主观有无罪过来决定是否有罪，然后再根据主观过错的大小以及危害结果的量——之所以在量刑阶段还要考虑法益侵害的量，是因为前述法定刑区间无法预设每一个精确的侵害结果的量，如果有，就自然不会成为问题——以及其他相关因素来决定最终的刑事责任的量。因此，就定罪过程而言，不是先决定罪与非罪，然后再根据法益侵害的量进行量刑即可，而是先在既有的法益侵害的量的前提下，将其归入不同刑度后，再来根据主观罪过内容来决定罪之有无，最后才是综合主客观因素来最终决定刑罚的量。

因此，从某种意义上来说，任何定罪过程都是而且也应该是从客观到主观的，最终落实到主观罪过的。所以联系到构成要件理论，大陆法系构成要件体系的优点在于在形式上就规定了归责的先后顺序，而我国的四要件构成体系虽然在实际操作顺序上也是也完全可以依照先前的归责流程来进行，但在理论形式上的并列耦合式却容易给人在观念上造成没有层次和先后顺序的印象。这是形式上带来的弊端，但实际上就要素划分和逻辑上的先后排列顺序而言，基本还是可行的。只不过有几点需要改进：其一，客体应该代之以法益侵害。虽然客体在学理解释上也会被解释成法益被侵害，但究竟在概念上更多属于一个静态的名词和对象，不能直接反应法益被侵害的概念和事实。考察起来，之所以采用"客体"这一称谓，可能主要是基于哲学上主体、客体称谓的对称与观念上的美感；其二，在理论塑造和法学教育上，要明确、增强现有排列的逻辑顺序，要将其与实践中的归责流程结合甚至对应起来。从而实现基本保留现有结构体系的情况下，尽量与实践过程接轨。

第二，以交通肇事罪起刑点之情节犯规定为证。《2000 年解释》第 2 条第 2 款规定：交通肇事致 1 人以上重伤，负事故全部或者主要责任，并具有下列情形之一的，以交通肇事罪定罪处罚：（一）酒后、吸食毒品后驾驶机动车辆的；（二）无驾驶资格驾驶机动车辆的；（三）明知是安全装置不全或者安全机件失灵的机动车辆而驾驶的；（四）明知是无牌证或者已报废的车辆而驾驶的；（五）严重超载驾驶的；（六）为逃避法律追究逃离事故现场的。多数情况下交通肇事罪法益侵害结果在量上的起刑点是死亡 1 人或者重伤 3 人，并负事故的全部或者主要责任。换言之，A：如果没有死人或者重伤没有达到 3 人，或者 B：即使达到了，但没有负事故的全部或主要责任（有三种情形：没有责任，负次要责任或同等责任），都不会构成交通肇事罪（前提是同时又不符合第二款的规定）。首先，从量的规定性来说，之所以这几种情况都不会构成犯罪主要在于：重伤 2 人及其以下侵害虽然也比较严重，但比起故意重伤他人而言，过失的主观恶性——对结果的支配和控制力在主观上的反映——较小，但仍然有，但由于交通肇事还有同处在同一交通运行环境中的互动的被害方，参与各方都有相应的注意义务即安全行为的界限，责任鉴定结果的大小，就代表了行为双方过失程度的大小，也就是说，次要责任或同等责任意味着被害人也有逾越安全界限的不被容许的风险行为，最终被害，自己理应承担，法规范在此时的态度是：自己要为自己的行为负责（至少是大部分责任或同等责任），法律如果处罚肇事者，就意味着对被害者故意超出安全界限的危险行为的肯定，而对肇事者没有故意违反或不那么严重违反安全界限的行为的否定，这样一来，就法规范的目的而言，显然不能达到禁止交通参与各方逾越界限的风险行为之目的，反而可能适得其反。因此，最终来看，B 情形来说是主观罪过决定了刑事责任的有无。（但不能反过来说，是在判断主观有罪过的前提下，根据死伤的多少来决定有无罪的，因为这不符合实际的事件发展和归责流程，毕竟总是先呈现的是法益侵害结果）。至于 A 情形，结合本条第二款，则有 C：重伤一人以下（没有重伤或造成轻伤），D：重伤 1—2 人不负责任或次要责任或同等责任，E：重伤 1—2 人负主要责任或全部责任，但不具有那六种情形之一，F：重伤 1—2 人，负主要责任或全部责任，但至少具有那六种情形之一。具体而言：

情形 C 和情形 E 则可能是法规范对于交通运行本来风险的一种容忍的表现。情形 D 的理由同情形 B，加之举重以明轻，自然不负责任。而第二款规定的情形 F，之所以要入罪，是基于那六条理由。这些理由都可以归入情节，其中前五条情节事实背后都可以归结到一点，即明显更严重的故意违反交通法规所代表的安全注意义务及安全界限，明知有安全隐患，明知自己将要从事的行为是法不容许的风险行为，而且其中的风险由于此等事实而被大大提高，仍然要行为，以致风险实现，侵害造成。所以，这些情节是决定此等情形下入罪的决定性因素，其实质是主观的有意为危险行为起了决定性的作用。其中，值得分析的是，就规范的目的而言，禁止无驾驶资格而驾驶的目的，是在一般情况下推定无驾驶资格而不具备驾驶技能或技能不合格而提高风险，虽然事实上有了资格技术也不一定够好，没有资格技术也不一定不好，但法规范只能就普遍的情形而制定规范并实现其调整目的。至于为逃避法律追究逃离事故现场的情形，其客观的主要目的可能在于对已经重伤者的保护（现场以及后续的保障），如果仅就行为人逃避法律追究的目的而格外入罪或加重处罚的话，那么就会对事实中实施犯罪行为后普遍会逃离现场的犯罪人加重处罚，这显然是不可期待的，因为法律不能期待犯罪分子犯罪后束手就擒。但这一条，仍旧体现的是行为人主观上对其先行行为所带来的风险的一种认识和决意。

第三，就规范的客观目的而言，刑法对过失犯罪构成的规范目的，应该通过行为人主观上有意的超越安全界限而制造并实现风险的有瑕疵主观态度在定罪中的决定性作用，来实现对公民日常安全注意义务履行的强行督促，只有从普通公民的主观上对各种安全界限的充分认识和重视，才能从根本上达到刑法规范客观上调整的目的。刑法规范在过失犯构造和理论体系上的核心要素定位应该放在主观上有意识的越过安全界限而实施制造风险和实现风险的实行行为之上。结合我们主题过失共同正犯，在此前提下，在规范的目的体系下，一方面实践中各行为人主观上完全可以就超越安全界限而制造法不容许的风险形成一体的有瑕疵的共识、意思联络，甚至于相互的鼓励、促进，客观上也完全可以就过失犯的实行行为形成相互结合、互相促进甚至还有分工和配合，在理论上和规范目的的着眼点上，也应该把重心和新要素定位在这样的生活中很常见的共同过失致害中安全界限的共同有意违反上，以及共同整体的危险行为之上。所以，共同正犯所谓"部分实行全部责任"，在规范目的上就是为了打击和遏制这种彼此协同、分工，相互促进，相互不注意的比单独正犯危害性更大的犯罪形式。既然事实上过失共同犯罪如此普遍甚至越来越多，从过失犯的责任基础及过失犯规范的目的及其实现途径而言，只有肯定过失共同正犯，只有将其纳入到统一的共同正犯概念体系下才能实现规范的目的。

二、关于过失犯的认识内容

任何行为都是主观面和客观面的统一。"讨论行为时，将客观的侧面和主观的侧面分离开进行考查是不恰当的。作为评价对象，应该将行为作为主观和客观的统一体来予以把握。"[①] 因此，过失实行行为也有认识内容。但有一点需要特别注意，即行为本身是否是法不容许的风险，在很大程度上也是法律事后的评价，只不过这样的定义更有利于从行为的角度对行为人的主观予以把握。换言之，就行为人主观认识的内容而言，本质上没有多大影响：其一，即使在将过失的实行行为定位于"创设法不容许的风险的行为"的场合下，说行为人实施过失实行行为是有意的，主要是针对事实行为本身而言；对于结果来说，此中的"有意性"无论在有认识过失还是无认识过失之下，都不会要求，事实上也不能要求行为人主观上都不包含对结果实现的认识，因为过失犯在主观认识内容中都排斥结果，这与将过失实行行为如何定位没有必然关系。其二，论及行为人主观上应不应当对其实行的事实行为本身具有危险性——更多的是一种抽象的危险判断，即在根据自身情况最终判断没有危险性之前的危险判断阶段——具有认识的问题，则因过失类型不同而不同，对于有认识过失来说，行为人是有认识的，对于无认识过失来说，则没有。过失单独犯所不要求的是对结果的明确的容认和追求，认识或没认识到危险都可以。但这样的差别对于过失归责有无的决定性因素而言没有本质差别，只是对量刑有一定的影响。

---

① ［日］野村稔著，全理其、何力译：《刑法总论》，法律出版社 2001 年版，第 123—124 页。

第四章　共同正犯理论及过失
共同正犯之肯定

　　"共同正犯"意指"二人以上共同实施犯罪行为"的情形。[①] 共同正犯在共同犯罪或所谓"犯罪的参与"中所占比例很大。在日本的司法实务中，接近98%的共犯都是作为共同正犯（包括共谋共同正犯在内）来处理的。[②] 对于过失犯是否有共同正犯的问题，采否定说者的理由往往是，共同正犯的构成是以犯意联络为前提，而过失者既然不可能有犯意的联络，自然也不可能构成共同正犯。但这样的回答显然只是在绕圈子而已[③]，因为共同正犯的定义是人定出来的，如果人把共同正犯定义成故意犯罪才有共同正犯，进而从故意共同正犯的特征——"意思联络包含对行为犯罪性及犯罪结果认识"来否认过失犯也有共同正犯的话，那么从逻辑上答案当然是过失犯罪不会构成共同正犯。这样的逻辑和结论显然有问题。[④] 因此应否承

---

　　① 陈瑾昆：《刑法总则讲义》，中国方正出版社2004年版，第201页。

　　② 根据日本1952年至1998年的统计数据显示，在数人参与的场合，最终受处罚人员的比例为，正犯（包括共同正犯、间接正犯）占97.9%、教唆犯占0.2%、帮助犯占1.9%。（参见［日］西田典之著，刘明祥、王昭武译：《日本刑法总论》，中国人民大学出版社2007年版，第267页）

　　③ 参见黄荣坚：《论共犯》，载《刑事法学之理想与探索》（一），学林文化事业有限公司2002年版，第326页。

　　④ 不可用故意犯罪的特性以及在此基础上形成的共同犯罪的概念和内涵去对过失共同犯罪生搬硬套。打个比方，男人和女人在本质上都是人，也符合人的本质特征，如果首先就将男人在立法或观念上界定为等同于人的概念——人，是指男人。那么在此前提下，如果因男人和女人在内在构造上诸多差别，而用男人的标准去衡量女人，进而形成：男人跟女人不一样，人是男人，于是"女人不是人"这一逻辑结构和结论。这无疑站不住脚。再者，又如在法律规定了同性可以结婚的情况下，就不能将配偶的概念界定、等同于异性的结合，否则就只能得出同性之间的结合不能成立夫妻。因此，配偶的概念在外延上理应既包括异性，也应该包括同性。

认过失共同正犯，最关键在于如何理解和定位共同正犯的问题。本章要解决的问题在于刑法为什么要创造共同正犯这一概念，其目的和根据何在?[①]只有厘清了这点，才能从根本上解决过失共同正犯是否符合共同正犯概念的功能和目的，是否需要对共同正犯的定义作重新界定，从而将过失共同正犯纳入统一的共同正犯的概念体系下。

第一节　单一正犯理论与区分共犯理论

虽然理论上对于共同正犯属于共犯还是正犯不无争论。但从实质的内容上，共同正犯同时涉及正犯和共犯问题。过失共同正犯应否承认涉及刑法理论上对犯罪是采单一正犯理论还是采区分共犯理论的问题。

一、正犯和共犯概念的界定

一个犯罪行为可能由一个人实施，也可能由数人共同实施。因此，法秩序面临一个犯罪行为由数人参与的问题。[②]此处所谓犯罪参与，粗浅地讲，是二人以上基于单向或双向相互的加功，对于同一利益侵害结果都有其因果关系，因此都可能涉及犯罪问题的意思。[③]

（一）正犯的概念

"正犯"一词本系我国古代的法律用语，用以指称触犯正条的犯罪人。

---

① 刑法学（其实不仅仅是刑法学）中的诸多概念都经历了从无到有的过程。概念是人定的，但当概念生成后却往往将其作为固定的先在进行讨论，反而忘记了创造概念的目的。就共犯问题而言，目前可以说是各种理论夹缠不清。不但理论多，理论意思不清楚，而且理论铺陈几近于纯粹的文字之争。但是文献上每当谈到共犯问题时，总不免又要把各种主观理论、客观理论、独立原则或从属原则等等的名词重新再拼图一次。比较少见的倒是从目的论的角度来看看，这么多的名词与理论到底是要解决什么问题？（参考黄荣坚：《论共犯》，载《刑事法学之理想与探索》（一），学林文化事业有限公司2002年版，第326页）

② ［德］汉斯·海因里希·耶赛克、托马斯·魏根特著，徐久生译：《德国刑法教科书（总论）》，中国法制出版社2001年版，第775页。

③ 黄荣坚：《基础刑法学》，中国人民大学出版社2009年版，第487页。

这里的"正条"，即刑法中的罪刑式条文。此后，日本学者将德语中"Taetersehaft"（行为者性）一词译为"正犯"。我国历史上清末颁布的《大清新刑律》复将具有资产阶级刑法意义的"正犯"一词引入国内，此后的《暂行新刑律》、两部《中华民国刑法》都沿用"正犯"概念。当前，我国台湾地区仍然沿用这一概念。而大陆地区则代之以苏联刑法中的实行犯，仅在某些理论探讨的场合予以借鉴，并由此而丧失了以正犯来统领共同犯罪理论体系的意义。恰当的理解正犯概念，直接涉及其与共犯从形式上可以将正犯理解为以自己之行为实施构成要件实行行为并实现构成要件[①]或全部构成要件要素[②]者为正犯。但这一形式上的概念似乎还不足以清晰理解何为正犯，如何判断正犯。于是出现了从实质上界定正犯的诸理论。

首先，以法益为中心的实质思考。此处有两个着力点：一是谁操纵、支配法益受害的因果流程，另一个是将构成要件类型加以分类。之所以分类构成要件类型，因为在罪刑法定原则之下，无论如何不能脱离构成要件而探讨谁是正犯，而且法益是建构构成要件类型的核心要素，因此以法益为中心的实质思考，会以分类构成要件而确定正犯类型；之所以追究谁操纵、支配因果流程，因为无论区分正犯与否，在数人共同犯罪时，会有加功程度不同因而归责程度不同情形。但最根本的原因则是"实现构成要件的法益侵害"表示符合法定构成要件的侵害方法，才是决定法益受害的力量，掌握这种力量而侵害法益的人，便是正犯。[③]

其次，支配理论。支配理论下又分为意思支配、目的支配和功能性支

---

① 蔡墩铭：《刑法精义》，翰芦图书出版社 2005 年版，第 303 页。

② ［德］汉斯·海因里希·耶赛克、托马斯·魏根特著，徐久生译：《德国刑法教科书（总论）》，中国法制出版社 2001 年版，第 775 页。

③ 应当说，每一个特定的犯罪构成类型都有大致的符合法定构成要件的侵害方法。这一侵害方法，可以理解为在观念和实际上都足以按照自己的力量特性和因果流程导致法益侵害的结果，不管是作为还是不作为，是故意还是过失，是单独正犯还是共同正犯，都是如此，比如，杀人罪的构成要件行为及其方法，可能随着时代的发展而层出不穷。但万变不离其宗，这些手段和方法都必须在实质意义上具有导致法益侵害的支配力和功能，而不是说加功和借助于他人来间接实现。盗窃中，望风的行为本身不会单独实现法益被害——财物被盗，行为人只有加功于他人的直接窃取行为才能实现法益侵害。当然，望风行为在某些国家和某些情况下也会被定性为共同正犯。

配三说。第一，意思支配。即认为所谓正犯，重要的不只是出于正犯自己犯罪的意思，而是意思的实现必须在正犯的支配之下完成，亦即意思实现的过程受意思的支配和操纵。反之，共犯则对企图惹起犯罪结果的实施行为无所支配，该实施行为系有第三者（即正犯）的意思所引起或操纵的。但这里的支配主要侧重于主观意思，而未能与行为概念相结合。其二，目的支配。威尔泽尔于 1939 年提出"目的正犯"（finale Taterschaft）概念，认为必须对故意与过失的正犯概念加以严格区分，过失犯只有正犯。[①] 其三，功能性犯罪支配（funktionelle Taherrschaft）。该说认为，正犯是犯罪事实的核心人物，犯罪过程的关键人物。支配有三种样态：直接正犯、间接正犯和共同正犯。[②]

我们认为，故意和过失犯都应有正犯。正犯概念的界定当以均涵括此二者为宜。因此，以构成要件的实行行为结合法益侵害为中心的实质说较妥，即所谓正犯系指实施构成要件实行行为且支配因果流程实现构成要件的法益侵害之人。另外，虽然我国刑法立法史中曾经出现过正犯的概念[③]，而且刑法理论中也使用这一概念，但我国刑法学理论还是多以实行犯出现，

---

① 威尔泽尔以行为的"存在构造"为出发点，而表明行为的本质要素在于目的性之中，以这种能预见之结果为目标，为实现该结果而支配、统治并指导因果关系，以期实现该结果的行为，才是行为。但这是指故意行为而言，至于过失行为，他认为不受目的行为的意思指导，只是由于意思活动而被赋予原动力，以引起有因果的结果而已，它的因果流程是盲目的，因此必须对故意与过失的正犯概念加以严格区分。过失正犯，由于只是惹起所发生的犯罪结果，而所有惹起结果的条件又都是等价的，因此与过失行为的共犯是无从区分。（Welzel, ZStW 58（1939），S. 538ff. ）

② 他们的特质分别是：行为人亲自实施构成要件，即有行为支配（Handlungsherrschaft）——直接正犯。行为人未亲自实施而利用自己的意思力量，即有意思支配（Wissensherrschaft）；利用实行阶段的分工合作，即有功能性的犯罪支配（funktioelleTaherrschaft）——共同正犯，其支配在于，在实行阶段，对实现构成要件提供了不可或缺的条件，换言之，就所实现的结果而言，共同的犯罪计划是必要的，就实现共同的犯罪计划的功能而言，能发挥功效的行为是重要的，而且是最具决定性的，亦即就共同正犯而言，重要的是互相分工的共同作用，而不是行为人对过程的主观想法。（许玉秀：《当代刑法思潮》，中国民主法制出版社 2005 年版，第 585 页。）

③ 如 1950 年中央人民政府法制委员会制定的《中华人民共和国刑法大纲草案》，将共同犯罪人分为正犯、组织犯、教唆犯和帮助犯四类；1957 全国人大常委会法律室草拟的《中华人民共和国刑法草案》（初稿）则将共同犯罪分为正犯、教唆犯与帮助犯。（参见李淇：《有关草拟中国人民共和国刑法草案（初稿）的若干问题》，载北京政法学院刑法教研室编：《我国刑法立法资料汇编》，1980 年印行，第 124 页）

并与之对应。有学者认为，正犯就是实行犯①，或者认为正犯和实行犯仅是一种事物的两个不同的称谓而已②。我们认为，尽管我国对共同犯罪的分类与德日不尽一致，但各自对正犯或实行犯的理解和界定在内核上是共通的。因此，在正犯和共犯这一问题上，视正犯与实行犯互通似更妥。进而，所谓共同正犯也可作共同实行犯理解。

(二) 共犯的概念

犯罪有由于数人之协力加功而成立者，亦为犯罪形态之一，刑法上谓之共犯（Teilnahme）以别于通常之单独犯罪。③ 关于共犯一词的用法，理论和实务上有很多讨论。一般有广义共犯和狭义共犯之分。前者包括共同正犯、教唆犯、帮助犯，也基本等同于广义上的共同犯罪；后者则仅限于教唆犯和帮助犯。在立法和学说上，德国、日本、我国台湾地区基本都是在广义上使用共犯一词，即认为共犯或共犯理论包含共同正犯、教唆犯、帮助犯及其问题；④ 当然，也有从限制正犯理论⑤提出所谓特殊共犯即狭义共犯的概念，即帮助犯和教唆犯。就中国大陆而言，广义的共犯场合下一般使用共同犯罪，而狭义共犯场合下，也有使用共犯概念的情况。⑥

概念很大程度上是约定俗成的，只要能约定大家容易理解的用法，并没有什么对错可言。在我国台湾地区，其现行"刑法"第四章的章名是

---

① 参见李文燕主编：《中国刑法学》，中国人民公安大学出版社 1998 年版，第 125 页。

② 林维：《间接正犯研究》，中国政法大学出版社 1998 年版，第 37 页。

③ 韩忠谟：《刑法原理》，中国政法大学出版社 2002 年版，第 188 页。

④ 参见［德］汉斯·海因里希·耶赛克、托马斯·魏根特著，徐久生译：《德国刑法教科书（总论）》，中国法制出版社 2001 年版，第 775—777 页；［日］西田典之著，刘明祥，王昭武译：《日本刑法总论》，中国人民大学出版社 2007 年版，第 266—267 页；蔡墩铭：《刑法精义》，翰芦图书出版社 2005 年版，第 312—313 页。

⑤ 该理论认为，正犯只能是自己实施了构成要件该当行为之人，而那些仅通过非构成要件该当的行为对结果产生起一定原因作用之人，不能构成正犯，这就是"限制正犯概念"（restriktiver Taeterbegriff）。（参见［德］汉斯·海因里希·耶赛克、托马斯·魏根特著，徐久生译：《德国刑法教科书（总论）》，中国法制出版社 2001 年版，第 782 页）

⑥ 如"两高"联合颁布的《关于办理生产、销售假药、劣药刑事案件具体应用法律若干问题的解释》规定：明星知情代言的，以共犯论处。此中共犯即为狭义共犯。

"正犯与共犯"，系由原来的"共犯"修改而来。有学者认为，共同正犯根本不属于共犯。共犯专指教唆犯以及帮助犯。不过，德国刑法原文称正犯为 Täterschaft，称教唆犯以及帮助犯为 Teilnahme。因此，如果把中文的"共犯"二字等同于德文的 Teilnahme，所指的自然就限于教唆犯以及帮助犯了。不过，这里牵涉到翻译的问题。在我国大陆出版的几本德国刑法教科书的译法也存在差异。① 而在台湾地区，其实"共犯"这两个字，在其立法用字上，并非就是等同于德国立法上所说的 Teilnahme，而是近于 Beteiligung，亦即多数人参与犯罪的意思。并且"共犯"这两个字，在一般中文的语意理解上，大致上也的确会被理解成大家一起犯罪的意思，而一般也认为最典型的共同犯罪应该就是共同正犯的类型。因此，章名成为共犯，用来包括所有多数人犯罪的类型（共同正犯、教唆犯及帮助犯），应属正确。② 相反的，用"共犯"一词来专指教唆犯与帮助犯，而把共同正犯排除于"共犯"一词的意思范围之外，在语意上反而难以理解。因此从中文的惯常理解来看，"共犯"更似"共同犯罪"的简称，故采广义共犯更妥。因此，我们主要在广义上使用共犯一词，同时在个别情况下用"狭义共犯"特指教唆犯和帮助犯。

二、单一正犯与区分共犯理论

对于共犯的处理，先不论细节问题如何，最基本的处理态度有两个，即区分共犯类型和不区分共犯类型两种方式。前者把共同犯罪的类型区分为共同正犯、教唆犯以及帮助犯，并且按照不同的类型分别规定其法律效果，因此被称为区分共犯理论；后者则认为犯罪就只有一种方式，即正犯，而且是单独正犯，也叫单一正犯或统一正犯原则（Einheitstäterprinzip）。依照这个原则，凡对构成要件的实现作出了原因性贡献（ursächlichen Beitrag）

---

① 在李斯特、耶塞克以及施特拉腾韦特三位教授的《德国刑法教科书》、《德国刑法教科书》（总论）、《刑法总论 I——犯罪论》中，都翻译成"正犯"和"共犯"，而在韦塞尔斯所著的《德国刑法总论》中则被译为"正犯"与"参与"。

② 参见韩忠谟：《刑法原理》，梅川印刷有限公司1981年版，第287页以下。

的每一个人，不论其行为贡献的事实上的分量如何，均被视为正犯。统一正犯的关键性的认定标准，唯一是因果性；对行为贡献的种类和大小是在量刑的范围内才予以考虑。① 采何种理论对于过失共同正犯及相关问题具有重要意义。这里包含两个问题：第一，总体上应采何种理论？第二，故意过失应否采统一理论？

在立法上，规定单一正犯体系的刑法有1930年现行《意大利刑法典》、法国1932年刑法草案、1939年《丹麦刑法典》、1940年《巴西刑法典》、1974年《奥地利刑法典》等。理论上持肯定论的学者有奥地利的金阿普费尔及其"共同合作的二重性"理论、日本的高桥则夫、台湾地区的黄荣坚等教授。② 单一正犯理论主张，无论是故意还是过失，不区分正犯和教唆犯、帮助犯，也不主张共同正犯，所有犯罪人都以单独正犯处罚。如此一来，不仅主张过失共同正犯应当以单独过失犯处罚，对过失犯之帮助犯和教唆犯均可以过失单独正犯处罚，而且还彻底否定共同正犯的概念，主张对故意共同正犯也可以单独正犯处罚。③ 在此体系下，故意和过失一视同仁，是否承认过失共同正犯也不再重要。应该说，单一正犯体系和理论属于少数，也受到了各方的猛烈批评。④ "一切依次更替的历史状态都只是人

① ［德］约翰内斯·韦塞尔斯著，李昌珂译：《德国刑法总论》，法律出版社2008年版，第281页。

② 具体参见江溯：《单一正犯体系研究》，载陈兴良主编：《刑事法评论》（第24卷），北京大学出版社2009年版，第414—418页。

③ 参见黄荣坚：《论共犯》，载《刑事法学之理想与探索》（一），学林文化事业有限公司2002年版，第351页。

④ 耶赛克教授认为，单一正犯体系虽然表面上看起来简单实用，但还是存在重大疑问。首先，由于将全部对犯罪的影响重新解释为法益破坏的原因，相关构成要件的特殊的行为不法便不复存在了。其次，在亲手犯和特殊犯情况下，未亲自实施犯罪，或者说没有作为正犯而加重处罚。单一正犯概念还将导致不必要地扩大适用刑罚，因为根据构成要件对未遂犯规定处罚的任何场合，对共犯的未遂也处罚，而通常未遂的共犯很少受到处罚。帮助犯的情况同样如此。最后，单一正犯概念还将导致量刑标准变得粗糙，因为它排除了对教唆犯和帮助犯减轻处罚的可能性。（［德］汉斯·海因里希·耶赛克、托马斯·魏根特著，徐久生译：《德国刑法教科书（总论）》，中国法制出版社2001年版，第778页）同时，韦塞尔斯教授也认为，由于其标准粗糙，对于法律后果是属于损伤性质的刑法而言这个统一正犯原则因此并不适合；出于简单化以便于操作的原因，立法者将统一正犯人的概念纳入了了违反秩序法第14条。（［德］约翰内斯·韦塞尔斯著，李昌珂译：《德国刑法总论》，法律出版社2008年版，第281页）另外，罗克辛教授也指出该体系存在三个缺陷：一是明显违反

类社会由低级到高级的无穷发展进程中的暂时阶段。每一个阶段都是必然的，因此，对它发生的那个时代和那些条件说来，都有它存在的理由；但是对它自己内部逐渐发展起来的新的、更高的条件来说，它就变成过时的和没有存在的理由了；它不得不让位于更高的阶段。[①]虽然批评理由中也不乏可反驳者[②]，且在区分体系出现前也有其存在的理由，但从立法和理论的主流来看，区分共犯理论仍占主导地位。

区分共犯理论体系下，主张共同正犯的概念，在非共同正犯的共犯者中，从限制正犯概念出发主张区分正犯与狭义共犯即教唆犯和帮助犯。但在体系内部，是否对故意犯和过失犯采取同样的区分标准则不一。多数不承认过失共同正犯和过失狭义共犯者主张区分共犯体系只适用于故意犯而不适用于过失犯，过失犯只有单一正犯体系；部分学者主张过失犯应当成立过失的共同正犯，但不主张区分过失犯的正犯和过失犯的狭义共犯；[③]还有部分学者则认为故意和过失都应区分共犯体系，即过失也应区分为过失共同正犯、过失犯之教唆犯和过失犯之帮助犯。[④]

（接上页注④）法治国原则。单一正犯体系将因果关系疏远的参与行为也与构成要件行为等价，破坏了构成要件的界限，扩大了法定刑的适用弹性，降低了法律的确定性，最终走向行为人刑法，使量刑不是由法律决定而是由法官决定。二是过度扩大刑罚的范围。原本不予处罚的未遂共犯、预备阶段的共犯，将会因为意念的表示对构成要件有因果作用而被处罚。三是非但不能解决正犯与共犯分解的困难问题，反而在量刑标准方面更不确定。（参见许玉秀：《刑法的问题与对策》，台北成阳印刷股份有限公司 2000 年版，第 14 页）W. Dietz 教授认为：第一，将各种参与程度之评价委之于法官，而法官于量刑时则必须考量参与之种类与重要性，此点与法治国家的思想相矛盾；第二，将对于构成要件之时序为因果性之参与之各个人视为正犯时，必将超脱从属性之限制而使参与人之未遂成为可罚；第三，仅以因果性、法益侵害之恶起理解犯罪之本质，系完全忽视犯罪类型所具有之行为无价值，特别是与举动犯所形成之正犯概念相矛盾。（参见陈子平：《论正犯与共犯之概念》，载《政大法学评论》第 48 期，第 123 页）许玉秀教授也认为："单一正犯概念标榜不区分正犯和共犯，但究竟免不了在决定刑罚轻重时仍然要在共同犯罪的数人中，依各人的不法和罪责分别定其刑罚，这其实是将分界正犯与共犯的问题推移到量刑时考虑而已。"（许玉秀：《实质的正犯概念》，载《刑事法杂志》1997 年第 6 期，第 223 页）

① 恩格斯：《路德维希·费尔巴哈和德国古典哲学的终结》（1886 年初），载《马克思恩格斯选集》（第 4 卷），人民出版社 1995 版，第 217 页。

② 如单一正概念并不必然排除对区分体系下的教唆犯和帮助犯减轻处罚的可能性；在量刑上，即使有了教唆犯和帮助犯的概念及区分，但最终在决定刑罚时，还是必须实际个别确认各行为人在共犯中的作用大小。

③ 山口厚、张明楷等教授持此说。

④ 木村龟二、大场茂马、西田典之、佐久间修、侯国云等教授持此说。

在德国，传统正犯的理论基础是犯罪支配理论，或功能性支配，认为过失犯没有支配，所以不成立过失共同正犯。但在罗克辛的客观归责理论下，故意和过失都是在客观上制造并实现法不容许的风险①。因此，支配理论与是否包含故意和过失没有必然关系。也就是说，在其正犯理论体系下，过失犯在法律的框架内也可以发展正犯概念。德国将犯罪的参与者区分共同正犯，以及正犯和共犯的方式，而过失犯采单一正犯模式，这样的二元模式，也受到了相应的批评。从条文规定来看，也不是不可反驳，并不违反总则的规定。②

二元的正犯概念体系下，故意共犯承认共同正犯，并区分正犯与共犯，而过失犯则一律不区分，采取单一的正犯体系，是适用标准上的不统一。不能将这种体系作为先验的存在，并由此出发以故意犯的标准来讨论过失犯是否应该同样区分共犯体系的问题。这个世界上原本并没有一个叫做正犯的东西或一个叫正犯的现象，也没有一个叫共同正犯、教唆犯、帮助犯的东西或现象。这些概念都是人所设定出来的抽象概念。设定这些概念的目的，是要把它们用来掌握刑法所想要加以处罚的行为现象。③ 进一步看，区分共犯体系，创造并主张共同正犯、教唆犯和帮助犯等概念应该具有归责意义上的根据和目的性。即这一根据和目的性不应在内部构造上所谓主观面的不同去把握，而应该归结到归责的需要，即此等区分共犯的概念是根据其内在的共同行为或加功特性而以相应概念概括之，不管是扩张也好，限缩也好，或者更好区分责任也好，总之最终使得归责更容易、清晰。在这点上，故意和过失并无二致。退一步讲，即使采单一行为人体系或单一正犯体系有其合理性与可行性④，那么是否区分共犯体系对于故意和过失而

---

① 在此，故意和过失的区别更多在于行为人主观上对法益侵害结果的不同态度。

② 参见本书第二章的相关内容。

③ 参见黄荣坚：《论共犯》，载《刑事法学之理想与探索》（一），学林文化事业有限公司2002年版，第328页。

④ 具体参见江溯：《单一正犯体系研究》，载陈兴良主编：《刑事法评论》（第24卷），北京大学出版社2009年版，第414—418页；黄荣坚：《基础刑法学》，中国人民大学出版社2009年版，第486页以下；柯耀程：《刑法总论释义修正法篇》，元照出版公司2006年版，第310—329页。

言应该是共存亡的：要么在单一正犯体系内各家皆为单独正犯，要么都区分共犯体系。不过，区分体系似乎更契合当今世界社会分工、学科分工、知识体系越发细化的发展趋势。

第二节 共同正犯的概念和性质

就刑法学研究的方法而言，虽然有学者发出了"少演绎、多归纳"之提倡，[①] 但从原理和概念出发的演绎法仍不失其重要性。"概念乃是解决法律问题所必需的和必不可少的工具，没有限定的专门概念，便不能清楚地和理智地思考法律问题。"[②] 而所谓"概念之定义，意为在什么意义上适用某一特殊用语作出精确的说明"。[③] 所以确定"在什么意义上适用"是界定共同正犯的关键。

一、共同正犯的概念

（一）德日

其中主要有以下几种观点：其一，数人共同实施一个犯罪行为的，每个行为人均以正犯论处（第25条第2款）。法律本身将此等情况下的参与者叫做"共同正犯"（Mittaeter）[④] 其二，从目的正犯论出发，认为共同正犯是指，数人有目的地，以互相交错的行为分担方式共同作成行为决意。[⑤]

---

① 参见张明楷：《"少演绎、多归纳"之提倡》，载梁根林主编：《刑法方法论》，北京大学出版社2006年版，第109—144页。

② ［美］博登海默：《法理学、法哲学与法律方法》，邓正来译，中国政法大学出版社1999年版，第486页。

③ ［美］艾尔·巴比：《社会研究方法》，四川人民出版社1980年版，第90页。

④ ［德］汉斯·海因里希·耶赛克，托马斯·魏根特著，徐久生译：《德国刑法教科书》，中国法制出版社2001年版，第815页。

⑤ Vgl. Welzel, ZStW 58(1939), S. 538ff. 但必须说明的是，在这点上，故意和过失并无不同。只不过，过失的行为决意是就实施法不容许的危险行为事实本身的认识，这是过失单独正犯的必要要件，要成立过失犯罪，就必须要求行为人要对其实施的危险行为事实本身有认识，否则连自己的

其三，认为共同正犯建立在分工行为和功能性的角色分配原则之上。[①]其四，共同正犯，是指"二人以上共同实行了犯罪"的情形。[②]其五，如同实行犯一样，共同正犯也是亲自实行了构成犯罪之事实行为的人，但由于他是与其他一人或数人共同完成这些事实上的行为，这些人都是实行犯，所以我们称之为"共同正犯"。[③]

（二）台湾地区

其一，共同正犯乃与单独正犯相对之一种正犯，系指两个以上之行为人，基于共同之行为决意，各自分担实施犯罪行为之一部，而共同实现构成要件之一种参与犯。[④]其二，共同正犯之意义指，二人以上之行为人彼此间，有共同之行为决意及行为分担所共同构成犯罪的正犯。[⑤]

（三）国内学者的观点

（1）所谓共同正犯，指两个人以上共同实行犯罪的情况。[⑥]（2）共同正

（接上页注⑤）行为事实特征都没有认识的人，则根本谈不上构成犯罪的问题。所不同的是，有认识的过失是认识到了行为的危险以及导致危害结果的危险可能性，只不过判断错误而在有瑕疵的主观状态下制造并实现了法不容许的风险，而所谓无认识的过失，则是有预见危险的能力、必要性和可能性，但竟然没有预见到，进而在这种有瑕疵的主观状态下实施了制造并实现了法不容许的风险，这里的关键不是说是否认识，而是在于法规范对行为人有瑕疵的主观意思状态和客观行为的结合的否定。之所以故意的主观恶性要比过失更大，关键就在于这种瑕疵的大小不一，故意纯粹就是彻头彻尾的错误，而过失则可能由于诸种原因还不是完全错，而是具有不同程度的瑕疵罢了。

① 即认为，每个参加人在这里作为同样资格的同伙，是共同的行为决意（gemeinsamenr Tatentschluß）和共同性质的构成要件行为实现（gemeinschaftliche Tatbestandsverwirklichung）的共同承载人（Mittriäger），以至于单个的行为贡献完整地成为一个一个的整体，对每个共同作用人都要救整个结果对他完全归责。（［德］约翰内斯·韦塞尔斯著，李昌珂译：《德国刑法总论》，法律出版社 2008 年版，第 294 页）

② ［日］大塚仁著：《刑法概说》，冯军译，中国人民大学出版社 2003 年版，第 248 页。

③ ［法］卡斯东·斯特法尼等著，罗结珍译：《法国刑法总论精义》，中国政法大学出版社 1998 年版，第 280 页。

④ 林山田著：《刑法通论》（下册），台湾大学法律系 1998 年版，第 396 页。

⑤ 张丽卿著：《刑法总则理论与适用》，一品文化出版社 2005 年版，第 312 页。

⑥ 马克昌：《比较刑法原理——外国刑法学总论》，武汉大学出版社 2002 年版，第 669 页。张明楷：《外国刑法纲要》，清华大学出版社 1999 年版，第 299 页。

犯是二人以上共同故意实施犯罪构成客观方面行为的实行犯。①

以上概念各有不同、互有侧重。其中，有几个问题值得注意：其一，共同正犯是犯罪形态还是犯罪人？对此，前述观点不尽一致。通常情况下，"犯"兼有犯罪形态和犯罪人之意。但如果考虑到正犯一词不过是明治时代日本学者为了翻译西洋学说而借用的中国古代术语的话，那么问题就迎刃而解了。在德语中，正犯与正犯者是不同的单词。正犯指的是犯罪形态，正犯者指的则是人。日本学者山中敬一认为"正犯，是指行为人自己充足构成要件要素的场合。换言之，亲自实行刑法分则中记述有'实行……者'这样的构成要件的人，是正犯者。"②故将共同正犯定义为犯罪状态为宜。其二，在刑法上应否承认过失共同正犯？对此，国内外争议颇多。不过，至少在概念的描述上，大陆法系国家和地区学者一般并未明确指出共同正犯仅限于共同故意之情形，故就概念上的主观要素而言，以"共同之行为决意"为已足。其三，共同正犯之共同行为是否仅限于构成要件客观方面的实行行为，应否承认所谓"共谋共同正犯"？我们认为，虽然共谋共同正犯在德日等大陆法系国家和的确的刑法中有其存在理由，但在我国刑法理论的框架下讨论共同正犯，则不能把共同谋议行为理解为共同实行行为。③

---

① 陈兴良：《论我国刑法中的共同正犯》，载《法学研究》1987年第4期。

② ［日］山中敬一著：《刑法总论Ⅱ》，成文堂1999年版，第734页。

③ 对于如何理解"共同实行"，在大陆刑法理论中是一个争议的问题。"犯罪共同说、行为共同说的论者，把共同实行理解为共同正犯者每个人都分担犯罪的实行行为。"（参见马克昌著：《比较刑法原理：外国刑法总论》，武汉大学出版社2002年版，第676页。）但是，持共同意思主体说的学者却认为共同实行并不意味着全体共同者每人都必须分担实行行为，而是指两人以上共同谋议实行犯罪，而由其中一人或一部分人实行某一犯罪的构成要件的行为。只要其中一部分人作出了实行行为，共谋者的全体成员直接成立共同正犯（共谋共同正犯）。共谋共同正犯是日本刑法共同正犯最初所特有的概念。判例持肯定的态度，采取的是"部分行为全体责任的原则"，理论界则对此存在肯定与否定的两种观点。（参见［日］藤木英雄，板仓宏著：《刑法的论争点》，有斐阁1987年版，第133—134页）后来肯定论的观点在德国和我国台湾地区的理论和实务中得到广泛承认。即使在2005年我国台湾地区将其"旧刑法"第28条中的"实施"修改为"实行"后仍被认为立场未变。（参见张丽卿著：《刑法总则理论与适用》，一品文化出版社2005年版，第308—311页）但是，在我国刑法规定中，根据犯罪人在犯罪中所起的作用，将共同犯罪人分为主犯、从犯与胁从犯，并对其规定了不同的处罚原则。对于仅参加谋议而未实行犯罪的人，我们不适用共谋共同正犯的理论完全能够恰当地对其定罪量刑。

综上，所谓共同正犯是指二个以上之行为人以共同实行行为之决意，共同、亲自实施构成要件客观方面实行行为的犯罪形态。

二、共同正犯的性质

（一）正犯还是共犯？

共同正犯是正犯的一种还是共犯的一种，立法上有不同规定，理论上也素有争议。立法例上，《德国刑法》将"数人共同实施犯罪的，均以正犯论处（共同正犯）"在第 25 条"正犯"中作出规定。而日本《刑法》则在第 11 章"共犯"第 60 条规定"两人以上共同实行犯罪的，是正犯"。而理论上的则有正犯论、共犯论和折衷论三种点。

1. 正犯论

该观点认为"与间接正犯一样，共同正犯也是正犯的一种形式"。[1] 而且，"刑法上规定的'共同正犯'、'教唆犯'、'从犯'，虽然说是'广的共犯'，但是，正确的理解应当说共同正犯是正犯的共同，即正犯的一种，因为在与正犯相对应的'共犯'的场合，应当理解为只有教唆犯和从犯这种狭义的共犯"。[2] 我国台湾地区部分学者也持正犯论。[3]

2. 共犯论

该观点主张共同正犯的共犯种类属性，而不能认为是正犯的一种："如果不把共同正犯理解为共犯，那么就不能很好的说明，单纯正犯集合的形式，为什么要对他人行为的结果承担责任"。[4] 另，"共同正犯是共犯，因为多数学说论述了对共同正犯适用单独正犯的理论不能贯彻始终，是无视共

---

[1] ［德］汉斯·海因里希·耶赛克、托马斯·魏根特著，徐久生译：《德国刑法教科书》，中国法制出版社 2001 年版，第 815 页。

[2] ［日］木村龟二著：《刑法总论》，有斐阁 1984 年版，第 404 页。

[3] 具体参见林山田著：《刑法通论》（下册），台湾大学法律系 1998 年版；张丽卿著：《刑法总则理论与适用》，一品文化出版社 2005 年版。

[4] ［日］川端博、西田典之、日高义博等著：《共同正犯论的课题与展望》，载《现代刑事法》2001 年第 8 期。

同正犯的共同性的缘故。的确，虽然刑法第 60 条对共同正犯作为'正犯'规定，但是，如果共同正犯的可罚性可以单独正犯的理论予以完全说明，则第 60 条最终成为提示性的规定，更何况，这样理解，现行刑法规定的'皆'为'正犯'的理由最终是不成立的"。①

3. 折衷论

该论认为共同正犯既是正犯又是共犯。对此，蔡墩铭教授认为，"倘细予以分析，即知刑法不仅将共同正犯认为共犯，亦将其认为正犯"。共同正犯之共犯性在于"共同正犯所实施之行为，不限于构成要件行为，其可能为一部构成要件行为或为构成要件以外行为，只要基于共同犯罪之意思，皆不失为共同正犯之行为，从而共同正犯之行为实无异于教唆犯或从犯之行为，亦系对于犯罪之参与行为，具有共犯之性质"；共同正犯之正犯性则在于"各个参与者莫不具有正犯意思，亦即认识其所实施之行为与他人之行为结合以后，足以实现构成要件，除此之外，各个参与者对于共同实施之行为，均得予以目的行为支配。易言之，行为之开始，进行或停止，莫不操在各个参与者之手中，分别由各个参与者予以决定"。"刑法第 28 条②所谓皆为正犯，不外指各个参与者独立课以正犯之刑不必考虑对于其他正犯所科之刑如何，此点更足以表示共同正犯所具有之正犯性。"③

以上诸论各有优劣。德日刑法典对共同正犯所置位置不一，在很大程度上影响了各自学界的观点，但也不能因立法而生绝对主义。共同正犯因确属各行为人自己实施构成要件客观方面之行为，而有别于加功于他人之行为而实现犯罪目的之共犯行为。④ 故其正犯性不容抹杀。此为共犯论之不足。然"共同正犯是具有最完全的行为结合形态的共犯形式，行为人为犯

---

① ［日］西原春夫著：《犯罪实行行为论》，成文堂 1998 年版，第 315 页。

② 此处的"刑法第 28 条"指我国台湾地区"旧刑法"第 28 条之规定：二人以上共同实施犯罪之行为者，皆为正犯。

③ 蔡墩铭著：《刑法精义》，翰芦图书出版有限公司 1999 年版，第 325 页。

④ 此处的共犯乃"狭义共犯"，即教唆犯、帮助犯等。

罪计划的实现，具有相互间的援助关系，而不是一方利用、另一方被利用的关系，如果说结合，那也是全体共犯者的结合。"① 的确，共同正犯因各行为人间以共同之意志，相互配合，互为补充，自成一体，共同实施侵害法益的行为，而有别于单独正犯，故其共犯性亦客观存在。此为正犯论之瑕疵。又，虽共同正犯兼有正犯性与共犯性无疑，但二者应有主次之分，故折衷论也不尽完善。共同正犯各行为人互相利用，群策群力，实行本可只用一人单独实行的犯罪，其危害性更大，在归责上也以"部分实行全部负责"为妥。② 此种特点对于共同正犯的定罪量刑具有决定性意义，可以行为人间的分工与协作共同实现一个犯罪而归责，而不必以每个人都实施完整的构成要件客观方面行为为必要。故，共犯性应是共同正犯的主要特性。事实上，一般意义上，共同正犯是最为典型的共同犯罪类型，而我国刑法理论也更多地视其为广义共同犯罪下的简单共同犯罪。

质言之，共同正犯的正犯性与共犯性之争的实际意义在于两点，一是适用何种归责原则进行归责，二是共同正犯的存在根据为何。如此一来，那么在归责原则上和存在根据上，就要更多从其共犯性上寻求着力点。

（二）犯罪共同说与行为共同说争论之本质

如前所述，共同正犯是二人以上共同实施犯罪之形态。关于其本质的争议所要解决的问题是二人以上的行为在哪些方面是共同的才成立共同犯罪。学说上认为主要有"犯罪共同说"与"行为共同说"之争③。

1. 犯罪共同说

学者一般认为，犯罪共同说是客观主义的立场，它以构成要件理论为基础，认为："除了注重共同之行为决意外，尚须对同一构成要件加以实

---

① 参见［日］正田满三郎：《刑法体系总论》，良书普及会1979年版，第150页。
② 关于"部分实行全部负责"，后文将有更详细的论述。
③ 学说上一般认为，犯罪共同说与行为共同说源自法国刑法学，确切地说并不是共同正犯的本质论，而是关于广义共犯的本质论，是为了解决共犯以什么为共同内容的问题而提出的理论。

现，即注重'行为的分担'，必须兼具此二要件，始可成立共同正犯"。① 换言之，二人以上只能就完全相同的犯罪成立共同正犯。但是，对于何谓"相同犯罪"，犯罪共同说的内部认识并不相同。存在完全犯罪共同说与部分犯罪共同说之争。②

2. 行为共同说

该说认为，只要有行为分担即可，不以有犯罪意思为共同必要条件。只要有行为分担，即可显现其具有共同恶性因而可以成立共同正犯。③ 行为共同说被认为植根于主观主义刑法理论，认为犯罪行为是行为人反社会恶性的外在表现，共同犯罪的成立不以共同犯罪意图和实施同一犯罪为必要，而以共同的行为实施为已足。换言之，在"行为"方面，不要求共同实施特定的犯罪，只要行为具有共同性就可以成立共同犯罪；在"意思联络"方面，也不要求熟人必须具有共同实现犯罪的意思联络，只要就实施行为具有意思联络就可以成立共同犯罪。④ 但是需要注意的是，现代意义上的行为共同说已与早期行为共同说不同，事实上它改建在了客观主义的基础之上，"行为共同说，与其名称相应，是行为层次的问题。是以共犯中行为责任的存在论作为基础的理论。因此行为共同说与把行为当作犯罪人主观恶

---

① 参见张丽卿著：《刑法总则理论与适用》，一品文化出版社2005年版，第313页。
② 例如，甲以杀人的故意，乙以伤害的故意，共同对丙实施暴力行为导致了丙的死亡。对于该种情形，犯罪共同说的部分主张者认为，由于甲与乙都是实行犯，但各自触犯的罪名不同，因而不成立共同正犯，只能分别以单独犯论处。但是，犯罪共同说的另一部分主张者认为，这样的结论虽然严格限定了共同正犯的成立范围，但却没有考虑法益侵害的事实。于是，他们指出，在上例的甲与乙共同实施暴力的案例中，甲与乙成立故意杀人罪的共同正犯，但对乙只能判处故意伤害致死的刑罚（因为不能超越行为人的责任科处刑罚）。这种学说被称为完全犯罪共同说或者强硬的犯罪共同说。（参见张明楷著：《刑法的基本立场》，中国法制出版社2002年版，第254页。）但是，这一见解，由于将罪名与科刑进行了分离，也受到了学者的批判。为此，又有人提出了部分犯罪共同说的立场，认为二人以上虽然共同实施了不同的犯罪，但当不同的犯罪之间具有重合的性质时，则可以在重合的限度内成立共同正犯。按照该说，在上述案例中，由于甲的杀人故意包含了伤害的故意，因此，两人在伤害致人死亡的范围内成立共同正犯，乙承担伤害致人死亡的刑事责任，甲由于有杀人故意，杀人行为吸收伤害行为，承担杀人罪的刑事责任。
③ 参见张丽卿著：《刑法总则理论与适用》，一品文化出版社2005年版，第313页。
④ 张明楷：《刑法学》，法律出版社2011年版，第358页。

性的表现的犯罪征表说是不同的问题。"① 这样，现代意义的行为共同说所认为的"行为的共同"，并非指自然行为的共同，而是指符合构成要件的实行行为的共同。

对于各说的利弊及选择，我们认为：其一，行为共同说忽视共同犯罪的主观共同意志和意思联络对共同犯罪范围的界限功能，有不当扩大共同正犯处罚范围之弊；其二，犯罪共同说在坚守共同犯罪之决意的主观特性的前提下，以构成要件为基础，将共同正犯限定在一个特定的范围内，有利于罪刑法定原则和人权保障的实现，具有科学性。但在其内部，完全犯罪共同说容易造成定罪与量刑的脱节，有违反主客观相统一之嫌，所以当采部分犯罪共同说为宜。

但关键的问题是，就过失共同犯罪而言，在传统上"行为共同说"与"犯罪共同说"的对立似乎对应于肯定说与否定说之对立。但是，正如第三章所述，在学说史上，这并不绝对，有基于"行为共同说"持反对意见者，也有基于"犯罪共同说"站在肯定立场者。因此，这两种学说的对立只有相对的意义，尤其是 20 世纪 70 年代德国的行为支配理论下的犯罪论体系广泛流行后，更是如此。因此不必维持"客观主义——犯罪共同说——否认过失共同犯罪"和"主观主义——行为共同说——肯定过失共同犯罪"的定式。②

另外，之所以要打破上述定式，还有一个最为关键的原因，即两种学说的对立所要解决的问题其实并不是是否承认故意共同正犯和过失共同正犯应当并存这一横向的问题，而是要解决共同正犯在纵向上成立范围的问题，即不完全相同但又有重合、交叉部分的构成要件类型间是否成立共同正犯。实际上，在部分犯罪共同说范畴内，既是行为的共同，又是犯罪的共同。

其一，两种学说的差异主要在于是否承认意思联络，是否承认意思联

---

① ［日］金泽文雄：《刑法的基本概念再检讨》，冈山商科大学出版会 1999 年版，第 179 页。
② 张明楷：《共同过失与共同犯罪》，载《吉林大学社会科学学报》2003 年第 2 期。

络对于共同正犯纵向上，即超出意思联络的行为部分，是否成立共同正犯的分歧，即行为共同说认为成立，而犯罪共同说则予以否认。如果肯定过失共同正犯也有意思联络的话，那么这一分歧的实质就应该是：故意共同正犯中超出意思联络的部分应否成立共同正犯，过失共同正犯中超出意思联络的部分应否成立共同正犯，这是纵向的问题。

其二，之所以在学说上将两种学说的对立与过失共同正犯成立与否这一故意与过失横向面的问题搅和在一起，其症结在于，犯罪共同说和行为共同说都将共同正犯中必要的"意思联络"要素界定和默认为"犯罪意思的联络"，进而将之等同于"共同故意的意思联络"，前者明确坚持，后者则是默认并有意或无意绕开。如前文所述，这样的界定是将故意犯主观特征强加于共同犯罪后的结果，是一种概念的偷梁换柱。成立并适用共同正犯来归责所要求的意思联络应该以"一般的意思联络"即"客观事实性实行行为的意思联络"为已足。在此条件下，可以说犯罪共同说与行为共同说的对立与是否成立过失共同犯罪并无必然关系，它们所要解决的不是一个层面的问题。

其三，是否应该承认过失共同正犯，其实质在于是否应该用共同正犯这一法律概念和归责制度（部分实行全部责任）对过失共同犯罪事实进行归责。这就涉及共同正犯概念的根据和目的，即对数人共同实行犯罪的案件为什么要对其适用"部分实行全部责任"之归责原则，并创造一个所谓"共同正犯"的概念去概括它。如果能够证明这一原则和概念的适用与主观罪过是故意还是过失无必然联系，那么就可以证明过失犯也应当成立共同正犯，进而主张统一的共同正犯概念和体系。

第三节　共同正犯的存在根据

要明确的是，无论称为"共同正犯"，还是"行为人共同体"[①]，或是

---

① 冯军译：《德国刑法典》，中国政法大学出版社 2000 年版，第 13 页。

中国刑法学理论中的"共同实行犯"，它们首先是一种人类创造出来的法定的或理论的概念及制度。尽管各自定义可能不太一样，但它们在各自法域所对应的犯罪现象应该是一致的：数人共同实施犯罪构成要件实行行为的犯罪现象。不过，在各自的发展历史问题上，此类犯罪现象与犯罪同步发展。而此等概念，包括与之相关的正犯、教唆犯、帮助犯等则是后天而生的，是人所制造出来作为价值判断的工具。因此，在这个意义上，我们不能说共同正犯原本就是什么。事实上它们原本都不是什么。既然现有立法明确规定了这一概念和制度，那么现在的问题是，立法者为什么要设立这样一个概念和制度，是要用来解决什么问题，其存在的根据和价值何在，主张过失共同正犯是否符合这样的根据，或者是否为共同正犯这一制度的应然要求？

共同正犯既有正犯性，又有共犯性，通常可归属于广义的共犯。关于共犯概念的存在意义，学说上大致偏向于论述教唆犯与帮助犯的存在意义，而较少见有直接论述共同正犯概念的存在意义。

一、概念来源

在社会科学问题上有一种最可靠的方法，它是真正养成正确分析这个问题的本领而不致淹没在一大堆细节或大量争执意见之中所必需的，对于用科学眼光分析这个问题来说是最重要的，那就是不要忘记基本的历史联系，考察每个问题都要看某种现象在历史上怎样产生、在发展中经历了哪些主要阶段，并根据它的这种发展去考察这一事物现在是怎样的。[①] 在学理上，关于此等概念之来源，有学者作了细致论述：犯罪行为有由行为人单独一人完成，亦有由两个以上的行为人参与完成。前者为单独犯，在刑法评价上较单纯；后者属参与犯（Beteiligung），因系由两个以上的行为人参与同一犯罪，各个参与者在不同形态的犯罪过程中所扮演角色、地位与分

---

① 列宁：《论国家》（1919 年 7 月 11 日），载《列宁全集》第 37 卷，人民出版社 1986 年版，第 61 页。

量各不相同，其对犯罪行为的完成或贡献，亦各有不同的重要性，故在刑法上的评价，自亦各不相同。……因此，现行法为了合理评价此等各不相同的参与者的责任，将其在刑法制裁体系上的角色或地位予以类型化，使其妥适接受刑罚制裁，于是在刑法论理中，创造正犯与共犯两种类型。前者包括以自己的行为而直接实现构成要件的直接正犯、利用他人为行为工具而实现构成要件的间接正犯，以及由两人以上的行为人共同犯罪的共同正犯。后者则包括唆使他人实现构成要件的教唆犯，以及仅帮助他人实现构成要件的帮助犯。① 显然，此处是将共同正犯归属于正犯。但不管将其如何定位，包括共同正犯在内的正犯与共犯类型的创立与细分，最终都是为了使各种类型的犯罪参与现象在归责之时得到更恰当的评价。简单地说，可以认为共同正犯概念和相应制度的创立是为了更好地归责。

在立法史上，共同正犯的出现经历了漫长的过程。先后经历了统一正犯概念（或单一正犯体系）、正犯与共犯区分体系两个阶段。统一正犯概念是"二战"后德国刑法所使用的术语，但实际上作为一种立法现象，其存在历史十分久远。② 西方法律文明起源于罗马法。在罗马社会前，古代奴隶制的著名法典，例如《汉穆拉比法典》（约公元前1792—1750年）、《中亚述法典》（约公元前20世纪）和《赫梯法典》（约公元前15世纪）都没有关于共同犯罪的规定。这不是偶然的，除了政治上的原因外，当时立法者的法律意识没有发展到对各种共同犯罪人加以细致地区分的程度，也是一个不容忽视的原因。尽管如此，西方古代法律中的共同犯罪制度胚胎还是源于古罗马法。虽然没有共同犯罪的一般规定，但仍然有一些制度萌芽，对多人参与同一犯罪中的各自角色做了初步区分，③ 但责任上彼此相同，与

---

① 参见林山田：《刑法通论》（下册），台湾大学法律系1998年版，第355—356页。

② 参见［日］木村龟二：《包括的正犯概念》，载木村龟二编：《体系刑法事典》，青林书院新社1966年版，第264页。参见许鹏飞：《比较刑法纲要》，商务印书馆1936年版，第138页。

③ 古罗马时期，刑法理论对共同犯罪人就存在"代理共犯"、"意见共犯"、"协行共犯"、"帮助共犯"、"核准共犯"、"隐匿共犯"的划分。参见许鹏飞：《比较刑法纲要》，商务印书馆1936年版，第138页。

单一正犯体系无异，理论上对共同犯罪类型的区分意义不大。在西方中世纪，仍然没有关于共同犯罪的一般规范，只是在法典中偶然发现关于共同犯罪的个别记载。但通过这些统治者逐渐认识到，数人共同犯罪对社会所造成的危害比单个人犯罪更严重。所以，有必要在法律上对共同犯罪加以规定。① 在西方刑法史上，共同正犯的直接历史渊源被认为是古代日尔曼《加罗林法典》第 177 条的规定："明知系犯罪行为，而帮助犯罪行为者；则无论用何方式，均应受刑事处分，其处分按行为者之刑减轻之。"② 该规定表明，共同犯罪人中只要帮助正犯实施犯罪的，均按照正犯对待，只是处罚较实行的正犯为轻。在德国学界，普遍认为建立特殊共犯理论是中世纪晚期意大利刑法学的一个业绩③，当该理论还未成熟时便被接纳进 1532 年的《查理五世刑事法院条例》第 177 条、第 107 条和第 148 条。因此，普通法学以意大利人为榜样，区分不同的共犯形式。直到在伯默尔（Boehmer）的影响下，依据实施实行行为（causa physica）或支持实行行为的行为（causa moralis）的标准，从客观上区分正犯和共犯。今天（德国）对正犯、教唆犯和帮助犯的区分，源自于 1810 年《法国刑法典》④（第 60 条），

① 在罗马法中，数人共犯中负同一责任之人，成为 Socii 或 qui suis soeleris，reus principalis，从属者称为 factores，quifecit 或 qui suis manibus 或 pecator reus，从犯称为 minister，教唆犯称为 actor，所有参与人概括称为 consortes 或 participes。（参见蔡墩铭：《唐律与近世刑事立法之比较研究》，台湾汉苑出版社 1976 年版，第 200 页；陈兴良：《共同犯罪论》，中国人民大学出版社 2006 年版，第 23 页）

② 许鹏飞：《比较刑法纲要》，商务印书馆 1936 年版，第 139 页。转引自林亚刚：《共同正犯相关问题研究》，载《法律科学》2000 年第 2 期。

③ 西方历史上共同犯罪制度的成熟过程中，中世纪意大利的法学理论起到了不容忽视的促进作用。中世纪后期，由于人类认识能力的提高和审判经验的积累，特别是个人主义意识的觉醒，需要对共同犯罪人进行区分的观念逐渐得到重视。在复兴罗马法的口号下，意大利刑法学家将罗马法注释的研究成果运用于刑法的研究，从犯罪构成要件的解释着手开始区分正犯与共犯的概念。除正犯外，中世纪意大利刑法学家将共犯分为三种：一是教唆犯，二是单纯的精神帮助犯，三是行为帮助犯。（参见蔡墩铭：《唐律与近世刑事立法之比较研究》，台湾汉苑出版社 1976 年版，第 203 页）

④ 1810 年《法国刑法》它将共犯人区分为正犯与从犯，将教唆犯纳入从犯的范畴，称为教唆从犯，将连累视为共同犯罪，实行责任平等主义，即规定对从犯应处以与正犯相同之刑。其中自此，各国均竞相从事重新制订或修改刑法的工作，且关注的焦点集中在犯罪原因与结果之间的因果关系问题上的剖析，而共同正犯对于犯罪结果的产生又是共同地予以原因，故学者及立法者特别注重对共同正犯的研究。

并通过 1851 年的《普鲁士刑法典》被吸收进《德意志帝国刑法典》。① 直至 1871 年，《德意志帝国刑法典》首次增加了有关共同正犯的规定，第 47 条规定："数人共犯一罪时，各以正犯处刑。"② 1889 年意大利刑法第 63 条规定，共同实施或为直接帮助行为为重点共犯或共同正犯，仅予犯人以精神上或物质上之帮助行为，为次要共犯或称从犯。③ 而同一时期，急于实现近代化的日本明治政府也确定了具有相同君主政体制度，且以在欧洲的势力不断扩张的德国为新的效仿对象，1871 年德国刑法典成为日本刑法制度移植的蓝本。早在 1880 年日本刑法典第 104 条就明文规定："二人以上现实犯罪者皆为正犯，各科其刑。"

此后，自 19 世纪末以来，随着社会犯罪现象的激增，主观主义刑法理论在大陆法系日渐发达后，客观主义因果关系论也就不再得到重视。这使共犯理论也受到了影响，因为主观主义刑法理论强调的是犯罪乃个人主观恶性的体现，无论正犯、教唆犯还是帮助犯，均是其行为人固有的主观意思的体现，是独立的犯罪，不具有从属性，为此各国开始在刑法中取消对共同正犯的规定，而日本虽仍保留有共同正犯的规定，但已修改了共同正犯的定义，意在尽量减少客观条件的规定，以迎合主观主义的潮流。如旧刑法（1880 年刑法典）的规定"二人以上实现犯罪者"，其"实现"是指限定为直接参与犯罪的行为，但日本 1907 年新刑法第 60 条修订案则为："二人以上共同犯罪者，皆为正犯。"立法者意图将"共同犯罪"取代"共同实行"，以此涵盖谋议行为。④ 不过，该修正案未获通过。现行日本刑法对共同正犯的规定是"二人以上共同实行犯罪者，皆为正犯。"而联邦德

---

　① 参见［德］戈尔达默尔（Goltdammer）：《普鲁士刑法资料》第 1 部分，第 299 页。转引自［德］汉斯·海因里希·耶赛克、托马斯·魏根特著，徐久生译：《德国刑法教科书（总论）》，中国法制出版社 2001 年版，第 779 页。

　② 马克昌：《比较刑法原理：外国刑法学总论》，武汉大学出版社 2002 年版，第 669—670 页。

　③ 许鹏飞：《比较刑法纲要》，商务印书馆 1936 年版，第 145 页。转引自林亚刚：《共同正犯相关问题研究》，载《法律科学》2000 年第 2 期。

　④ 参见蔡墩铭：《刑法基本理论研究》，汉林出版社 1980 年版，第 247—248 页。

国刑法典第 25 条第（2）项规定："数人共同实施犯罪的，均依正犯论处。"①

从上述共同正犯的诞生历程来看，不难看出：其一，对犯罪参与的法律规定或相关制度呈现出一步一步细化的特点。对此，小野清一郎教授指出："共犯的三种形式，在当前的立法中，变为难以动摇的了。尽管在学说上各有不同，但都不得不承认这已变成现代的占统治地位的观点。就此而言，可以说它们是历史性的，现代自然法性质的东西了。"② 看来，区分正犯和共犯，并进一步发展共同正犯概念和体系可能更符合历史发展的方向。其二，共同正犯直接产生于区分制下对正犯参与的进一步明确和细分。其三，共同正犯发展至今，至少在立法上仍旧基本保持着较大的弹性空间。

二、共同正犯的存在根据和价值

在日本，所有的犯罪中，具有共犯（广义共犯）形态的，约占 2 成多一点。其中，大半是共同正犯，每年，约为全体犯罪的 97%，教唆犯、帮助犯约为 2% 到 3% 左右。③ 我国虽无相关专门资料，但从陈兴良教授对某基层法院单年度刑事案件类别统计看，共同犯罪案件占刑案总体的 21.67%，④ 比例与日本相近。在俄罗斯，其登记的团伙犯罪案件大致相当于所有犯罪的三分之一。⑤ 在其他国家，虽比例不尽相同，但大体特点还是基本一致，即共同正犯在共同犯罪中占据绝对主力地位。所以，说共同正犯是最为典型的共同犯罪丝毫不为过。而且，共同正犯作为一种犯罪事

---

① 《德国刑法典》，徐久生译，中国法制出版社 2000 年版。

② ［日］小野清一郎著，王泰译：《犯罪构成要件理论》，中国人民公安大学出版社 2004 年版，第 148 页。

③ ［日］大谷实著，黎宏译：《刑法讲义总论》，中国人民大学出版社 2008 年版，第 359 页。

④ 参见陈兴良：《共同犯罪论》，中国人民大学出版社 1996 年版，第 15 页。

⑤ 俄罗斯的统计数据为：1991 年—213951 件，1ujkm 了，1992 年—278158 件，1993 年—356273 件，1994 年—349343 件，1995 年—349464 件，1996 年—345464 件，1997 年—359887 件。参见［俄］Н·ф·库兹涅佐娃、и·M·佳日科娃主编，黄道秀译：《俄罗斯刑法教程（总论·上卷·犯罪论）》，中国法制出版社 1999 年版，第 378 页。

实现象，先于法律上共同正犯概念和制度出现。为什么在刑法总则中规定共同犯罪呢？亦即共同犯罪的立法理由是什么，在刑法理论上很少论述。[①]因此，我们不禁要问为什么会创设、要创设共同正犯（共同犯罪）这样的法律概念或制度？它们是要用来解决什么问题而产生的？这就涉及到共同正犯存在的根据和价值问题。或许只有从源头上厘清了这一问题，才有可能从根本上判断能否、应否将过失共同犯罪这一事实犯罪现象纳入到共同正犯这一法律体系之中，从而适用统一的归责模式。

（一）对共同犯罪现象的法律确认

如前所述，包括共同正犯等事实犯罪在内的共同犯罪现象古已有之。但立法上对共犯现象的划分则是逐步细化和实现的，而且也是首先在法律上出现的。因此，德国学者 M·E·迈耶曾言，"共犯概念完全是法律的产物"。[②] 但是，"法的关系正像国家的形式一样，既不能从它们本身来理解，也不能从所谓人类精神的一般发展来理解，相反，它们根源于物质的生活关系，这种物质的生活关系的总和"。[③] 有学者在深刻认识到法律与其背后的社会生活互动的关系后，指出对参与犯罪行为的表现形式的分类并不是立法者或法官自由裁量的事情，它更多是由不得缺少法律评价的社会关系的结构决定的，如果法适用不会失去其说服力的话。[④] 此外，日本也有学者认为教唆犯、帮助犯等共犯类型并不仅仅是实定法所能强行规定的内容，既需要考虑日常生活的惯例，也需要顾及国民的、社会的一般观念，它们不是立法者的随意规定，而是历史性的、现代自然法性质的东西。[⑤]

[①]　马克昌主编：《犯罪通论》，武汉大学出版社 1999 年版，第 503 页。

[②]　参见［德］李斯特著，徐久生译：《德国刑法教科书》，法律出版社 2000 年版，第 355 页。

[③]　马克思：《〈政治经济学批判〉序言》，载《马克思恩格斯选集》（第 2 卷），人民出版社 1995 年版，第 32—33 页。

[④]　参见［德］耶赛克、魏根特著，徐久生译：《德国刑法教科书》（总论），中国法制出版社 2001 年版，第 776 页。

[⑤]　参见［日］小野清一郎著，王泰译：《犯罪构成要件理论》，中国人民公安大学出版社 1991 年版，第 92 页。

不难发现，以上学者分别强调了法律上的概念和社会物质生活关系的两个方面：前者相对于后者的相对独立性；后者对前者的决定性。由此认为共同正犯源于社会生活中相应的犯罪现象，而法律上的共同正犯则首先表现为法律上从无到有的创造性结果。这是很重要的两点。不过，另外还应该明确的一点是物质生活中如果存在共同正犯的事实性现象，那么法律就会且应该或早或晚作出反应，予以确认，以便更好地打击和预防该类犯罪。因此，总体而言，目前多数国家和地区对故意共同正犯的确认而对过失共同正犯的否认态度，可以视为一个渐进发展过程中的一个阶段，就正如故意共同正犯最初的从无到有的过程一样。

（二）归责之需——部分实行全部责任

当代刑法最基本的原则之一是犯罪人责任的个别化。[1] 在此要求下，正犯是自己实现犯罪行为全部构成要件要素之人。[2] 如前所述，刑法分则的构成要件——如同杀人罪中的"杀人者"那样——是以单独正犯为模式而作的规定。但现实生活所发生的案件中，由数人参与、联动而实施犯罪的情况也不在少数。[3] 在共同正犯概念和制度产生以前，当各共同行为人都实施了构成要件的完整的实行行为即所谓并进实行行为[4]时，如二人共为抢劫，都实施了其构成要件所要求的暴力、胁迫、取财等行为时，都以单独正犯处罚没问题。因此，当共同行为人以协力分工的形式而各自仅仅实施了部分构成要件实行行为，或个别因果关系不明之时，但在客观上又有处罚的必要时，统一正犯体系便显示出一定的局限性。如果采狭义犯罪人概念或

---

① 《俄罗斯联邦刑法典》第 8 条明确规定，一个人只有当他实施的行为含有刑法典规定的全部犯罪构成要件时才应受刑罚。（参见 [俄] Н·ф·库兹涅佐娃、и·M·佳日科娃主编，黄道秀译：《俄罗斯刑法教程（总论·上卷·犯罪论）》，中国法制出版社 1999 年版，第 383 页）

② [德] 汉斯·海因里希·耶赛克、托马斯·魏根特著，徐久生译：《德国刑法教科书（总论）》，中国法制出版社 2001 年版，第 775 页。

③ [日] 西田典之著，刘明祥、王昭武译：《日本刑法总论》，中国人民大学出版社 2007 年版，第 265 页。

④ 参见陈兴良：《共同犯罪论》，中国人民大学出版社 2006 年版，第 79 页。

限制正犯概念，那么由于共同正犯的各个行为人，事实上并不一定亲自实施全部不法构成要件所描述的行为，自然也不能算是构成犯罪之不法。而且狭义犯罪人概念原始所承认的犯罪，并不包括教唆犯和帮助犯，依概念之逻辑，也并不必然包括共同正犯。[1] 加之，各共同正犯既不是单独也非通过行为媒介，而是通过与他人一道共同支配犯罪，所以很难轻易认定，他实施了符合构成要件的行为。[2] 事实上，至少从外在看来，每一个共同正犯都只实施了部分实行行为，都只参与了犯罪。因此，如果刑法如果要对共同正犯的行为人加以处罚，就必须另外有规定。[3] 故而为了满足归责之需，立法上就有必要创设共同正犯的概念和制度。从某种意义上讲，广义共犯的概念和制度也就成了一种扩张刑罚的规定。而德国刑法典第 25 条第 2 款[4]与日本刑法第 60 条[5]都规定了"共同实行犯罪，皆为正犯"，这无疑扩张了正犯的责任。

承上，共同正犯中"皆为正犯"的意思是：共同行为的数人中的每一个人都被作为正犯来处罚。这里包含两层意思：其一，相对于狭义共犯的从属性和加功性，共同正犯中的每一个人都是自己实现犯罪构成要素之人，要以正犯而非共犯处罚；其二，相对于单独正犯而言，在表面上，各行为人可能自己亲自实施的行为仅仅是该罪全部构成要件要素的一部分，如抢劫罪中的暴力行为或取财行为，或强奸罪中的暴力、胁迫或为性行为。如果抛开其他行为人不论，单独观察个体行为，那么还不足以认为符合单独正犯的条件而构成犯罪。但法律明文规定了共同正犯的概念和制度，要求在共同正犯所对应的情形下，对每个人皆视为正犯，都将整个侵害结果归责于每一个行为人，即认为每个人都满足了正犯的构成要求，即都认为其

---

[1]　黄荣坚：《基础刑法学》，中国人民大学出版社 2009 年版，第 490 页。

[2]　参见 [德] 冈特·施特拉腾韦特、洛塔尔·库伦著，杨萌译：《刑法总论 I——犯罪论》，法律出版社 2006 年版，第 310 页。

[3]　参见黄荣坚：《基础刑法学》，中国人民大学出版社 2009 年版，第 492 页。

[4]　[德] 冈特·施特拉腾韦特、洛塔尔·库伦著，杨萌译：《刑法总论 I——犯罪论》，法律出版社 2006 年版，第 310 页。

[5]　[日] 山口厚：《共犯的处罚根据论》，载《法学教室》2001 年 12 期，第 256 页。

具备了正犯所要求的"自己实现犯罪行为全部构成要件要素之人"的条件。

应该说，共同正犯的规定直接给予了上述情形一个直接、明了的归责原则：虽然仅仅亲自实施了部分构成要件行为，但并不意味着对结果只承担部分责任，相反每个人都还是要被视为正犯而对整个结果承担全部责任。此为"部分实行，全部责任"① 之归责原则。共同正犯的处罚根据则与共同正犯的法律效果"一部行为，全部责任"原则的法理根据是共通的，也就是说，"一部行为，全部责任"的法理根据就是共同正犯的实质根据。② 从这个意义上讲，共同正犯的概念和制度的根本存在价值就在于对共同实施构成要件要素行为的犯罪参与情形确立"部分实行，全部责任"的归责原理，从而更清晰、简便地对此类情形进行归责。意思是说，当面临共同正犯所涵指的那种案件时，在归责上可以且应该适用这一归责原则。这里有两个问题要注意：其一，为什么此类情形要适用这一原则？其二，这一原则适用的必要性是否决定了共同正犯这一概念的必要性，或者干脆可以说这二者具有联动性，即可以且应该适用部分实行全部责任的归责原则，那么就可以且应该将其归入"共同正犯"的范畴，反之，如果可以不以这一原则来归责，那么共同正犯这一概念的存在价值和根据都难以成立，反而，单一正犯体系就可以解决问题。则不能也没必要承认这一归责原则，也没有必要或不能使用"共同正犯"这一概念。共同正犯，其实不止是共同正犯，首先是一个法律或法学概念，但更应该被视为或定位于一项法律制度

---

① 关于共犯的归责原则，学理上对"部分行为，全部责任"、"部分实行，全部责任"、"一部行为，全部责任"似乎并没有作严格区分。鉴于在区分正犯与共犯体系下，正犯以实行行为为中心，所以"部分行为，全部责任"的原则适用于广义共犯，而"部分实行，全部责任"适用于共同正犯，似更妥。

② ［日］高桥则夫：《共犯体系与共犯理论》，成文堂 1998 年版，第 299 页。有学者认为，"部分实行全部责任"的原则是日本学者的首创，是在无法彻底解决共同正犯归责原理的情况下迫于无奈创造出来的原则，德国刑法学中并无这样的原理。（参见陈世伟：《"部分实行全部责任"的现实困境与出路》，载《云南大学学报法学版》2008 年第 5 期）我们认为，德国刑法学虽然并没有明确提出这一原则，但对共同正犯的归责原理的阐释却是清楚明白了表达了相同的原理和意思。这是因为，面对共同实行犯罪的情形，其归责内在原理是相通的。

或者更确切地来说一项归责制度。就过失犯而言，只要证明可以并应该适用该归责原则，就应该将其纳入共同正犯的范畴，或者说应当扩张共同正犯的范围。

立法上，德日都规定共同正犯皆以正犯处罚。这其中包含的事实和法律逻辑在于，共同正犯的情形，在事实层面和外在看来，是共同实施构成要件的行为，但每个人仅仅是实施了其中一部分实行行为，或者重复的复数行为中的一次行为。但最后在归责的时候，都要对每一个共同行为人就最终的全部结果追究其完整的正犯责任。对于所谓"部分实行行为"及"部分实行，全部责任"原则的理解，有两个问题值得注意：

其一，对于各共同行为人行为内容不同的情形而言，如 A 和 B 具有共同杀甲的意思，在 A 抱住甲的身体，B 朝甲的胸部连砍数刀，致其死亡的场合。从一般意义上看，单纯的"抱"的行为，很难解释为"杀人"行为。单独看，本身也不具有杀人的实行行为性或危险性，但这一行为的性质如果与他人"砍杀"行为在事实上和法律上联合起来，其性质就发生了变化，变成了杀人的重要的实行行为。而且，一般情况下，单纯自己的行为也并不足以致害，或者并不必然致害，结果往往是各部实行行为在事实上结合起来，互相配合之下，缺一不可地共同导致结果发生。就前述杀人情形来看，且不论单纯的"抱"，即使是单纯的"砍"，也并不必然致害，因为被害人如果没有被抱住，还有反抗或逃脱的可能。因此，无论是从各部行为本身是否具有实行行为性和危险性，还是从各行为的对于结果的不可或缺性来看，只有将其与他人的行为联系起来，在一个整体中考查，各行为人行为的实行行为性和作用才能得到充分和正确的揭示，才能解决各个行为人的责任问题。如此一来，在归责时适用"部分实行，全部责任"即成为必要。虽然，可以将刑法上的行为作扩张的解释，即认为行为包括自己亲手实施的部分以及利用他人实施的行为部分，从而认为每个行为人的行为都是完整的、相对独立的行为，进而贯彻彻底的个人责任主义原则，但从归责制度的适用上来讲，"部分实行，全部责任"这一原则或共同正犯概念和制度，还是有其价值，即不失为一种更简明、经济的归责制度。① 因此，从相互利用、补充、协同、重复保证或基本的利益与责任的关系来解释部分实行行为有机结合后所形成的部分与整体的关系，从而成为"部分实行，全部责任"及与之对应的共同正犯概念和制度。

其二，重复的、甚至内容和方式都基本一致的行为即所谓"重复的共同正犯"（addieive Mittater-scnaft）下，"部分实行"的"部分"性及归责原则问题。"共同实施在原则上乃共同参与构成犯罪事实之实行之谓，共同正犯既以共同实施为其客观要件，则其实施仅以数人共同即为已足，无论其为犯罪事实全部之实行，或为犯罪事实一部之分担，皆为实施之共同。"②

---

① 统治近代西方刑法学的见解中，通行的观点是认为共犯是指一个犯罪有数个当事人或参与人的情形。这种观点至今在英国、美国以及法国仍然占据着统治地位。这种观点最终是肯定数人的一罪。然而"数人一罪"是和刑法中的个人责任原理相矛盾的。牧野英一教授批评了这一点，而把刑法中的个人责任原理在共犯理论上加以明确。在这方面充分显示了日本法学的光辉的理论发展。当今的刑法中不允许有"数人一罪"。刑法上的责任是道义上的责任，因此原则上必须是个人的责任。在原始社会的刑法和古代刑法乃至中世纪的刑法中所能看到的团体责任和连带责任，已被近代的伦理思想所抛弃。各人只对各自的行为负责任，这是道义责任的基本要求。在这个意义上，否定犯罪共同说，主张行为共同说的牧野博士的见解是正确的。然而在这种场合，"犯罪"的含义必须要加以反省。作为个人刑事责任根据的犯罪本身，与犯罪构成要件的事实，必须予以区别。依据单一的犯罪而产生数人的责任，这在原理上是不允许的。但是，对与同一个犯罪构成要件事实有关系，为了它的实现而共同行动的数个人的行为分别评价，分别作为犯罪来处罚，至少是不悖理的。正是在这种数人的行为实现一个构成要件事实之上，成立了刑法总则中的共犯概念。换言之，共犯是在数人的行为实现一个构成要件的场合，对其共同行动的数人的行为分别评价，以各自的行为作为犯罪而令行为人负责任的。因为是一个构成要件事实为前提来讨论责任的，所以外观上是共同责任，但最终要依据道义责任的理念使之个别化，因此其归宿仍是个人责任。（［日］小野清一郎著，王泰译：《犯罪构成要件理论》，中国人民公安大学出版社2004年版，第156页）可见，个人责任始终只能基于个人的行为而归责，而所谓团体责任和集体责任其实质也是个人责任。那么，个人责任原则在共同正犯中的贯彻问题，关键就看所谓部分实行全部责任的实质。其实质还（应）是个人责任，是个人的行为，只不过是相对于单独个人正犯而言是扩大的行为范畴：个体的身体动静，以及利用他人的行为的行为，综合构成了全体行为从而充足构成要件，所以任何一个共同正犯或共犯都不是对犯罪构成要件的修正，任何情况下的责任，都是完全符合构成要件的情况下才承担责任。只不过，在共同正犯的场合下，为了归责的方便，基于共同正犯所具有的相互利用而使个体的行为内容构成复杂和多元化后，直接以"部分实行全部责任"这样一个简单易用的归责原则进行归责，这不仅有利于解决实践中的部分行为不足以导致结果发生的情况，也有利于解决致害因果关系不明的情况的解决。因此，部分实行全部责任原则，可以说是共同正犯这一概念存在的根据和价值，是为了更好地、类型化地、更方便地解决相应情形之责任而存在的，只要可以因意思联义、相互利用而共同行为而生部分行为全部责任之需，那么就应该承认共同正犯适用的余地。

② 参见韩忠谟：《刑法原理》，中国政法大学出版社2002年版，第197页。

共同正犯的实行行为不仅局限于前文所述的内容或性质不同的分担组合形式，还应包括每个人都实施完整的构成要件行为的情形，即所谓"重复的共同正犯"。虽然个体的实行行为是完整的构成要件行为，但由于共同体的整个行为样态因数人共同实施而成为至少在量上始终于单独正犯有所别的存在，仍然是属于"部分"实行。如数人共同同时或相继、轮流向同一目标开枪的情形下，虽然其中一个人的开枪本身足以单独致害，但数人的复数重复行为却依然在一个整体的意义上对目标起作用。这种作用在于，此中复数行为在更大程度上提高或保证了结果实现的"成功率"，或者说在整体上增加了被害人被害的风险和几率。一个人单独实施实行行为与数人重复共同行动而形成的整体的实行行为是两个至少在量上不同的实体，在法律评价上也不同。那么，个人的行为也同样是整个致害行为的有机组成部分，每个个体都应该对最终结果承担全部责任，即使其行为并不是直接致害力。

　　罗克辛教授认为二十人的暗杀团体的案例，正好就是共同正犯的典型案例。他认为应该由"事前观察"，来看行为发生当时，行为人所采取的行为是否符合犯罪计划所要求的功能。从这样的观点来看，个别行为人所提供的皆系"重要的犯罪贡献"。后来罗克辛教授更以"风险升高理论"在共同正犯的情形，取代了因果关系，并认为共同正犯的成立并不须要检验每个行为人之行为与结果间的因果关系，只要整个共同正犯的行为与结果有因果关系即可。对此，大塚仁教授进一步论述到：在这些场合，两个以上者的行为，其整体被认为是法的评价的对象，这一特点有共同正犯的特色。① 例如，甲、乙都以杀意向丙开了枪，但是，甲的子弹命中致丙死亡，乙的子弹偏离没有命中时，如果是同时犯，甲是杀人既遂罪，乙就是杀人未遂罪；如果是共同正犯，甲、乙就都是杀人既遂罪。而且，在命中丙的子弹不知道是甲、乙中的谁发射的时候，如果是同时犯，甲、乙就都是杀

---

　　① ［日］大塚仁：《注解刑法》（增补第 2 版），青林书院新社 1977 年版，第 397 页。转引自马克昌著：《比较刑法原理：外国刑法学总论》，武汉大学出版社 2002 年版，第 677 页。

人未遂；如果是共同正犯，甲、乙就都是杀人既遂。①

总之，共同正犯以及与之对应的"部分实行，全部责任"的根据可以简要地归结为以下几点：

其一，整体的因果性。共同正犯个体实施的那部分行为还不足以对整个犯罪行为的走向起到绝对的支配作用，但又是最终侵害结果发生不可或缺的有机的一环或者在整体上提高了结果发生的风险和被害的几率。共同犯罪的法益侵害不是由某个共犯人的行为所决定，而是由全体共犯的行为整体所决定。所以，共同犯罪负刑事责任的根据并不在于某个共犯人的犯罪行为，而在于整个共同犯罪本身。因此，共同正犯的因果关系（物理的、心理的）和支配性最好从整体上加以把握。

其二，"同舟共济，荣辱与共"。"部分实行，全部责任"的根据关键问题在于行为人对于其他人行为的责任承担理由。对此，野村稔教授指出："行为者在自己实施的行为之外，把他人实施的行为当作自己的行为，从而实现自己的犯罪，所以对于因自己的行为而发生的结果承担责任是理所当然的。并且，对于当作自己的行为的他人行为所引起的结果也当作自己使其发生的一样承担责任（自己责任原则）。对部分行为承担全部责任的根据也在此。"②通说将之归结为以彼此意思联络为牵引或粘合剂，彼此相互利用、相互促进，把他人的行为视为自己的行为，所以不仅要对自己的行为负责，而且还要对他人的行为负责，从而对整体行为及结果负责。因此，"从这个意义上讲，各共同正犯人之间是直接彼此归责，而非从属性归责"③。对于以上观点，首先可以肯定的是，通说对"部分实行，全部责任"根据的分析给重新审视和理解共同犯罪和共同正犯中的"共同"提供了新的启示。对归责起决定性作用的"共同"应该理解为"一起"（together）、

---

① 参见［日］大塚仁著：《刑法概说》，冯军译，中国人民大学出版社2003年版，第264—265页。

② ［日］野村稔著，全理其、何力译：《刑法总论》，法律出版社2001年版，第401页。

③ ［德］汉斯·海因里希·耶赛克、托马斯·魏根特著，徐久生译：《德国刑法教科书（总论）》，中国法制出版社2001年版，第817—818页。

"相互协力、促进"、"有机结合"（join each other），而非仅仅是"行为共同"、"犯罪共同"。

而关于归责原则的根据，通说不可谓不正确，但感觉没有触及问题的核心。我们认为，之所以在共同正犯之下要求个体行为人对他人行为负责并对整体行为和结果负责，其根源在于意思联络使实行行为彼此有机结合在一起①，利益与风险共存的原理。共同正犯分工合作、相互联系、协力前进。实际上，每当一个人发现他与另一个人有某种共同特点或处于某种共同状况时，就会出现另一种认同方式；如果这些特点较多或这种状况意蕴较深，那么，这种联系就更强。② 耶塞克教授指出："这种分工要么使得行为最终成为可能，要么使得行为变得容易，要么明显地降低行为风险。"③其实质在于共同正犯的场合，每个行为人都因共同行为的特性，而"享受"了他人行为的加入而带来的"好处"或"利益"。但是，处于这样的协同关系中的人在享有对其有利的成果和利益的同时，必然要承担相应的弊端或责任。在享受了别人的共同实行或帮助、"鼓励"的好处时，自然也要承担由此而导致的对其不利的后果，要为别人的行为可能带来的责任和弊端承担责任。这是理所当然的，而且这在衡平的观点上看也是必要的，在根本上也符合自然法的要求。自然法都是公平的，佛教上的因果报应，马克思主义哲学上的辩证统一，一分为二，正义论都是如此。凡事有得必有失，天下没有免费的午餐！而且，共同正犯共同致力于实现的整体"利益"也是由全体行为人共同"分享"，自然而然，其整体结果所面临的责任也要求

---

① 一般而言，共同行为是核心，主观意思联络是判断共同行为的资料，固然符合客观主义的要求，但正如前文所述，起决定性作用的乃是主观要件，从决定是否适用部分实行全部责任原则的根据的判断流程来看，应该是部分实行全部责任——共同行为——意思联络，也就是说，最终还是溯及到主观要素的特性。因此，意思联络，不仅仅是判断是否共同行为的资料，而应该是决定是否共同行为的根本要素。这是意思联络聚合性特征的集中表现。而且，从某种意义上讲，意思联络应当统一理解为就构成要件实行行为的意思联络。

② ［法］让·梅松纳夫著，殷世才、孙兆通译：《群体动力学》，商务印书馆1997年版，第76页。

③ ［德］汉斯·海因里希·耶赛克、托马斯·魏根特著，徐久生译：《德国刑法教科书（总论）》，中国法制出版社2001年版，第816页。

行为人全部负责。其结果便可以简单归结为"既然'同舟共济',则'荣辱与共'或'有福同享'、'有难同当'"。

其三,整体责任个体承担的不可分割性。在我国,很早的时候就体现了"部分实行,全部责任"的归责原则。《唐律》规定:"诸共盗者,併赃论。"① 根据《唐律疏议》的解释,如果十人共同盗窃十匹,每人分得一匹,亦各应以盗窃十匹论罪。② 首先,不管分赃所得如何,首先要从整体上肯定十个人的行为与"十匹被盗"这一法益侵害结果间的因果关系,然后根据内在特性和部分实行全部责任的原理将整个结果归责于每个行为人,视为每个人都偷了十匹,并以此来处罚。即使是在偷盗的时候,每个人分工仅仅各自偷盗一匹,似乎是仅实施了部分实行行为,但同样要对十匹负责。共同犯罪的刑事责任和共同侵权的民事责任都要落实到个体,但不同的是后者的连带赔偿责任重在恢复物质损害关系,假如是十个人共同损坏了十匹而要承担共同侵权赔偿责任的话,那么责任可以最终落实到每个人只承担一匹的赔偿责任;而刑事责任则重在对行为人个体行为的惩罚和对犯罪的预防,显然不能将刑事责任分配下去,一个人只承担一匹的刑事责任。也就是说,如果不是部分实行全部责任的话,那么就会导致人数越多,责任越分散、越小,甚至不受处罚的局面,可能反而促使犯罪人选择更容易成功、风险和责任更小的众人合作的共同犯罪模式,而且人数越多越好。这无疑是采取这一归责原则,规定共同正犯的重要原因。

(三)更大的危害性,立法应当规定共同正犯,并将其作为一种从重处罚的标志和根据

有学者认为,社会生活中存在共同犯罪现象,并且共同犯罪较之一个人单独犯罪具有更大的社会危害性。如果说在政治经济学上,协作不等于若干个人劳动的简单相加,而可以产生一种新的集体力量;那么,共同犯罪也不是若干单独犯罪的简单相加,而会对社会造成更大的危害:其一,

---

① 《唐律疏议》,中华书局1983年版,第390页。
② 《唐律疏议》,中华书局1983年版,第390页。

它可以实施个人不能单独实施的重大犯罪，给国家和公民的利益造成更严重的损失；其二，它可以通过密谋策划、互相分工，使犯罪易于实行，并便于对抗侦查，逃避打击。为此，需要将它用立法加以规定，以便依法与之作斗争。[1] 西田典之教授也指出："在数人结为团伙实施犯罪的场合，首先，从客观上来看，相互之间可通过功能与作用的分担，而使犯罪更容易实现；其次，从主观上来看，参与者互为依托这种"群众心理"[2] 发挥作用，可强化犯意。另外，从相反角度来看，其理由还在于，即便某一参与者想'罢手算了'，但其他同伙不会答应，也就是'群众心理'向使得脱离、中止难以实现的方向发挥反作用。仅从上述理由就可以看出，较单独正犯而言，共犯现象更有严加取缔的必要。"[3] 的确，一般情况下最严重和最复杂的犯罪（暴力犯罪、贪利暴力犯罪）多是共同犯罪。[4]

相似的犯罪，多人共同实施通常比单人实施的危害性要大，这是没有疑问的。但说立法创设共同犯罪这一概念和制度仅仅是为了解决对这类危害更大的犯罪现象入罪与否、罚与不罚则是不准确的。因为，共同犯罪更多是一种犯罪主体上的复数参与形式，毕竟与因社会变迁而面临的一些新型危害行为的出入罪不太一样。亦即在共同犯罪及其相关概念和制度产生前，就个人责任而言，在单一或统一正犯体系下，至少在共同正犯或共同实行犯罚与不罚的问题上似乎并无多大障碍。[5] 从本质上讲，共同犯罪的刑

---

① 马克昌主编：《犯罪通论》，武汉大学出版社 1999 年版，第 504 页。

② 此为原文翻译，但"群体心理"可能更合适。

③ ［日］西田典之著，刘明祥、王昭武译：《日本刑法总论》，中国人民大学出版社 2007 年版，第 265 页。

④ 俄罗斯刑法学者布尔恰克指出："在暴力犯罪中，几个人共同努力达到一个犯罪目的这一事实本身既提高了侵害本身的危险性，又提高了实现共同犯罪人目的的可能性。"（［俄］布尔恰克：《共同犯罪的社会、法律及犯罪学问题》，基辅 1986 年版，第 126 页。转引自［俄］Н·ф·库兹涅佐娃、и·М·佳日科娃主编，黄道秀译：《俄罗斯刑法教程（总论·上卷·犯罪论）》，中国法制出版社 1999 年版，第 378 页）

⑤ 当然，这是以对实行行为进行扩大解释为前提的。即，将行为的内涵理解为不仅包括自己亲自动手实施的身体的动静行为，还包括利用他人所实施的行为。如此一来，个体实施的行为实际就由两个部分构成，从而，对共同犯罪中的每一个人而言，其实施的行为都是完整的、相对独立的行为，从而满足构成要件和归责的需要。在此意义上，主张单一正犯概念和体系便是当然的需求。尽管这样的解释路径仍有其缺陷，在某些情况如个体因果关系不明的时候处罚面临一定困难，但在共同正犯等概念和制度尚未出现前，为了应对处罚的需要，还是基本可行的。

事责任和单独犯罪的刑事责任在刑事政策上是且应该不同的。所以，共同正犯的概念和制度的必要性除了解决罪与非罪的定性问题外，共同正犯是否还应该有在刑事责任的定量和分配上的功能和价值？欲厘清这一问题，还要更深入把握其危害特点。从本质上看，共同正犯属于一个行为群体。要深入把握其危害性特点，还要深入到群体行为模式和特点中去一探究竟。

1. 共同（正犯）犯罪危害性的群体行为分析

首先，个体在群体中的破坏力更大：

第一，在集体行为中，个体有一种"去个体化"的倾向。处在一个大群体中给人们提供了匿名的掩护并分散了行为后果的个人责任。这被人认为导致了身份的丧失以及减弱了对社会评价（法律，刑法评价、刑罚）的顾虑。这就是津巴多所称的去个体化的心理状态。产生的"输出量"行为则是"冲动的"、"无理性的"和"退化的"因为这行为没有在"惯常"社会的和个人的控制之下。在集群背景下，人们会退化到一种原始的或本能的行为模式中。匿名、感染和易受暗示性这些他认为在人群中常见的现象，使人们失去它们的理智和身份，取而代之的是"群体心智"的产生。在这种集体精神的影响以及从惯常社会约束中摆脱出来的情况下，人们想要破坏的本能被释放了，造成恣意的暴力和无理性行为。

第二，集体行为中个体自我意识的丧失倾向。运用杜瓦尔（Duval）和维克兰（Wicklund，1972）的"客观的自我意识理论"，迪纳尔提出一些群体情景中的因素，如匿名、增强的唤醒和凝聚力，引导人们将注意力指向外部，并相应地更少指向它们自己和个人标准。其结果是，人们的行为变得更少地自我控制，同时更多地由当前环境下的提示和规范所控制。在集体的行为提示下，人们的自我意识变得更弱，更容易变得不理性、冲动、不谨慎。

第三，最终的结果是，单个个体的反社会性在独自一人行动和多人共同行动的不同情况下，会展现出不同的程度。这一结论被很多实验证实。其中，杰富和伊能的实验中，他们只是将个体与三人的小组实施"电击"的平均强度进行了比较。像预期的那样，那些以小组形式参加的人，一致给予了比那些自己行动的人强很多的"电击"。[①] 同样的道理，行为人在共同犯罪中的反社会性也很可能比单独犯罪时要大。

其次，群体的力量更大：

第一，命运的相互依赖及其推动力。对很多群体来说，正是共同的目标明确界定了它们存在的根本理由。群体形成的最基本方面之一是共同命运的体验，认知到一个人的结果可能与他人结果联系在一起。相互依赖的另一有力形式是由群体任务目标塑造的。由于这将人们带入一种积极关系中，因而可能出现合作、凝聚力及增强的群体业绩。一个群体或共同体的存在，在心理意义上，不是由于成员间必然的相似性（尽管它们可能是相似的）；而是当群体成员意识到他们的命运取决于整个群体命运的时候。因此，乘坐飞机的旅客集合体几乎不构成一个群体，因为他们之间相互依赖的程度是最小的。但是一旦手持炸弹的劫机者将"乘客"变为"人质"，他们的命运在此刻就紧紧联系在一起了。[②] 共同正犯这一群体的存在，取决于两个因素：其一，意识到其他成员的存在；其二，意识到其个人的成败得失（其实质是利益）由整个共同体的命运决定，即取决于各行为人行为的有机结合的整体（包括其自己的行为，也包括其他成员的行为）。这是一个紧密结合在一起的整体，"同舟共济"，"一损俱损，一荣俱荣"，每一个人自己的行为不能单独实现目标，必须结合起来才有可能；但同时每个人的行为同时又不可或缺。"这种相互依赖的力量足以将参与者焊接为凝聚群体"。在群体过程中，相互依赖主要是群体成员在目标上的相互依赖。分为积极相互依赖和消极相互依赖。在构成上：前者表现为，群体内一个人的成功要么直接有助于他人的成功，要么为他人成功所必须，成员之间高度互补，每个人扮演一种重要角色。后者表现为通常所说的竞争，即一个人的成功意味着另一个人的失败。在功能上，在前者的情形下，人们被鼓励

---

① ［英］鲁珀特·布朗（Rupert Brown）著，胡鑫、庆小飞译：《群体过程》，中国轻工业出版社 2007 年版，第 9 页。

② ［英］鲁珀特·布朗（Rupert Brown）著，胡鑫、庆小飞译：《群体过程》，中国轻工业出版社 2007 年版，第 22 页。

同他人合作，相互帮助并相互喜爱，因此作为一个整体的群体就更加有力地朝向目标推进。在后者的情形下，行为人相互竞争，但都为一个相同的目标而努力，竞争至少会让部分个体在精神动力和力量上增强，也会在总体上增加目的达到的几率。

第二，群体之中的角色分化的作用。角色暗示了群体成员间的一个劳动分工，它常常可以促进群体目标的实现。而且，还给群体的存在带来秩序。就像规范一样，角色暗示了对一个人自己和对他人行为的期望，这意味着群体生活变得更加可预测，也因此更加有秩序。在共同犯罪中的角色分配，首先意味着分工合作，其次，给犯罪共同体内部带来可期待和预测的行为预期，减少内耗，增强个体的专注度和整体力量。再次，人多力量大，尤其在有分工合作的情形下更是如此，往往使被害者寡不敌众（如抢劫）或防不胜防（如精密骗局）。

第三，从众——多数人的影响。身在群体之中，个体容易受他人影响，增加错误判断和认识可能性，而且也容易减少个体意欲"罢手"的可能性，并表现出更多的反社会性。同时，关系越紧密，组织性越强，从众的可能性就越大。

第四，共同正犯中各行为人间可相互支撑，增强个体克服心理障碍和犯罪不利因素的精神力量，坚定犯罪意志，可以促使行为人做一个人或单独一个人不敢做或不能顺利完成的行为。正如一个人深夜不敢独自穿越阴森恐怖的墓场，但若是二人甚至更多的人同行则很可能不惧。而且，即使有二人以上，但彼此间没有相互认识和联系，不仅很难着手实施或完成，还可能彼此不小心碰面反而被对方吓死！

第五，共同正犯者在犯罪后被捕的风险较单独正犯更小。这是因为，一来犯罪人数众多，容易分散抓捕者注意力，二来对抗力量增强，容易形成攻守同盟。

2. 共同正犯在量刑上的存在价值和必要性

陈兴良教授在对共同过失犯罪分别处罚的根据的论述中认为：共同犯罪，由于是二人以上共同故意犯罪，因而具有较大的社会危害性，是刑法打击的重点。所以，我国刑法对共同犯罪予以从重处罚。刑法虽然对共同犯罪人区分主犯与从犯、胁从犯，规定从犯与胁从犯比照主犯从宽处罚，但因为刑法规定主犯从重处罚，所以，从犯与胁从犯的从宽是相对于主犯而言的，从总体上讲，其所承担的刑事责任重于单独犯罪。在中国法律史上，有诸多朝代的法律都确认了这一规则：春秋战国以前的刑法中是否存在共同犯罪的规定，到目前为止还没有得到法律文献的确凿证明。但相关历史文献记载，夏朝即已出现"对首恶分子应当处以死刑，对于胁从分子则不予问罪"的处理原则。[①] 根据古代文献记载，直到战国时期，共同犯罪的规定才见诸法律。战国时魏文侯李悝所撰《法经·杂律》规定："越城，一人则诛，自十人以上夷其乡及族，曰城禁。"根据这一规定，十人以上越城，危害性大于一人越城，因此加重其刑。这是对共同犯罪加重处罚原则的肇始。[②] 这里需要注意的是，十人以上犯相同案，直接犯案的每个行为人至少会遭受到与其独自一人犯案时相同的刑法，而且还会遭受另外的处罚。这样的规定，只能从其共同行为性及其危害性上解释。此后，《秦律》继承《法经》的立法精神，实行对共同犯罪加重处罚的原则。此后的各朝的法律基本都延续了这一立法精神。[③]

可见，无论是主犯，还是从犯或胁从犯，其受到的处罚可能都要大于同等条件下其单独犯罪。而共同犯罪之所以比单独犯罪的处罚要重，是因为相对于单独犯罪而言，其法益侵害性更大。不过，要明确的一点是，由于刑事责任最终落实到个体责任，故这里的比较对象是：在故意共同犯罪这一载体和范围中的个体犯罪和单独故意犯罪。也就是说，当个人身处在

[①] 《尚书·胤征》有"歼厥渠魁，胁从罔治"的记载。歼是灭，引申为都处死刑。渠是巨的古体字，渠是巨的借字。巨是大。魁是头，引申为头领。胁是威迫。从是随从。罔是不。治是问罪。"歼厥渠魁，胁从罔治"是指对首恶分子应当处死刑，对于那些胁从分子则不予问罪。这是根据犯罪人参加共同犯罪或者犯罪集团的情况以及所起的作用，确定应负的刑事责任。（参见陈兴良：《共同犯罪论》，中国人民大学出版社 2006 年版，第 3—4 页）其中，对于首要份子一律处死的规定，体现了对于共同犯罪中的个体犯罪从重处罚的精神。这一精神一直延传至今。

[②] 陈兴良：《共同犯罪论》，中国人民大学出版社 2006 年版，第 4 页。

[③] 陈兴良：《共同犯罪论》，中国人民大学出版社 2006 年版，第 5—22 页。

有意思联络的协同合作、共同行为的群体中，其破坏力要比不具有此等条件的单独犯罪要大。

总之，如上文所述，共同正犯实现的犯罪比单一正犯实现的犯罪，尽管法益侵害的后果可以基本一致，但其无论是从个人的行为方式的变化及其反社会能力，还是有机组合后的整体破坏力通常都要比单个正犯实现的犯罪要大。因此，从应然角度看，同样的结果，作为整体的刑事责任应该要比单独正犯更要从重处罚，$1+1>2$。然后在一个较高的起刑点或幅度内分别作为正犯针对不同情况，归责到每一个人。因此，从这个意义上讲，共同正犯的制度意义除了解决部分实行作为正犯的来归责的问题外，还应该要确立一种比单独正犯更重的处罚标志。可见，共同犯罪制度，尤其是共同正犯制度的规定，除了合理解决相应情形的归责，明确和固化"部分实行，全部责任"之外，还有一个重要的功能，就是要表达一种刑事责任在量上的意义，即对共同犯罪要从重处罚，最终是对共同犯罪中的个体要从重处罚。其根源就在于意思联络之下的协同行为导致危害结果，换言之，刑法必须对这有没有协同的共同行为关系进行评价和区别对待，区别的载体和工具就是共同正犯。我国 1979 年刑法典就通过规定对共同犯罪人中的主犯从重处罚，比较好地做到了这点。[①] 而我国台湾地区刑法中也有多处对多人共同犯罪而加重处罚之规定。[②] 综上，如果承认并能证明共同实施犯罪比单个犯罪危害更大，那么就应该将之归入共同正犯以从重处罚。

（四）责任区分之需

犯罪参与体系除了处理犯罪构成的问题之外，按照通说的说法，次要上也是在处理量刑的问题，换言之，就进入犯罪范围的参与行为区分为不同类型而异其处罚。[③] 立法之所以规定共同正犯、教唆犯、帮助犯等共犯形式，主要是为了对此等互不相同的参与形式的刑责予以区分，避免早期那

---

① 高铭暄主编：《刑法专论》，高等教育出版社 2002 年版，第 352 页。
② 蔡墩铭主编：《刑法裁判百选》，月旦出版社股份有限公司 1992 年版，第 137 页。
③ 林山田：《刑法通论》（下册），台湾大学法学院 2005 年版，第 23 页以下。

种"一视同仁"的做法。西原春夫教授在论及这个问题时指出："……多数构成要件，是预定由一人实施规范违反行为而规定的，从而对单独正犯，适用于该构成要件相对应的法定刑就可以了，这点没有什么问题。有问题的是共犯的场合，亦即规范违反行为实际上不仅由一人实施，而且由数人协力实施的场合不少，并且其协力的形态是多种多样的，对协力的全体成员给予同一的违法评价、以同一的法定刑处断是不妥当的。这样，在刑法各本条的构成要件上，将这种数人实现犯罪形态详细区别地加以规定，作为立法政策，应该说并非上策。因此，现行刑法在总则中设"共犯"一章，承认由数人协力实施犯罪是形态——'共同正犯'、'教唆犯'、'从犯'"的区别。"① 对此，马克昌教授认为这在一定程度上阐明了共同犯罪的立法理由，但仍感不够充分。为此，他补充了几点理由，其中一条提到：共同犯罪是一种复杂的社会现象，各个共同犯罪人在共同犯罪中所处的地位各异，所起作用大小也可能很不相同。根据罪责刑相适应的原则，需要对共同犯罪人区别对待，采用不同的量刑原则，这才符合我国的刑事政策。从惩办与宽大相结合的刑事政策②的见地看，对各种共同犯罪人的处罚原则，也应当在刑法总则中加以规定。③ 不难看出，两位教授表达的基本都是一个意思，即都认为共犯参与形式不一，责任应区分，宜通过立法对各种形式加以明确和区分，于是便创设了"共同正犯"、"教唆犯"和"帮助犯"等概念和制度。的确，虽然群体的力量，一般情况下比个体要强。但不是单个个体力量的简单叠加，一般来讲，仅能够达到75%的水平。比如单个个体的力量为70单位，那么即使7个与之完全相同的个体联合起来行动所展

---

① ［日］西原春夫：《刑法总论》，成文堂1978年版，第305页。
② 现行提倡的刑事政策是宽严相济的刑事政策。此前后两种刑事政策的内核基本一致，但宽严相济更似"惩办与宽大相结合"的"升级版"。最高法院于2010年2月9日发布了《关于贯彻宽严相济刑事政策的若干意见》。最高人民法院为此召开新闻发布会，并指出，《意见》是人民法院全面贯彻宽严相济刑事政策的指导性文件，对做好刑事审判工作具有十分重要的意义。（参见中国新闻网2010年2月9日）如此一来，关于宽严相济是基本刑事政策还是刑事司法政策的争论可以正式告一段落。
③ 马克昌主编：《犯罪通论》，武汉大学出版社1999年版，第504—505页。

现出的力，正常情况下都达不到 490 单位，而一般只能达到 75% 的量。这是因为群体行为过程个体方向不完全一致，而且还存在内耗。好比拔河，发力方向的不一致自然会影响综合力量。在共同犯罪、共同正犯中，各行为人发力的情况不一致，方向也不完全一样，所以各个人的责任自然要个别确认和认定。

（五）法律规定的技术性和罪刑法定原则的要求

即刑法分则中各个条款所规定的犯罪构成，只是限于实行犯，并且除了必要的共同犯罪之外，都是以个人单独犯罪为标本。在这种情况下，涉及共同犯罪的案件，如果在刑法分则每一条文中，都规定不同种类的共同犯罪行为，又未免失之于繁琐，不宜采用，就不便直接适用刑法分则的规定。但基于罪刑法定的要求，又不能在法律没有规定的情况下来处罚，所以只能在刑法总则中规定共同犯罪的构成，为处理共同犯罪案件提供可资援引的法律依据。[1] 本质上，共犯理论是构成要件理论的一部分。[2] 因此，学说上普遍认为"共犯与未遂犯同样，也是构成要件的修正形式。未遂犯以未实现全部构成要件为特点，而共犯也不以实施全部构成要件行为和事实为必要，从而两者都是构成要件的修正形式。而且作为构成要件修正形式的共犯各种形式（共同正犯、教唆犯、帮助犯）也是具有伦理和道义意义的类型与定型，其中也含有因果关系的环节，但必须受高于它的伦理、实践的意义的限定。"[3] 相对于刑法分则以单独犯的实行行为为中心所规定的基本犯罪构成，这些特别条款在理论上一般称为是修正的犯罪构成，符合了这些条款的行为在理论上被认为是符合了修正的犯罪构成。其中，共同正犯是二人以上共同实行犯罪，是对单独犯的行为主体的修正；教唆犯

---

① 马克昌主编：《犯罪通论》，武汉大学出版社 1999 年版，第 504 页。

② ［德］汉斯·海因里希·耶赛克、托马斯·魏根特著，徐久生译：《德国刑法教科书（总论）》，中国法制出版社 2001 年版，第 775 页。

③ ［日］小野清一郎著，王泰译：《犯罪构成要件理论》，中国人民公安大学出版社 2004 年版，第 144 页。

是教唆他人实行犯罪，主要是对单独犯行为形态的修正；帮助犯是帮助正犯的情况，也主要是对单独犯行为形态的修正。由于共同正犯、教唆犯和帮助犯在构成要件上符合了修正的犯罪构成，因而受处罚符合罪刑法定主义的要求。虽然学说对共犯与未遂犯是否为构成要件的修正形式有不同看法，即共犯和未遂承担刑事责任的基础是否应该为独立完整的构成，或者共犯有没有自己独立的行为概念和构成体系，但立法上对共同犯罪的技术性处理却是必要的。

综上，共同犯罪是由数人参与到一个犯罪中来的现象。共同犯罪的行为虽然是由数个不同的、独立的个人所实施的行为组合起来的，但一旦经由某种联系而形成一个共同体后，就与原来单个个体的性质大不一样了，也并非是原有个体的简单相加，是一个几乎全新的范畴和实体。由此来看，共同犯罪这一个体组合后的犯罪实体与单个人之间的个体犯罪性质不同，也非个体的简单相加，因为"人们在群体中的行为也会与它们孤立开来时的行为很不相同"[1]，此其一；其二，个体行为的不同组合形式如共同正犯、教唆犯或帮助犯与正犯的组合等形式之间，其性质也不尽相同。因此，要把握共同正犯的特性，首先要着眼于其整体所呈现出来的特性，肯定行为整体与结果之间的因果关系。在此基础上，将整个结果归责于全体行为人（群体），然后，再根据其内在（相互认识、协力、促进、鼓励）关系，而根据"部分实行全部责任"皆以正犯来对每个行为人进行归责。其三，在"部分实行，全部责任"的前提下，无论是整体上，还是身处共同正犯群体中的个体，其危害性都比单独正犯要大，故对于包括共同正犯在内的共同犯罪要相对于单独正犯从重处罚，也就是说要确立共同正犯在这一点上的标志性和根据性功能。如果通常情况下过失共同正犯的危害性比单独过失犯的危害性要大，那么就应该将之归入共同正犯的范畴，以真正贯彻罪责刑相统一原则。

---

[1]　［英］鲁珀特·布朗（Rupert Brown）著，胡鑫、庆小飞译：《群体过程》，中国轻工业出版社2007年版，第13页。

第四节　过失共同正犯之肯定

如前文所述，共同犯罪是由数人参与到一个犯罪的现象。关于共同正犯这一概念和制度的存在根据与价值问题需注意三点：其一，不同组合导致性质之异。共同犯罪的行为虽然是由数个不同的、独立的个人所实施的行为组合起来的，但一旦经由某种联系而形成一个共同体后，就与原来单个个体的性质大不一样了，也并非是原有个体的简单相加，是一个几乎全新的范畴和实体。"一种物质，比如水，是由氢和氧两种元素构成的，但却具有与其中任何一种成分都非常不同的性质。而且，同样的分子成分，组成或结构不同时，产生出完全不同性质的物质（如冰、水或汽）。因此，在真实意义上，化合物 H2O 并不是其成分的简单集合，成分的组合排列才是关键。"[1] 由此来看，共同犯罪这一个体组合后的犯罪实体与单个人之间的个体犯罪性质不同，也非个体的简单相加，因为"人们在群体中的行为也会与它们孤立开来时的行为很不相同"[2]。其二，个体行为的不同组合形式如共同正犯，教唆犯或帮助犯与正犯的组合等形式之间，其性质也不尽相同。因此，要把握共同正犯的特性，首先要着眼于其整体所呈现出来的特性，肯定行为整体与结果之间的因果关系。在此基础上，将整个结果归责于全体行为人（群体），然后，再根据其内在关系（相互认识、协力、促进、鼓励）关系，而根据"部分实行全部责任"皆以正犯来对每个行为人进行归责。其三，在"部分实行，全部责任"的前提下，无论是整体上，还是身处共同正犯群体中的个体，其危害性通常都比单独正犯要大，故对于包括共同正犯在内的共同犯罪要相对于单独正犯从重处罚，也就是说要确立共同正犯在这一点上的标志性和根据性功能。如果通常情况下过失共

---

① ［英］鲁珀特·布朗（Rupert Brown）著，胡鑫、庆小飞译：《群体过程》，中国轻工业出版社 2007 年版，第 3 页。
② ［英］鲁珀特·布朗（Rupert Brown）著，胡鑫、庆小飞译：《群体过程》，中国轻工业出版社 2007 年版，第 13 页。

同正犯的危害性比单独过失犯的危害性要大，那么就应该将之归入共同正犯的范畴，以真正贯彻罪责刑相统一原则。

就应否将过失共同正犯也纳入共同正犯的概念体系或者扩张共同正犯概念的体系而言，现在的问题是，共同实施过失犯罪的情形是否与上述共同正犯这一概念和制度的存在根据和价值相契合。如果契合，那么就应该承认过失共同正犯，并对之适用共同正犯的归责原理和原则进行归责。

一、过失共同正犯与共同正犯存在根据的契合

（一）立法反映共同过失犯罪现象之需

"物质生活的生产方式制约着整个社会生活、政治生活和精神生活的过程"，在历史上出现的一切社会关系和国家关系，一切宗教制度和法律制度，一切理论观点，只有理解了每一个与之相应的时代的物质生活条件，并且从这些物质条件中被引申出来的时候，才能理解。"不是人们的意识决定人们的存在，相反，是人们的社会存在决定人们的意识"这个原理非常简单，它对于没有被唯心主义的欺骗束缚住的人来说是不言自明的。"[①] 在这个问题上，无论是肯定论者，还是否定论者，恐怕都不能否认现实生活中存在的诸多共同过失犯罪现象。在社会生活中，共同过失的场合是大量存在的。尤其是在当代社会越来越显露出风险社会特质[②]，以及社会分工在各行各业不断细化的情况下，可以预见的是，共同过失致害的犯罪情形会越来越多。

人们常言所谓"富矿效应"。共同犯罪一方面是"黑暗"、"绝望"之

---

① 恩格斯：《卡尔·马克思〈政治经济学批判·第一分册〉》（1859 年 8 月 3—15 日），载《马克思恩格斯选集》（第 2 卷），人民出版社 1995 年版，第 38 页。

② 关于风险社会及其刑事法律的应对问题，请参考〔德〕乌尔里希·贝克著，何博闻译：《风险社会》，译林出版社 2004 年版，第 18 页；〔德〕许内曼著，王秀梅译：《传统过失刑事责任观念在当代社会中的弊病》，载《法学家》2001 年第 3 期；劳东燕：《公共政策与风险社会的刑法》，载《中国社会科学》2007 年第 3 期。

章，但同时也是学术上一座品位高和蕴含量十分丰富的"富矿"，这座矿是前人首先发现并且予以开发的，但是由于历史的局限和现实的飞跃发展，仍然有许多可以进一步深度开采或深度加工的余地和空间，今天由于基础理论的进一步加强，人们认识能力和认识工具的发展，完全有可能对这座"富矿"进行再开采、再挖掘、再加工，从而得出与时俱进的、符合现实社会对"犯罪—刑罚"特殊的国家干预的新的需求。①

在高度危险并讲求分工合作的现代社会，适当的危险是社会发展所必需的，但是应当尽力避免危害结果的发生，途径之一就是立足于现代行业的分工合作，承认并确立包括过失共同正犯在内的共同过失犯罪。共同过失犯罪的理论与过失理论的发展是不相违背的。"从理论角度上分析，现代过失犯罪刑事责任的学说无疑以最有可能的方式揭示了个人因其危害结果而应承担刑事责任的观念。然而转入实践的视角观察，由于现代工业社会存在的危险行为根本不能被某个人完全控制，因此不能让个人承担全部危险责任的事实，使危害结果变得更糟。由几个人的行为相结合造成的结果，就该结果本身而言，行为人既不符合个人承担责任的类别，也不适宜运用个人行为因果关系的理论。换言之，正是劳动的现代化分工结合技术程序的复杂性，导致能够控制人类某些活动领域的独立个人以及因此对这些活动绝对负有责任的刑事责任概念存在着缺陷。"② 社会在深刻变迁，技术在不断进步，认识工具也在日新月异地发展，认识材料和认识对象也在不断更新着。承认过失共同犯罪是历史发展的必然，是现实生活的需要。产生乃至发展全新的或明显具有理论创新特征的共同犯罪、过失共同犯罪的理论，进而在立法上有所影响和改变，起码在理论上是可能的。在此情形下，刑事立法所要考虑的问题是：立法是否应当对这种正在日益突出的犯罪现象作出反应？现有的立法规定是否足以处理此等犯

---

① 参见［日］小野清一郎著，王泰译：《犯罪构成要件理论》，中国人民公安大学出版社2004年版，第290页。

② ［德］许内曼著，王秀梅译：《传统过失刑事责任观念在当代社会中的弊病》，载《法学家》2001年第3期。

罪的归责？现有体系是否能满足日益增加的遏制和预防此类犯罪现象的需要？

（二）归责之需——部分实行全部责任

实际上，理论上或立法上应否承认过失共同正犯的问题，其最大的根据和实质意义在于能否和应否运用共同正犯所特有的"部分实行，全部责任"之归责原则进行合理的处理。在分析这个问题前，有必要提到一些理论前提。前文已述，在人格行为论体系下，过失犯的行为同样是反映其人格特性的行为；过失犯也（应）有实行行为，即符合构成要件的实行行为，亦即创设法不容许的风险的行为；过失犯的归责不以行为人对行为本身的犯罪性和最终的法益侵害结果有明确的认识、容认和追求为前提。明确了这些以后，具体到过失共同正犯所描述的那种情形的归责问题，我们认为，同样也应该且可以适用"部分实行全部责任"原则。

1. 整体的因果性以及利益与责任的平衡

在共同实施过失的实行行为致害的场合，无论是作为还是不作为，就行为与最终的法益侵害结果而言，其因果关系也要从整体上把握。部分持否定说的学者认为："在共同过失犯罪中，不存在主犯、从犯、教唆犯的区分，只存在过失责任大小的差别，因而也不需要对他们以共同犯罪论处，而只根据各人的过失犯罪的情况分别负刑事责任就可以了。"[1] 这里的逻辑是：一方面把各过失犯罪的行为人置于一个整体的架构下加以考察，然后得出他们的作用不一致，应该适用轻重不同的刑罚；另一方面又否认他们行为之间的整体性，否认把他们作为一个整体来看待的合理性。很显然，这是难以成立的。

具体而言，过失共同正犯的整体性表现在两种情况：就侵害结果来看，要么是每个过失实行行为都是不可或缺的、有机的一环，要么是从整体上提高了风险和被害几率。

---

[1]　姜伟：《犯罪故意与犯罪过失》，群众出版社1992年版，第428页。

前者如前文所述的"共举圆木案"、日本的"焊接失火案"、我国台湾地区的"高压电缆致死案"，以及我国大陆地区的"蒋勇、李刚过失致人死亡案"① 等。这些案件的过失实行行为有的是作为，有的是不作为；有的是行为内容和形式相同，有的则是内容和形式不同而存在相互协力、配合、促进的关系。不过，它们却都有一个共同特点，即如果仅有一个人的行为（作为或不作为）则都不足以致害，或并不必然致害。部分的行为不足以必然导致结果发生，不论是作为的共同过失，还是不作为的共同过失都是如此，从而要将结果归责于单独的每个行为人（刑事责任最终都要落实到个人），那么就客观上要求要在理论上创造一个原理来加以合理的解释和简便的归责原则。无论行为是同时，还是先后，无论是内容相同还是不同。其中的重点是不作为过失共同犯罪。由于，只要不是所有人都发生不作为的过失实行行为，那么结果都不会发生。也就是说，从逻辑上看，其中任何一个人单独的不作为的过失实行行为的发生都不足以独立导致结果的发生。结果最终实际是由数人的有意思联络的不作为的过失实行行为有机结合在一起而造成了结果。这一原理如果要从注意义务的不履行的共同来考察的话，则很困难。因为注意义务的应该履行而未履行，是"无"，是一种抽象意义上的评价，很难讲无之间存在共同性。综上，每个人的行为是且仅仅是部分的实行行为，但同时又通过行为人主观上共同为过失的实行行为的意思联络而使每个行为人的行为紧密结合在一起，甚至融为一体，共同、整体上导致了法益侵害结果。因此，对于此类犯罪的归责，应该从整体上把握行为与侵害结果间的因果关系。

后者如瑞士的"滚石案"、日本的"抽烟失火案"、中国大陆地区的"重庆九龙坡案"等。具体来说，这三个案件都有一个共同点，行为人都在意思联络之下共同实施了内容和形式基本相同的创设危险的过失实行行为，而且个别因果关系都不明，但可以肯定直接致害力是其中一个人实施。此

---

① 参见中华人民共和国最高人民法院刑事审判第一、二、三、四、五庭主办：《刑事审判参考》（总第57集），法律出版社2007年版，第27—32页。

类情形，如果按照单独过失犯来归责，很可能都不负刑事责任。但类似的行为完全可能造成极为严重的侵害结果，如果一律不负责的话，就显然不太合理。于是，有学者如罗克辛教授试图从维护过失同时犯的前提下提出其他解释路径：如滚石案，行为人有共同决定，只要任何其中一个，促成或共同促成另一个人决定将石头推下山谷，对于哪个所推落的石头未砸到 C 的人也可以依同时犯认定过失致 C 于死罪。但这里的问题是：这样的同时犯与一般情形下无意思联络或共同决定的同时犯不同，后者相互之间并无促进与被促进、帮助与被帮助、影响与被影响、利用与被利用的关系。最后对假设的未致害人归责的根据的分析，实际也是以承认这种一方对另一方的客观促进作用为前提的。这种作用从实际上看，要么是属于共同实行行为间的影响，要么是对于实行行为的帮助或教唆作用。这种情况下，反倒是要么对在过失犯罪中起实质性的教唆和帮助作用的行为人应当以"共犯以加功之力提高整体风险"的内在原理而以共犯处罚，要么以共同正犯处罚。如果依然要对其适用同时犯加以处理，于是，无形中就扩大了同时犯的范围。归责最终都要落实到特定的人身上。这样处理的结果是，由于不知道是其中哪一方的石头是致害石头，所以基于这种拟制的逻辑推理要经过两次才能完成归责：即首先假定 A 是致害石头，那么 B 就是起促进作用的一方，从而以同时犯处罚，此种情况下，从刑事责任的量来讲，A 一般情况下显然要负主要责任，B 就负次要责任；但由于并不确定谁是致害力，所以前述推理和假定不是唯一，于是，还要假设且可能是 B 为直接致害人，那么基于同样的道理，A 也因所谓促进作用而被归责，同样，一般情况下，A 要负主要责任，B 负次要责任。那么，为了将二人都归责而采取的这样的以一方行为为核心和载体的办法，就无法合理确定各人的刑事责任，有多种可能性。

总之，不宜采此种解释：一来，这样的迂回证明始终以拟制或假设其中一方为致害力为前提的，也就是说，并不能真正解决最后的个别责任；二来，迂回的证明，颇显繁琐，概念适用上不经济、有效；三来，从整体上肯定整体行为与结果之间的关系更为明了。相反，只有着眼于整体上行为与结果间的因果关系，以每一部分的实行行为都跟其他行为人结合在一起提高了风险和被害几率，适用"部分实行全部责任"的归责原则追究每个人的全部责任。至于致害力是谁，只是偶然的几率问题，故让二人承担相同的责任更具说服力。① 事实上，在故意犯中，面临相似的分不清直接致害人的情况，就可以适用所谓"部分实行，全部责任"的共同正犯的归责原则来归责，追究每个人相同的责任②，都没问题。如果按照罗克辛教授的观点，事实上，也是可以适用所谓同时犯加以解决的，那么为什么都主张用共同正犯来加以概括和处理呢？这就是一个概念的功能、目的和存在的根据问题。

至于利益与责任的自然平衡原理，在过失共同正犯中也同样存在。只不过，其中的利益并不是如故意共同正犯中的那种直接指向犯罪结果的所谓"利益"，而是指共同行为人实施的过失实行行为本身所指向的利益。最典型者，如两货车司机在长途运输中约定轮流驾驶，结果其中一个人驾驶的时候交通肇事致多人死亡的情形。而在前述案件中，可以说其中每一个行为人都因他人的加入和共同行动而获得了不同形式、性质和程度的某种"利益"，自然要同时对他人的行为所带来的风险和责任予以承担，有所得，就应该有所失，也应该属于"荣辱与共"、"同呼吸，共命运"的关系。

3. 相互认识、协力、促进、配合

持否定说者最大的论点认为共同过失行为者之间没有意思联络，不可能形成一个整体而发生作用。但事实上，任何行为都是主体自由意志的体现。在共同过失犯罪中，各行为人之间只要在自由意志之下出现"合作"、"促进"，只要就过失实行行为本身有以上特点就足以使其作为一个整体而存在和发挥作用。以下举两例予以说明：

---

① 如我国"重庆九龙坡案"的判决结果便是如此。

② 当然，这只是就行为致害部分的评价，但最终的刑事责任量是否一样，还取决于很多因素，比如整个行为的发起人，组织人等等其他因素，同样可以区分出各自不同的责任。

（1）"蒋勇、李刚过失致人死亡案"①

案发后，无锡市惠山区人民检察院以被告人蒋勇、李刚犯故意杀人罪诉至惠山区人民法院。经审理后，法院认为：被告人蒋勇、李刚因让道问题与被害人徐维勤发生争执并扭打后，为了摆脱徐维勤的纠缠而驾车离开。蒋勇在低速行驶的过程中，看到徐维勤的手抓住护栏，其应当预见驾车继续行驶可能发生危害结果，因急于摆脱徐维勤的纠缠，疏忽大意没有预见。李刚在车厢内扳徐维勤抓住护栏的双手时，已经预见到这一行为可能发生危害结果，但基于被告人驾车行驶的速度缓慢，轻信低速行驶过程中扳开徐维勤双手的行为能够避免危害结果的发生。纵观被告人蒋勇、李刚各自的主客观因素，可以认定蒋勇、李刚共同的主观目的是为了摆脱徐维勤的纠缠，但二人之间并无意思上的沟通。在危害结果可能发生的情况下，蒋勇、李刚分别违反了应有的预见义务和应尽的避免义务，从而导致了徐维勤死亡结果的发生。蒋勇、李刚并无共同致害故意，只是由于对预见义务和避免义务的违反而造成致害的结果，其行为均符合过失致人死亡罪的基本特征。李刚自动投案，并如实供述犯罪事实，系自首，可以从轻处罚。公诉机关指控蒋勇、李刚的行为构成故意杀人罪的定性不准，应予纠正。据此，依照《中华人民共和国刑法》第233条、第67条第1款的规定，以过失致人死亡罪分别判处被告人蒋勇有期徒刑四年六个月，被告人李刚有期徒刑三年六个月。一审宣判后，被告人蒋勇、李刚未提起上诉，公诉机

---

① 具体案情如下：被告人蒋勇、李刚雇佣驾驶苏 B-A2629 的农用车于 2005 年 8 月 13 日上午 9 时许在江苏省无锡市惠山区钱桥镇华新村戴巷桥村道上行驶时，与当地的徐维勤驾驶的农用车对向相遇，双方为了让道问题发生争执并扭打。尔后，徐维勤持手机打电话，蒋勇、李刚以为徐维勤纠集人员，即上车调转车头欲驾车离开现场。徐维勤见状，即冲上前拦在苏 B-A2629 的农用车前方并抓住右侧反光镜，意图阻止蒋勇、李刚离开。蒋勇、李刚将徐维勤拉至车后，由李刚拉住徐维勤，蒋勇上车驾驶该车以约 20 公里的时速缓慢行驶。后李刚放开徐跳上该车的后车箱。徐维勤见状迅速追赶，双手抓住该车的右侧护栏欲爬上该车。蒋勇在驾车过程中，从驾驶室的后视窗里看到徐维勤的一只手抓在右侧护栏上，但未停车。李刚为了阻止徐维勤爬进车箱，将徐维勤的双手沿护栏扳开。徐维勤因双手被扳开而右倾跌地且面朝下，被该车的右后轮当场碾压致死。该车开出十余米时，李刚拍打驾驶室车顶，将此事告知了蒋勇，并下车先行离开。蒋勇见状将农用车开到厂里后逃离无锡，后被公安机关抓获。（参见中华人民共和国最高人民法院刑事审判第一、二、三、四、五庭主办：《刑事审判参考》（总第 57 集），法律出版社 2007 年版，第 27—32 页）

关也未提出抗诉，判决已经生效。

首先，人民法院认为该案件不构成故意杀人罪的结论是正确的。至于对于过失犯罪构成要件的分析，其逻辑是：没有就共同放任被害人死亡的意思联络——没有共同故意——不构成共同故意杀人罪；同时，均有预见义务和避免义务——分别违反各自的相应义务——致人死亡——均构成过失致人死亡罪。从两人最后承担的刑事责任看，虽然李刚比蒋勇少一年刑罚，但应该是其自首情节所致，故二人原始的责任可以认为是一样的。在中国现有的立法条件下，这样的分析逻辑，至少从最后的归责结果来看并没有多大问题。但实际上，《刑事审判参考》所表达和倾向性认可的意见[1]是：这起案件乃是比较典型的共同过失犯罪案件。在对本案的"裁判理由"的分析中，作者认为，"被告人蒋勇与李刚相互之间存在相互信赖关系，其行为与被害人徐维勤死亡之间有承继性的因果关系"。即，蒋勇虽然发现徐维勤的手抓住护栏，但在低速缓慢行驶的过程中，信赖李刚能够稳妥处理徐维勤的纠缠，故而在有条件加速的情况下没有采取过激的行为，仍然保持缓慢的速度行驶，一方面有意识地保护李刚人身安全，另一方面也不希望徐维勤受到严重的损伤。李刚在扳开徐维勤双手时信赖被告人蒋勇保持低速缓慢的行驶的状况能避免危害结果的发生，意识到可能产生的危险性故也没有采取更激烈的行为使徐维勤的双手摆脱护栏。但是，蒋勇的驾车行为和李刚扳开徐维勤双手的行为，与徐维勤的跌地被碾压致死之间存在着承继性的因果关系。也就是说，如果仅有蒋勇的驾车行为和李刚扳手行为，一般情况下不可能直接出现被害人徐维勤被碾压致死的结果。正是由

---

[1] 《刑事审判参考》是最高人民法院刑事审判第一、二、三、四、五庭共同主办、法律出版社出版、面向国内外公开发行的刑事司法业务指导和研究性刊物。为能够以最前沿的视野、最权威的高度和最贴近刑事司法实践的方式编辑本书，欢迎读者向本书以下栏目提供稿件：（一）案例。在认定事实、采信证据和适用法律、司法解释定罪处理问题上具有研究价值和指导意义的典型、疑难案件。（参见：中华人民共和国最高人民法院刑事审判第一、二、三、四、五庭主办：《刑事审判参考》（总第 57 集），法律出版社 2007 年版，第 232 页）另外，《刑事审判参考》上所刊载的每一则判例都有最高人民法院刑庭法官负责审编，鉴于中国目前并无判例制度的情况，《刑事审判参考》在最高法院的定位和实际作用上都有准判例的意味。

于蒋勇、李刚之间存在着互助、互动的关系从而使他们与徐维勤双手被扳开后身体平衡失去控制造成跌地被碾压致死之间形成共同的承继性的因果关系，进而导致了致人死亡的结果。在主观上，二人基于对对方行为的信赖，在已经意识到有危险性的情况下而行为，其主观均属于过于自信的过失。本案实际上是一起比较典型的共同过失犯罪案件。共同过失问题在我国司法实践中并不是一个陌生概念。如《2000 年解释》中就有交通肇事罪的共犯问题的规定，处于监督与被监督关系的重大责任事故犯罪也普遍存有共同过失。只不过，按照我国刑法的规定，不能以共同犯罪论处，只能对他们分别定罪处罚。①

我们认为，本案中共同过失的认定：主观上就实施法不容许的危险行为——车辆行进过程中迫使被害人脱离车辆——的意思表示、联络、配合，这个主观心理和判断，就最终的规范评价结果而言是有瑕疵的，是一种错误的判断，但在行为时二人的主观认识、决定和默示的联络而言则是明确的、肯定的，这是共同过失实行行为的主观基础；客观方面，在前述共同主观心理的支配下所实施的相互配合、分工合作实施了过失犯罪客观方面的实行行为，制造并实现了法不容许的危险行为——车辆行进过程中迫使被害人脱离车辆——的行为。主观意志和它客观化的行为，当它们作为伦理评价的对象时，是一个不可分割的整体。在认识上，可以分为主观方面或客观方面，但这并不意味着它们是可以各自分开的。站在综合的直观的立场上看，行为都是整体的，无论是主观方面还是客观方面，都是为了使其成立为主客观相互关联、相辅相成的具体行为而言的。② 此融主观与客观于一体的，在主观支配下的共同过失实行行为是直接导致法益侵害结果发生的直接的，也是根本的原因力，也是过失犯中的核心和重心所在。

具体而言，在本案中，两个被告人在客观上是有一定默契的。尽管不

---

① 中华人民共和国最高人民法院刑事审判第一、二、三、四、五庭主办：《刑事审判参考》（总第 57 集），法律出版社 2007 年版，第 27—32 页。

② ［日］小野清一郎著，王泰译：《犯罪构成要件理论》，中国人民公安大学出版社 2004 年版，第 87 页。

一定有证据证明两人之间有明确的言语沟通，这种默契从二人一起将被害人拉到车后的那个时点就已经开始了。二人将被害人共同拉至车后，然后分头行动，即李刚在后面拖住被害人，蒋勇进驾驶室开车，并以20公里的速度驶离李刚和被害人所在的地方。但从事后李刚的后续行为来看，蒋勇并非是想真正离开而弃其同伴李刚而不管，因为李刚在待车开动一段距离后，按照当时的情形推断应当是突然放开被害人，然后奔向同伴正在行驶中的车并跳上后车厢，以图彻底摆脱被害人。到此，从二人这一连串的行为观之，既有分工，又有合作，最大的可能是这是二人预先（可能设计时间很短）设计好的共同摆脱被害人的策略。当被害人发现李刚突然撒手而去的时候，有点出乎意料，然后立即"迅速追赶"，并先用一只手抓在车的右侧护栏上，这一幕被驾车的蒋勇看见，但并未停车。现在的关键问题是，蒋某为什么没采取停车而让李刚或帮助李刚更安全、稳妥地将被害人从车辆上分离开来？依据通常的认识和社会经验，其理由并不完全是判决理由和裁判理由所说的信赖李刚在低速状态下可以使被害人与车分离，而很可能是认为有一定速度（当然不是很快，但也不是特别慢，20码左右的速度）行进中的车辆相对于停止或速度极慢如5码，10码的车辆状态更有利于给被害人造成一定的压力，从而更有利于迫使其不得不放弃继续抓车并企图爬上车厢的行为，从而也在客观上给同伴李刚创造更有利的条件（至于没有开得更快，可以理解为不想给被害人和同伴制造更大的风险，但这跟其主观特性的认定并无关系）并利用、通过其行为摆脱被害人。从被告人李刚的角度来讲，他并没有要求蒋勇停车或减慢速度，主观上的判断更可能是以一种默契或默示认同蒋勇的行为，并利用蒋勇以一定行车速度给被害人形成的压力而更好使被害人与车分离，从而摆脱其纠缠。因此，可以说直到最后将被害人双手扳开车厢护栏的那个时点，都可以认为两个被告人的行为都是最初分工合作摆脱被害人纠缠的继续和延伸，在此过程中，就决意实施事实上的法不容许的危险行为的意思决定而言，相互认识、决定、利用、信赖都是一以贯之的，客观上二人的行为也是相互分工、合作、配合，共同实施了前述法不容许的危险行为。主客观联系起来所显示的特点，最终的法益侵害结果是两个人共同一体的、有意识决定和联络的制造并实现危险的共同危险行为所导致的，并不是两个人所谓过失行为的竞合和简单累积。这是纯正的共同过失行为，并不能简单地认为是分别违反注意义务和避免义务所致，在法理上理应按照"部分实行，全部负责"的原理归责。

（2）"荒山点火案"

甲、乙在山上烧荒点火时见刮风很大，甲、乙决定要不要点火时甲说："已经打了防火带，问题不大。"（潜台词：没问题，有防火带，风很快会过去。点吧。）乙说："风很快过去，还是点吧！"（潜台词：也觉得没问题——有防火带，风很快过去。点吧。）结果点火后因风力太大造成了森林大火。甲、乙均是过于自信的过失，从表面看双方没有意思联络，但是甲的"已经打了防火带，问题不大"正促进、肯定了乙的"还是点吧"同时，乙的"风很快过去"也正补充了甲的"问题不大"，正是双方主观上相互补充、相互促进、相互巩固的过失，才使得双方主观上连成一个整体，形成共同的过失罪过，并共同实施危险的点火行为。可以说，最终决定点火，是在二人的商量和相互确证、鼓励乃至协助下完成的，可能是一个人实施的点火行为，也可能是两个人同时或先后实施的点火行为，但这些不同的行为分工协作形式都不影响二人为了一个共同的目的——完成特定区域的烧荒。这一烧荒行为本身是一个超越了允许的危险的过失实行行为。至少在当时的环境来看，甚至当事人已经认识到了有这样的危险，而认为可以避免或不会发生。可见，二人在实施这样一个客观危险行为上是有意思联络且协力完成的。只要有这点，就足以认定二人基于一般意思联络下的共同行为性，进而需适用部分实行全部责任的原理。这点类似于重庆的"嫖娼蜡烛失火案"。点蜡烛至少是基于双方同意后而实行的，点蜡烛这一先行行为是共同的，这就意味着，产生了共同的作为义务——采取措施，保证蜡烛不至于引起燃烧，而交易完毕后，两人共同离开，即共同实施了使得蜡烛脱离有效、安全的照看范围和力量的过失实行行为，使得过失不作为共同正犯成为可能。

综上，基于以上过失共同正犯间的客观上就共同实行行为的意思联络特性，或许可以认为"部分实行，全部责任"的适用决定于意思联络下的共同实行行为，也就是在构成要件符合性阶段即可。至于是否违法，是否有主观罪过，则是其余的问题。对于行为是否属于犯罪性质以及犯罪结果的认识与否，跟是否共同行为比起来，并不会对整体的力量增大有影响。换言之，过失实行行为意思联络中是否包含对行为性质及结果的认识与是否适用"部分实行全部责任"且归入共同正犯没有必然联系。不过，有一点须注意，最后归责到个体的时候，必须以其本身也存在过失为前提，否则不能承担责任。

（三）更大的危害性及其刑事责任效应

一般情况下，过失共同正犯比单独过失正犯的危害性要大。其理由在于如下几点：

1. 相互利用、促进、依赖、协同，形成更大的破坏力

过失犯中，积极的共同行为而形成的合作和依赖所造成的更大的危险性不难理解。即使在消极依赖关系即存在竞争、对抗关系中也是如此。在故意犯中，如 A、B 共同计划开枪杀 C，同时又约定采取比赛的形式，无疑会增加 C 被害的几率和可能性；在过失犯罪中亦如是。这种有意识的相互竞争会增加行为整体上的危险系数和法益侵害的可能。此类案件在我国司法实践中并不鲜见，如"重庆九龙坡案"、"冯有活等过失以危险方法危害公共安全、过失致人重伤案"① 等。下面以"重庆九龙坡案"为例进行

---

① 案情如下：2003 年 12 月 27 日凌晨 3 时许，被告人朱红卫驾驶大货车运载陶瓷原料到佛山市禅城区张槎华顺达陶瓷厂，卸货后离开，汽车行至该厂门口时，与被告人冯有活因小事发生矛盾，朱红卫遂下车与冯有活论理，继而两人发生争执打斗。之后，被告人朱红卫因害怕吃亏，就登上其驾驶的湘 C52169 号大货车准备离开，被告人冯有活则追打朱红卫，并跳上驾驶室左侧的踏板，朱红卫为甩掉冯有活，便起动汽车，在行进过程中，冯与朱拉扯、争抢方向盘，而朱在此情况下没有采取制动措施、没有停车，导致该车失控，将停在路边的另一辆大货车的油箱撞损，并撞倒站在旁边与丈夫一起等候进厂卸货的葛兵连，车轮辗压过葛的双腿。当天凌晨，葛兵连被送佛山市中医院抢救，因双腿严重损伤，致其股骨中下三分之一处截肢。经法医鉴定，被害人葛兵连的伤势为重伤，伤残等级为二级。（参见广东省佛山市中级人民法院刑事裁定书（2004）佛刑终字第 528 号）

分析。

首先，如果不是其中一人提出比赛射击，那么就另外一人起意实施射击行为的可能性而言，尽管也有可能自动加入，但几率毕竟会小很多，因为当人们面临挑战和刺激的时候，更容易激发其采取行动的动力，"激将法"的原理就是如此。

其次，如果不是两人形成竞争性的相互依赖的话，当一方射击未果的情况下，总体上继续开第二枪、第三枪，第四枪，直至击中的延续可能性就会更小。这是因为，假设是一个人射击，可能是射了第一枪后，或者第二枪未中后，可能会放弃。但当双方是竞争关系的情况下，第一轮，A眼见对方B未射中，那无疑会增加自己开枪射击以图击中获胜的动力。当A也未射中时，第二轮，B很可能会觉得庆幸，从而更加驱使自己去继续开枪射击。同样地，B未射中，A的动力更强。"相同物种的另一成员的在场，总是会提高动物的唤醒水平（或内驱力），它也许是一种使生物体做好行动准备的进化适应反应。根据经典的学习理论，这种提高了的内驱力应该会增加习惯性反应的可能性。"[1] 如此往复后，于是A和B的行为驱力逐渐增强，同时让各自的注意力会越来越集中到其预设的目标之上，即所谓"注意力焦点的窄化"（Easterbrook）[2]，而其自我控制意识和能力以及对其危险性的警觉性会逐步下降。

最后，在竞争中，开枪次数很可能会一直延续、增加下去，直至其中某一人成功。

以上种种因素叠合在一起，最终导致了其行为整体的危险性和法益侵害发生的几率不断增大。这种过程和结果与单个行为人比起来是不同的，这种侵害与被害的因果关系及其危害性只能从其竞争互动的整体关系中才能得到合理解释。因此，必须从整体上看待其责任，而且还必须明确的是，

---

① ［英］鲁珀特·布朗（Rupert Brown）著，胡鑫、庆小飞译：《群体过程》，中国轻工业出版社2007年版，第110—111页。

② ［英］鲁珀特·布朗（Rupert Brown）著，胡鑫、庆小飞译：《群体过程》，中国轻工业出版社2007年版，第111页。

通常情况下，不仅数人共同过失行为的破坏力较之单个过失犯可能更大，而且个体在共同过失行为中比个体单独过失行为的反社会性和危险性要大。

2. 从众——多数人的影响

在一个行为共同体中，可能当中有部分人对所实施的行为的危险性提出异议，从而展现出可能避免结果发生的可能性，但往往在群体中这样的少数意见容易被从众的倾向和原理而淹没，从而具有更大的破坏力。一部调查民航事故的英国电视记录片（"错误本质"，BBC2，1986 年 2 月）将此类事故的主要原因归于认识错误，尤其是机组成员的群体动力学。在一起严重的事故中，飞机驾驶舱最后几分钟内互动的真实录音显示，当飞机出现危险信号时，领航员发现并向其他机组成员提出。这一正确的意见不仅没有引起他们的重视，反而遭到其他成员的嘲讽，最后该领航员不得不顺从多数人的意见，并一起酿成大祸。① 而在刑法领域里，也不乏这样的判例。如李林、王昌兵等过失致人死亡案。② 本案一审定性为不作为的故意杀人罪，二审最终改为过失致人死亡罪。本案中，王意识到了危险，并提出异议，但被李林反驳回去，进而基于从众心理而最终使得共同行为人行动意志上的一致：共同离开。从而使得共同体中某些人"罢手"或"避免结果发生"的可能被消解。此类共同先行行为置人于危险后共同离开而致害

---

① ［英］鲁珀特·布朗（Rupert Brown）著，胡鑫、庆小飞译：《群体过程》，中国轻工业出版社 2007 年版，第 82 页。

② 案情如下：1999 年 3 月 26 日晚被告人李宁、王昌兵与吐逊江（在逃）在阿克苏市一歌舞厅饮酒时，被害人阎世平进入李、王的包间与之攀谈，其间阎提出与李、王合伙挣钱，李宁等人再三追问如何挣钱，阎称准备绑架一市长的儿子。后被告人李宁、王昌兵乘坐吐逊江驾驶的白色奥拓车将阎拉至阿克苏市团结路一茶园处，李、王等人追问绑架何人，阎世平不说，李宁、王昌兵等遂对阎拳打脚踢。期间，与被害人阎世平相识的一出租车司机上前劝阻，李、王等人停止了殴打并乘车离开，阎世平乘机躲进该茶园地下室通道处。后被告人李宁、王昌兵又返回茶园处，找到阎世平，并将其强行拉上车带至西湖后湖堤处。李宁、王昌兵等人将阎拉下车，拳打脚踢逼问其欲绑架的具体对象，并以此敲诈其钱财。后被害人阎世平为摆脱李宁、王昌兵等人的殴打，趁其不注意跳入西湖中。李宁、王昌兵等劝其上岸，并调转车头用车灯照射水面，见阎仍趟水前行不肯返回，王昌兵问李宁：救他不？李回答：没事儿。三人为消除阎之顾虑促其上岸，遂开车离开湖堤。后阎世平的尸体在西湖后湖堤附近被发现，法医尸体检验报告证实，阎世平肺气肿、肺水肿，全身体表无明显损伤，结论为溺水死亡，排除暴力致死。（参见《中国刑事审判参考》第 47 期）

的案件，如果对于结果的发生是过失，由于任何一个人如果站出来施救，都可能避免结果发生，所以每个人的不作为仅仅是整体过失实行行为的有机一部分。是所有的不作为结合在一起才在整体上支配了、决定了、导致了致害结果的发生，同样地，理应作为共同正犯来处罚。

3. 群体中的懈怠

相互依赖，相互懈怠，助长了彼此和整体判断错误、不作为和不谨慎的可能性。卡劳（Karau）和威廉姆斯（Williams）分析了 78 项比较单独工作与集体工作的研究，在这些比较研究中，将近 80% 显示了某种懈怠的存在，一种非常可观的全面影响。① 这样的"效应"，在过失共同犯罪中客观存在，不难理解，毋庸赘述。

4. 刑事责任效应

如前文所述，共同正犯的制度意义除了解决部分实行作为正犯的归责问题外，还应该要确立一种比单独正犯更重的处罚标志。可见，共同犯罪制度，尤其是共同正犯制度的规定，除了合理解决相应情形的归责，明确和固化"部分实行，全部责任"之外，还有一个重要的功能，就是要表达一种刑事责任量上的意义，即对共同犯罪要从重处罚，最终是对共同犯罪中的个体要从重处罚。对于过失犯而言，上述结论如果成立的话，那么就意味着如果一般情况下过失共同正犯比单个过失犯或不具有意思联络的过失同时犯的危害性更大的话，就应该将其归入共同正犯，以获取从重处罚的标志性归属和根据。显然，过失共同正犯应该获得这样的"待遇"！

（四）肯定过失共同正犯与罪责刑相适应原则之关系

罪责刑相统一的原则是当代世界各国刑法都应遵循的基本原则之一。如果要肯定过失共同正犯，就必须解决其与该原则之间的关系。

在故意犯的情形，故意同时犯，因果关系不明，适用疑罪从无没问题；

---

① ［英］鲁珀特·布朗（Rupert Brown）著，胡鑫、庆小飞译：《群体过程》，中国轻工业出版社 2007 年版，第 119 页。

如果有联络的，不管个别因果关系是否清晰，只要可以从整体上确认因果关系，则将其归属于共同正犯，用"部分实行，全部责任"加以解决。"如果分别考察，当各行为人只实施了部分实行行为时，就应当只承担部分责任。但在共同正犯的场合，由于各正犯者相互利用、补充其他人的行为，便使自己的行为与其他人的行为成为一体导致了结果的发生。因此，即使仅仅分担了一部分实行行为的正犯者，也要对共同的实行行为所导致的全部结果承担正犯的责任。例如，甲、乙二人共同杀害丙，即使只是甲的一发子弹实际造成了丙死亡，乙也承担杀人既遂的责任。又如，甲、乙共同杀害丙，造成丙的死亡，但不能查清谁的子弹导致了丙死亡。由于成立共同正犯，甲、乙均对丙的死亡负责。"① 以上论述表明，行为人间是否属于共同行为刑法必须要对行为意思联络下的共同行为这一点对犯罪行为的重大影响进行评价。在过失犯中，没有行为意思联络的两个人，致害，因果关系不明，适用疑罪从无原则，没有问题，但如果对有行为意思联络的共同行为也适用这一原则的话，就意味着两种情况归责结果是一样的。那么，问题是，刑法对于"共同行为"是否应该评价？是否应该采取统一的评价逻辑？

传统理论认为，共同过失犯罪，行为人主观上不存在犯意联系，其社会危害性要小于共同犯罪。因此，对共同过失犯罪进行分别处罚。在这种情况下，行为所受到的刑罚处罚也要轻于共同犯罪。正是在这一点上，体现了我国刑法中的罪刑相适应的基本原则。诚然，通常共同过失犯罪的危害性当然要小于共同故意犯罪，就好比单独过失犯罪要小于单独故意犯罪，无可厚非。但对共同过失犯罪分别处罚的根据，抛开法律的强行规定，其根据显然不在于共同过失犯罪的危害性比共同（故意）犯罪小。决定将犯罪个体置于共同犯罪这一特定范畴内从重处罚，还是视为单独犯罪而分别处罚，其根据在于两点：是否应该适用"部分实行全部责任"来解决归责的问题，以及单个犯罪与共同犯罪的社会危害性的比较。这也是共同犯罪

---

① 张明楷：《刑法学》，法律出版社 2008 年版，第 326—327 页。

概念和制度存在的根据和价值。对于过失共同犯罪的情形而言，其一，有必要用部分实行全部责任来解决归责问题，其二，通常没有共同行为的单个个体的过失犯罪的破坏力要比共同过失犯罪中存在意思联络下协同行为的情形要小。决定是否应该适用共同犯罪范畴的危害性比较应该在有无协同行为所决定的危害性上，而不是不同的罪过形式之间的比较。总之，应该将过失共同正犯纳入共同正犯的范畴——不排斥例，或者说应该扩张、修改共同正犯的概念——排斥例，以便正确归责，并对共同过失犯罪处以比单独过失犯罪更重的刑罚，以便实现真正的罪责刑相统一的原则。

综上，对共同过失犯罪进行分别处罚，不仅没有体现我国刑法中的罪刑相适应的基本原则，反而恰恰违反了这一原则，使得本应区别处理的两种情形在制度层面被同等对待。"公众所关心的不仅是不要发生犯罪，而且还关心犯罪对社会造成的危害尽量少些。因而，犯罪对公共利益的危害越大，促使人们犯罪的力量越强，制止人们犯罪的手段就应该越强有力。""如果对两种不同程度地侵犯社会的犯罪处以同等的刑罚，那么人们就找不到更有力的手段去制止实施能带来较大好处的较大犯罪了。"[①] 如果个体间单独犯罪与以共同犯罪形式实施被处以相同的刑罚的话，那么就会无形中令犯罪人更多倾向于风险更小、力量更大的共同犯罪形式，甚至某些本来力量、精神力不足以实施创设风险的行为之人，在其他人的协同或鼓励下而敢于实施了，会大大增加行为人一起冒险的几率，从而大大提高法益被害的几率。在这点上，无论是故意犯，还是过失犯都是如此！

（五）肯定过失共同正犯与刑罚处罚之空档

如果按照现有规定，分别处罚过失共同正犯的案件的话，很可能出现刑罚处罚空当。例如，甲乙二人冬季在雪地狩猎，丙头戴兔皮帽潜伏于雪地捕鸟，甲乙远看只见到一只"野兔"，致使二人都将丙误认为是野兔，在策划之后，开始"狩猎"，结果丙头部中弹身亡。如果只有甲的子弹打中

[①]　[意] 贝卡利亚著，黄风译：《论犯罪与刑罚》中国大百科全书出版社 1993 年版，第 65 页。

丙，而乙枪法欠佳未击中时，如果不援引共同正犯及其归责原则来处理的话，则甲负过失致人死亡责任；乙的过失行为仅属于未遂而已，而一般刑法并不处罚过失犯的未遂，乙并不需要负任何刑事责任。根据前文分析，这显然是不合理的。这种情形下，应当认定二者构成过失共同正犯。共同正犯并不必然意味着最后每个个体承担的刑事责任大小完全相同。所以在追究个体责任大小的时候，要采取区分原则，对于未击中的一方，则同样要承担过失致人死亡的罪责，只不过，责任可以减轻或免除。

上述案例还可以再假设，当丙身上的子弹无法证明是甲或者是乙打中时，因为不能分别证明甲或乙的过失行为与丙的死亡结果有因果关系，所以甲或乙对丙的死亡结果均不负责。那么，这样就出现了更大范围内的处罚空当。本来，在过失共同正犯的场合，部分的实行行为不会必然导致结果发生，或者说，结果是由数个过失实行行为有机结合所致。而且这数个行为人之间存在心理的联系性。如果不是按照过失共同正犯来处理，那么对于有意思联络共同实施过失实行行为的人而言，可能就无法追究其责任。那么，从今以后，只要是两人以上共同行为而过失致害，无法辨认个别因果关系，就无法追究责任，而单个人却要承担责任，反而形成法不责众了，更不合理。这无疑是一种非正义。"正义是社会制度的首要价值，正像真理是思想体系的首要价值一样。一种理论，无论它多么精致和简洁，只要它不真实，就必须加以拒绝或修正；同样，某些法律和制度，不管它们如何有效率和有条理，只要它们不正义，就必须加以改造或废除。"①

（六）结果加重犯的共同正犯的普遍肯定

"结果加重犯是作为基本犯的故意犯与严重结果的过失犯的结合犯，然而在这个场合下，由于基本犯里隐藏着发生严重结果的危险性，因此，与过失犯的共同正犯同样的宗旨，也可以肯定结果加重犯的共同正犯。"逻辑上，肯定了过失共同正犯，那么就可以水到渠成地承认结果加重犯的共同

---

① ［美］约翰·罗尔斯著，何怀宏等译：《正义论》，中国社会科学出版社1988版，第1页。

正犯；反过来，肯定了结果加重犯的共同正犯，那就可以将其视为肯定过失共同正犯的有力支撑之一。客观来说，目前国内外的通说对结果加重犯的共同正犯是肯定的。如"在结果加重犯的场合，如 A 以强奸的故意、B 以抢劫的故意共同对 C 实施暴力，由 A 的行为导致 C 死亡。根据部分犯罪共同说，由于 A、B 在故意伤害的范围内成立共同正犯，A、B 均对 C 的死亡承担责任（A 承担强奸致死的责任，B 承担抢劫致死的责任）。"① 此中，对于 C 死亡这一加重结果，直接是由 A 引起，但最后 B 也对死亡负责，那就表明，A、B 属于结果加重犯的共同正犯，但死亡乃由 A 直接导致，故当中存在过失共同正犯的空间。引申一步，A、B 二人共同实施的伤害行为对于最后的死亡结果而言，仅仅是一种创设风险的过失实行行为。结果加重犯是作为基本犯的故意犯与严重结果的过失犯的结合犯，然而在这个场合下，由于基本犯里隐藏着发生严重结果的危险性，因此，与过失犯的共同正犯同样的宗旨，也可以肯定结果加重犯的共同正犯。② 只要二者在实行行为上是共同的，那么就要对死亡结果承担过失共同正犯之责。根据"部分实行，全部责任"原则，B 同样要对 C 的死亡负责。

（七）共同侵权与过失共同正犯之间微妙的关系剖析

有人认为，过失共同正犯的疑难可以借鉴民法中的有益经验，通过在刑法中创设"共同危险行为"，并视其为一种刑事法律推定的共同犯罪形式，进而按照共同犯罪的原则来解决。③ 这一观点实际上是试图绕开现有共同犯罪立法而寻求另外一种解决办法的尝试，但其结局最终还是要辗转迁回到向共同犯罪方向上靠的路径。不过，在民法上，通说认为"共同危险行为"中各行为人间虽很可能都是过失，但彼此之间并没有意思联络。虽然法律规定对于此种情形依照共同侵权的归责原则处理，但毕竟与共同侵

---

① 张明楷：《刑法学》，法律出版社 2008 年版，第 326—327 页。

② ［日］野村稔著，全理其、何力译：《刑法总论》，法律出版社 2001 年版，第 403 页。

③ 参见姜涛：《共同危险行为——刑法学研究的新视野》，载《四川警官高等专科学校学报》2005 年第 4 期。

权有异。① 因此，不能直接借鉴民法上的"共同危险行为"来处理过失共同正犯和过失共犯的问题。事实上，民法上的共同故意或共同过失此类行为人彼此间有至少就实施危险行为层面的意思联络，都统一归入共同侵权范畴处理。② 或许可以从民法上基于共同故意和共同过失侵权行为的内在一致性而将二者一起纳入共同侵权制度的做法中得到一些启示。这再一次证明过失共同正犯的出路应该在共同正犯和共同犯罪之中。

美国特拉华州最高法院 1968 年审理过一个关于飙车的上诉案件（Bierczynskiv. Rogers），法院认为在公共交通道路上进行飙车行为本身就是一种过失，因为一个理性谨慎的人不会做这种行为，参与飙车的人之间构成共同过失，每个参与飙车的人要对飙车行为整体对非参与人造成的损害承担责任，不管是哪一辆车直接导致了伤害或者损失的发生，因为所有参与飙车的人都诱导和鼓励了侵权行为的发生，均构成损害发生的直接原因。理论上仍然认定飙车行为人主观上存在共同过失，飙车行为在性质上则构成共同侵权行为，美国法院的类似判决则具体倾向于认为在责任的承担上则是部分实行全部负责，一旦参与全部负责。数人飙车，造成非参与人（未参加飙车者）人身伤亡或者财产损失，在不知谁为具体加害人时，应该认定飙车人之间构成共同危险行为。因为飙车已经严重危害社会秩序和道路交通安全，参与飙车者均已造成飙车的危险，对于危险之形成也构成共同过失。③

关于共同侵权和过失共同正犯的关系，可以通过对上述飙车案予以解释。上述数人相约飙车，实为共同过失行为，而最后致害。法律责任视结果严重程度不同而不同：未达到相关犯罪的起刑点，就承担民事上的共同侵权责任，部分实行全部责任，而且是连带责任；而稍微重点，或者说一旦达到起刑点，就要按照统一正犯形式承担责任。如果个别因果关系无法查清，就可能导致集体皆无罪的结果。虽然仍然可能对民事赔偿部分承担连带赔偿责任，但这样的处理结果则就意味着对刑事部分无人承担，无可

---

① 参见王利明：《共同危险行为若干问题研究——兼评〈最高人民法院关于审理人身损害赔偿案件适用法律若干问题的解释〉》，载《法学杂志》2004 年第 25 卷。
② 参见刘保玉、王仕印：《共同危险行为争议问题探讨》，载《法学》2007 年第 2 期。
③ 参见王雷：《飙车案中的共同侵权行为》，载《检察日报》2009 年 8 月 28 日。

归责。假如可以将刑事附带民事案件的责任分为民事部分和刑事部分的话，这样的处理结果和逻辑就意味着轻的结果（民事共同侵权）可以归责于行为人全体，或者说要他们付出代价，但重的结果却反而无处归责，道理何在？再说，所谓刑事部分与民事部分果真可以截然分开吗？要知道，很多情况下，犯罪行为与民事侵权行为的差别实际上仅仅是量上的差别而已，所谓二者有"质"的不同，也顶多是刑事法律规范硬性、不得不在中间找个点以示界分而已。这样的关系是否足以在性质相同而程度不同的两种情形下，成为采取不同概念归属和归责原则而异其罚的根据？恐怕没那么简单。在这个问题上，不能仅仅注意多人共同过失导致的侵害结果不太严重而因主体过多而产生处罚面过广的可能，也要考虑到当危害后果特别严重时的归责问题。而且，关键问题在于既然是皆有过错的情况下共同（together，join eachother）为超越安全界限的危险行为而致害，那么理应共同承担责任。任何人都要为其过错行为付出代价，这是自然法的当然要求。

二、我国共同犯罪立法重构

我国现行刑法明文规定共同犯罪是指共同故意犯罪，共同过失犯罪不以共同犯罪处理。从而，现有立法不仅否认过失共同正犯，也否认狭义的过失共犯。关于过失共同正犯，前文已经对其成立的根据和必要性作了分析。不过，由于我国刑法规定太过"刚性"，故目前要从解释论上肯定过失共同正犯的确很困难。因此，我们主张立法论和应然层面上对过失共同正犯的肯定论。正犯具有相对性①，故从逻辑和理论上讲，承认了正犯的存

---

① 刑法上的行为人理论涉及到一个就其出发点而言非常简单的问题，也就是，谁可能被认为实施了符合构成要件的行为。法律也明白无误地规定，谁"实施了……犯罪"，就是"正犯"（第25条第1款）。因此，在具体情况下，若一开始就只有一个人实施了符合构成要件的行为，就无须再讨论正犯，因为，这个人实现了主观与客观的构成要件，而且也是违法（而且也许是有责任地）实施了行为，那么，正式出于这个理由他就是正犯，如果对其明确命名，则会同语反复。只有当多人参与犯罪，共犯的不同形式之间出现了对抗，正犯的概念才有了作用。因此，正犯概念并非是孤立的，而只是根据参与犯罪过程的数人中，谁扮演了正犯的角色这一问题的主导思想而提出的。（参见 [德] 冈特·施特拉腾韦特、洛塔尔·库伦著，杨萌译：《刑法总论Ⅰ——犯罪论》，法律出版社 2006 年版，第 286 页）

在，就应该肯定共犯的存在。我们对过失犯之教唆犯和帮助犯也持肯定态度。总之，我国现有共同犯罪的立法规定需要重构。

鉴于我们前面已经对过失共同正犯和过失犯之教唆犯、帮助犯分别作了不同程度的分析，所以就立法重构而言，以下仅就相关问题作简要的总结和必要的补充。

（一）关于过失犯之帮助犯和教唆犯问题

理论上对狭义过失共犯即过失教唆和过失帮助的见解繁多，分歧也较大。实际上，过失教唆按照实际的作用情形，可以分为过失地教唆他人犯罪和对过失犯之教唆两种。前者是指过失、不小心引起他人实施犯罪行为的行动决意，他人实施的可以是故意犯罪（如不注意当着容易激动的人的面，骂某特定的人是"卖国贼"，引起该容易激动的人的杀意的场合①），也可能是过失犯罪；后者是指故意怂恿、引发他人形成实施危险行为决意并构成过失犯罪的情形（如眼见他人饮酒已显醉态，仍然怂恿其开车回家引发交通肇事致人死亡的场合）。过失帮助的分类原理也大致如此。而在理论的立场上，有全盘否定者，有全盘肯定者，也有区分前述不同情形而论者②。我们认为，从基本的语义③和通常的逻辑看，教唆犯和帮助犯本身的教唆和帮助他人实施某种行为时的主观状态必须是故意的，故过失教唆和

---

① ［日］大谷实著，黎宏译：《刑法总论》，法律出版社 2003 年版，第 396 页。

② 如大谷实教授认为过失教唆和过失帮助都不能成立，不可罚。至于过失犯的教唆应看成间接正犯，而过失犯的帮助犯则应当成立。（参见［日］大谷实著，黎宏译：《刑法总论》，法律出版社 2003 年版，第 396—405 页）另外，我国台湾学者翁国梁教授也持此观点。（参见翁国梁：《中国刑法总论》，正中书局 1960 年版，第 216 页以下）

③ 在中文语境里，所谓教唆是指："怂恿指使（别人做坏事）"（《现代汉语小词典》，商务印书馆 1980 年版，第 267 页）或"引诱、指使他人做坏事。"（《四角号码新词典》，商务印书馆 1982 年版，第 431 页）而"怂恿"指："鼓动别人去做（某事）。"（《现代汉语小词典》，商务印书馆 1980 年版，第 521 页）"引诱"是指："诱导，今多指引人做坏事。"（《现代汉语小词典》，商务印书馆 1980 年版，第 659 页）"指使"是指："叫别人动手去做。"（《四角号码新词典》，商务印书馆 1982 年版，第 46 页）可见，教唆的本意是指引诱、鼓动、促使他人做某事之意。由于一般人都接受教唆有某种贬义评价在里面，所以可以将教唆一词理解为"引诱、指使他人做坏事。"其间，教唆人主观上的故意特征是很明显的，也是必要的。

过失帮助都不能成立。但过失犯之教唆犯和帮助犯则应予承认。主要理由如下：

1. 本质与教唆对象

共犯问题本质上都是构成要件问题。教唆犯和帮助犯的责任根据虽然有不同解释，但最根本的一条不能忽视，即二者都对正犯行为给予了加功，并且间接地对法益进行了侵害。其中，教唆犯是故意引起或增强他人实施特定犯罪的构成要件实行行为的决意，而帮助犯则是故意地给予他人所实施的某种犯罪的符合构成要件实行行为以助力的行为。它们的"责任具有派生性"①，只能是相对于正犯的"第二次的责任"（山口厚语）。至于教唆的对象的性质，从诸多立法中并不能必然得出其为故意犯罪的结论，即使是德国刑法也是如此。德国刑法典第 25 条规定："自己实施犯罪，或通过他人实施犯罪的，依正犯论处。数人共同实施犯罪的，均依正犯论处。"第26 条规定："故意教唆他人故意实施违法行为的是教唆犯。对教唆犯的处罚与正犯相同。"第 27 条规定："对他人故意实施的违法行为故意予以帮助的，是帮助犯。对帮助犯的处罚参照正犯的处罚，并依第 49 条第 1 款减轻其刑罚。"其中，其共同正犯使用的是"实施犯罪"，而在教唆犯和帮助犯中则为"他人故意实施违法行为"。如果说教唆和帮助的对象只能是故意犯罪，那么为什么不统一使用"实施犯罪"呢？如果仅从字面和逻辑上看，"他人故意实施违法行为"自然可以包括故意实施违法行为并构成故意犯罪的情形，也可以包括故意实施违法行为（如故意超速、醉酒驾驶等）而构成过失犯罪的情形。而在日本、中国（包括大陆地区和台湾地区）等国家，其立法虽然多规定"教唆他人实施犯罪"或"帮助他人实施犯罪"，但并未在逻辑上限制他人实施的只能是故意犯罪行为。因此，教唆犯和帮助犯所加功的犯罪之性质既可以是故意犯罪，也可以是过失犯罪。事实上，也有少数国家在立法上明确肯定了对于过失犯之教唆犯和帮助犯。如韩国刑法

---

① ［英］J. C. 史密斯、B. 霍根著，李贵方等译：《英国刑法》，法律出版社 2000 年版，第142 页。

第34条规定："（一）对于因某种行为不受处罚者或者按过失犯才处罚者，予以教唆或者帮助而使其犯罪行为发生结果的，依照教唆犯或者帮助犯处罚。（二）对于受自己指挥的、监督的人予以教唆或者帮助，而致前项结果发生的，如为教唆时，以正犯应处之刑罚处罚或者加重其应处之刑罚的二分之一。……"①

2. 主观要件

教唆的行为必然是故意实施的，但是，此故意是对于教唆行为本身而言，对该行为所造成的结果而言则未必是故意。刑法中的"故意"和"过失"有其特殊含义，与日常语义不尽相同。刑法中的"故意"和"过失"更多地是针对行为可能造成的结果所持的心理态度。因此，刑法术语中的"故意"不同于"教唆"作为一个中文词语所包含的故意的一般内容。因此，作为刑法学术语的"过失"与教唆一词相结合不存在语言上的错误搭配。过失犯之教唆是指故意引起或增强他人实施可能侵害法益的行为的决意，教唆人和被教唆人对于该行为将产生的结果都属过失。之所以不能要求此中的教唆犯对被教唆人行为的所谓"犯罪性质"有认识，是因为过失犯本身的归责基础都不能作如此要求，只要过失实行行为是在行为人自我意志决定下做出的即可。如此一来，最终教唆人和被教唆人就可以实质的共犯关系来归责，都对同一结果承担过失犯罪之责。至于孰轻孰重，则视具体情况而判定。对于过失犯之帮助犯来讲，基于相同的原理也可以成立。

3. 摆脱归责的困境

承认过失犯之教唆和帮助犯，能够摆脱因对过失犯的教唆和帮助而导致严重危害结果案件的处罚漏洞和归责困境。在司法实践中，在某些案件中，如果没有此等加功行为，就不会发生严重的法益侵害结果。例如，司机甲载领导乙外出办事，领导乙以车速慢影响办事，指使甲加速行使，甲说如超速则违反交通规则易发生交通事故，但乙坚持让甲超速，甲没有办

① 参见［韩］金永哲译：《韩国刑法典及单行刑法》，中国人民大学出版社1996年版。

法只好加速，结果发生交通事故。就本案来看，如果让甲一人承担刑事责任，就会形成处罚的漏洞。因否定过失犯的教唆犯而形成的处罚漏洞即使在德国刑法中也客观存在。[①] 这显然是不恰当的。因为，很大程度上该事故的造成，乙在其中起着主要作用。因此，有必要对乙加以归责。但现在的问题是，归责的基础为何？在承认要处罚等情况下，先前所谓间接正犯说由于本身要求有很强烈意味的"利用"，很难获得合理的解释。那么其处罚根据就只能在单一正犯体系下对行为的扩张解释，或者共犯体系下的责任原理。没有更好的第三条路可走。而根据我国现有立法，只能以单独过失处罚。但由于过失犯也有实行行为，所以对于过失犯的正犯仅仅起实际的加功作用的教唆者和帮助者的行为就很难解释为过失犯的实行行为，即超速行驶本身解释为危险驾驶行为。故要做到既要处罚教唆人和帮助人，又要否定过失犯之教唆犯和帮助犯，是十分棘手的。在这个问题上，不能采取"一国两制"的办法，即对故意犯而言，承认一般情况下不能将教唆解释为实行行为，而在过失犯情形下，却又坚决将教唆引诱行为解释为实行行为而令其承担正犯之刑责。

4. 关于刑法的谦抑性和罪责刑相统一原则

有人担心承认过失犯之教唆和帮助犯违刑法的谦抑性。刑法正向非犯罪化和轻刑化的方向发展，将过失教唆行为和过失帮助行为纳入共同过失犯罪中，会扩大刑法打击的范围，造成过失犯罪处罚的扩大化。我们认为，承认过失教唆与过失帮助，确实扩大了刑罚处罚的范围，但这种扩大是必要的，同时也是符合教唆犯和帮助犯以及共同犯罪内在原理的。如同前述案例，对于强令司机甲超速行驶的乙，在发生交通事故后，只处罚甲而不

---

① 耶塞克教授指出：在正犯过失地行为，及幕后操纵者不具备构成要件所要求的正犯个人的先决条件的情况下，可能出现应受处罚性的漏洞问题：他可能因缺少故意的正犯行为而不作为教唆犯处罚，可能因为缺少正犯性质（Taeterqualitaet）而不作为间接正犯处罚。在亲自犯（eigenhaendige Delikte）情况下同样会出现类似问题。例如，诱惑医生过失地告知一应负保守秘密义务的事实，不能以教唆侵害他人秘密罪（第 203 条第 1 项）受处罚。但是对此，德国联邦法院刑事判决 4，355；5，47 持不同看法。（参见 ［德］汉斯·海因里希·耶赛克、托马斯·魏根特著，徐久生译：《德国刑法教科书（总论）》，中国法制出版社 2001 年版，第 778 页）

追究乙的责任，显失公平。因为在这种情况下，甲可以引用"期待可能性"来进行辩护，这样就可能导致轻纵犯罪，并为类似甲的行为人找到开脱的借口。而对于是否会造成刑罚的滥用与重刑，这种担心显属多余。首先，我国刑法对于过失犯罪，都以危害结果的发生为要件，只有具备极大的社会危害性，才予以追究。这本身就为过失犯罪设定了一个范围，而过失教唆在这一范围中再行确定；其次，我国《刑法》第13条"但书"具有的出罪功能，给予法官一定的自由裁量权，将情节显著轻微，危害不大的过失犯之帮助犯、过失犯之教唆犯排除在刑法射程之外，这样便只对少部分危害极其严重的过失犯之教唆犯和过失犯之帮助犯予以处罚。承认过失犯之教唆犯和帮助犯，主要是为惩罚情节严重的达到犯罪程度的过失犯之教唆犯、过失帮助犯设定法律和理论上的依据，是为避免放纵真正的犯罪人而作的理论、立法完善，有助于真正贯彻、实现罪责刑相统一原则和宽严相济的刑事政策，而并非盲目地扩大处罚范围。

（二）现有立法之弊

1. 过失共同犯罪本属共同犯罪，立法硬性限制了共同犯罪的范围

如前文已述，过失共同犯罪范畴之下的过失犯之共同正犯、过失犯之教唆犯、过失犯之帮助犯在本质上都符合共同犯罪这一概念和制度的存在价值和根据，原本就该统一纳入共同正犯和共同犯罪的范畴，而采统一的归责原则。现有立法和制度强推"分而治之"的政策，硬性限制了共同犯罪的成立范围，实不足取。

2. 与现实脱节

首先，共同过失犯罪现实存在且不断变化。而且随着现代工业社会的不断推进，由于"现代工业社会的专业性工作代表了大量有组织活动及劳动分配，这种特点不仅体现在以伴有大量组织制度为特色的工厂本身，以及明显的劳动分工等方面，……在这些工厂中，大量的工人参与了各种活动和生产的各个阶段"，可以预见共同过失有机整体地致害的情况会越发

严重。而现有的分别处罚的立法制度却并不足以起到良好的打击和预防此类共同危险行为的作用。立法和司法理应对此等变化做出恰当的回应。①

其次，共同过失犯罪在现实中纷繁复杂，特点各异，一刀切的处理办法殊为不当。前文已述，部分共同过失犯罪，尤其是部分过失共同正犯按照过失单独正犯分别处理，还勉强可行，但对于个别因果关系不明，且应当承认过失实行行为的前提下，归责却很成问题。要么造成处罚的空当，要么违背罪责刑相统一。

最后，司法解释及其问题。法律却由于其自身对稳定性的追求而表现出一定的滞后性，因此不能对瞬息万变的社会实践及时作出反应。于是司法机关就以司法解释这种相对"柔软"的方式试图弥补该种立法上的缺陷，我国《2000年解释》就是这样一种尝试。最高人民法院这一解释备受学界争议②。相对于学界的论争，实务界却表现出几乎一致肯定的立场。这是因为《2000年解释》的出台回应并顺应了实践的要求。而这个实践，就是共同过失犯罪的不容忽视，以及无视现实生活中的共同过失类型而一刀切的处理方式已经暴露出其局限性。长期的审判实践表明，对于交通肇事这一典型的过失犯罪案件，分别定罪量刑不能有效解决一些特殊情况，如"交通肇事后，单位主管人员、机动车辆所有人、承包人或者乘车人指使肇事人逃逸，致使被害人因得不到救助而死亡"。所以解释为了避免处罚空当，而强行规定对此等人以交通肇事罪的共犯处罚。因此，这一解释实际上是立法规定与现实需要相互博弈的产物。但由于很难将此等实际仅起加功作

---

①　第二次世界大战前，日本法院几乎没有承认共同过失犯罪的判例，但第二次世界大战后，也即日本经济高速发展时期，日本法院逐渐出现了承认过失共犯的判例，而且多发生在交通、公共安全、机械工业操作等领域。

②　持赞成态度的分为两类：一类是赞成将共同过失犯罪置于共同犯罪框架下，从而认为《2000年解释》肯定了共同过失犯罪的存在，合理却不合法；另一类是试图在现有刑法理论的框架下解决《2000年解释》的合法性、合理性问题。而持否定态度的多是从传统的共同犯罪理论出发，质疑《2000年解释》的合法性、合理性。学界的争议都集中在《2000年解释》的合法性、合理性问题上，是理论上的完善和质疑。

用的行为解释为过失的实行行为，加之现有立法的强行规定，从而使这一解释背上了有违罪刑法定原则之嫌这一"大逆不道"的罪名。这一切都源于立法的不当与掣肘。

3. 实务操作之痛

依照现行刑法，应当将共同过失犯罪作为数个过失犯罪处理，这样就意味着必须将一个案件分解为数个案件，分别证明各自的因果关系。姑且不论部分因果关系不明的案件无法证明而易造成刑罚的空当或任意出入人罪，即使能够证明也会大大增加举证的难度，是对司法资源的一种浪费。而这一切原本就该以共同犯罪来处理。不过现实是，司法机关为了有效地追究犯罪、最大限度地节省司法资源，对于共同过失犯罪的情况多采用合并审理的方式，并借用处理共同故意犯罪的方法，将各个过失行为作为一个整体——而不是分别来确定行为与结果之间的因果关系。司法机关这种万不得已的处理方法，偏离了刑法关于共同过失犯罪依照过失同时犯处理的旨趣，由此刑法的规定实际上被架空了。相反的，如果立法上承认共同过失犯罪，就可以对共同行为人的行为、结果以及因果关系一并举证，有效避免出现由于难以证明单个危害行为和危害结果间因果关系而无法追究行为人刑事责任的情况，也可以避免司法资源的浪费以及司法上的无奈。"在因共同行为而发生的过失犯的场合，共同行为者之间到底存在什么样的过失是比较明确的，但对结果和共同行为者各自的过失之间的因果关系则很难确定。而且即使能够确认，因为单从各自的过失来考虑，显得过于轻微，所以就难免存在不能处罚的情况。特别是在共同实施具有高度危险性的行为的场合，尽管对单独犯而言只是轻微的过失，但也足以引起严重的犯罪结果。所以，将这种单独过失作为共同行为者全体的过失来把握，不仅仅是正确处罚的需要，而且从预防犯罪的角度来看，也是很有必要的。"①

---

① ［日］大谷实著，黎宏译：《刑法讲义总论》（第2版），中国人民大学出版社2003年版，第315页。

4. 过犹不及

我国刑事立法属大陆法系无疑。我国是世界上为数不多的在刑法典总则中明确规定共同犯罪概念的国家之一。在立法上追求文本的明确无可厚非，但如果在总则中过分追求，而力图对各种概念竭尽详尽之能则未必不生过犹不及之效。在立法上，德国、日本以及我国台湾地区刑法至少为过失共同正犯的理论解释、司法处理留下了余地，使得如果面临相应疑难案件采用共同正犯的"部分实行，全部责任"归责原理加以处理，也不至于造成明显地违反现行刑法规定的结果，反而可能更适应新形势的需求。反观中国大陆刑法，早早地把大门关闭，以求得操作上和理论上的简便和统一，殊不知在阻断了理论研究向纵深方向发展的同时，也为实务操作制造了新的难题。

（三）立法重构

"若立法者处今日之世，必以他们今日立法之精神去解释法律，所以我们以这种精神及意义去解释法律，正是合于他们当时立法的精神。要知道法律一经颁布后，就超然独立于立法者之外。所以要探讨有疑义的法律的真义，和立法的人简直并没有什么关系。他们所立的法已成为一个独立的整体了。所有的问题，只是法律的目的，因为要使他在现实的世界实行，他须得特定人的承认。过去时代的法律应经现代的立法权者的接受和认可。"[①] 所以，当立法与现实出现脱节而又要解决实际问题的时候，很多人倾向于从解释论上去努力证明现有立法对过失共同犯罪的承认。法律需要解释，这是因为司法是以法为前提的，所以找法是必不可少的环节。其实任何法律都需要解释，否则就无法适用。德国学者考夫曼曾经指出：法律使用清楚的概念的情形，而且真正的清楚，不需要解释，也根本不能解释的只有数字概念（18岁）。所有其他概念都是有扩张可能的，而且也常常需

---

① ［德］司丹木拉著，张季忻译，陈灵海勘校：《现代法学之根本趋势》，中国政法大学出版社2003年版，第15页。

要解释。① 解释论作为一种重要的刑法学方法，主要是在已有的法律规定可能存在缺陷的情况下，试图运用各种解释方法来肯定或否定某一情形是否适用该法律规定。于是，在是否应当承认过失共同正犯的问题上，有为数不少的学者是从解释论的角度提出肯定或否定论的。与此相反，持立法论的学者则认为，从解释论肯定过失共同正犯走不通，那么就只能通过主张立法上加以修改来弥补法律规定的不足。

现实情况是，由于我国刑法规定太过"刚硬"，诸多解释论都很难绕过这座大山。因此"现行刑法并没有承认过失的共同犯罪，从解释论上试图推翻这一点，几乎不可能。"② 此为解释论的无助。"实际法学上有个问题，就是要照着过去时代的法律来解决当时环境之下的争执，并且在时代的观念与旧法制之间，求个调和适当的办法。这种问题无论哪种法律制度都会遇到，不过程度上略有不同罢了。任何法律绝不仅是昨日和今日的产物。"③因此，在时事变迁而导致的法律的相对滞后间尽量寻求合理的解决办法，但如果要从根本上解决问题，还是要从立法论意义上寻求突破口。综合以上论述，我们主张对我国大陆地区现有共同犯罪立法进行重构。

可以说，我国现有共同犯罪立法和理论体系是从故意共同犯罪出发并以之为标准而建立起来的。用这样的体系和标准作为衡量是否应该承认过失共同犯罪的标尺的做法未免有点霸道。我们认为，现行刑法第25条规定不仅未能正确反映共同犯罪的存在价值和根据，而且过于具体，不利于法典的稳定和张力，不能更大范围内适应社会的变迁和现实的需要。但若要立即并明确将其修改为"二人共同实行犯罪为共同犯罪。共同犯罪包括共同故意犯罪和共同过失犯罪。"则未必是件明智的事情。相反，可借鉴德、日以及我国台湾地区的刑法，将25条修改为：二人以上共同实施犯罪为共

① 参见［德］考夫曼：《法律哲学》，刘幸义等译，法律出版社2004年版，第94—95页，转引自陈兴良：《刑法教义学方法论》，载梁根林主编：《刑法方法论》，北京大学出版社2006年版，第8页。

② 张明楷：《共同过失与共同犯罪》，载《吉林大学社会科学学报》2003年第2期。

③ ［德］司丹木拉著，张季忻译，陈灵海勘校：《现代法学之根本趋势》，中国政法大学出版社2003年版，第2页。

同犯罪。此举至少为学说解释和司法处理留有讨论的余地和灵活处理的空间。至于教唆犯，现有的 29 条规定在逻辑上并未排斥过失犯之教唆犯，因此应予保留。而过失犯之帮助犯则可完全存活于现有的从犯的概念和制度之中。

不过，需要说明的是，在国内通说仍持否定说的前提下，我们主张的一系列观点必然会面临理论上的质疑，甚至可能被视为离经叛道。在某一段时期和某一个范围内，或许少数派会被多数派所不接受，甚至认为是"错"的；但，如果将视角放在整个刑法学发展的历史长河中，这一对立和转换则可能具有相对的意义。故即使不能说少数派将来一定变得有力，但对于刑法学理论的多元化可能也不无价值。这是我们站在肯定论立场的支撑之一。

当然，这也可能被实务界视为自说自话、遥不可及。但刑法理论本身在我们一般刑法理论所预期的目的上有其功能上的极限，对于学说与实务之间的差距而言，实务界一般会认为学说理论是不切实际的说法。其实，学说理论带有理想色彩，设定目的本来就是某种程度的要改变实务做法，因此本来就不会，也不应该完全吻合实务。学说对实务的批评，并非要对于实务态度有所责难，而是在提供讯息。与其说学说所寄望的是今天判决通例或立法对于学理的依循，不如说是经过长时间发酵过程后观念的迁移，一来是因为观念的改变，特别是集体观念的改变需要时间，二来是实务工作就是有实务工作的背景与原则。一个最现实的问题是，当法官所负荷的案件量过大的时候，可能就难以有思考的时间了。学理不可能淡忘本身的理想色彩。[①] 尽管我们所作的努力可能颇具"理论色彩"，甚至还可能面临被彻底否定的风险，但这一探讨本身若能够提供一点不同的意见和思路，为更审慎地看待问题本身有所助益就基本达到初衷了。

---

① 黄荣坚：《基础刑法学》，元照出版公司 2006 年版，序言部分。

第五章 过失共同正犯部分
实践难题和对策

在应然和立法层面承认过失共同正犯的前提下，对于过失共同正犯在实践中的运用有或可能会有如下几个问题值得注意。

第一节 过失共同正犯成立的几个问题

一、共同过失实行行为的核心作用

在判断数行为人是否构成过失共同正犯而令其均承担正犯之责时，应特别注意共同过失实行行为的核心地位和作用。根据行为人是否有共同实行行为来进行最终判断。试举英国发生的 mahmood 一案予以说明。

在 mahmood 一案中，两个年轻人偷了一辆小汽车，高速行驶，最后遗弃该车时，没有拉上手制动，结果滑入人行道并轧死了一个婴儿。法庭认为，小车中的乘客如果预见到司机高速行驶可能伤害或杀害某人且事实上的确如此时，就要承担相应的刑事责任。但事实是，车上的乘客不一定能预见司机遗弃小车是竟如此大意（没拉手制动），所以他不应该为婴儿的死承担责任。或许在本案中，mahmood 还可以这样辩解：在司机未拉手制动就离开小车的那个时点，危险驾驶的共同行为就已经结束了。①

---

① See Jonathan Herring, *Criminal Law*, 3rd edition, Law Press, China, 2003, 420.

　　法官认为，本案中关键的问题是被告人 Mahmood 是否有预见的义务。那么既然本案的法庭认为，两位年轻人从共同偷车后开动到停下这期间所从事的行为是共同的危险驾驶行为，那么问题的关键就不在于被告人在事实上作为"乘客"是否能或已经预见司机离开小车却没拉手制动这点，而在于被告人是否应该有这样的预见义务。而这又取决于共同过失实行行为这点。如果被认为是共同危险行为整体的话，那么就可以肯定有预见义务。第二个层面，驾驶的外延问题。驾驶的起点和终点，从一般的社会经验上看，理应从打开车门那一刻起——现在的汽车有一些诸如遥控启动等新功能，那么这样的起点就应该从按动遥控器的那一刻开始计算——直到熄火关好车门离开的那个时点为止。这中间一系列的动作、步骤和要求都是考取驾照必须掌握的，而考取驾照所要学习的内容应该都是交通法规所规定的，故法律法规明确了整个驾驶过程的外延，理应包括熄火后安全拉上手制动这一步骤，在离开车门前的那一时点，整个驾驶过程都没有结束。驾驶汽车的结束点不应以熄火为标志。因此如果认定二人是危险驾驶行为的共同体，那么 Mahmood 哪怕作为乘客也要承担责任。至此，问题转到第三个层面，mahmood 到底有没有与司机一起负有共同的预见义务或者相对于司机的主要义务而言的次要义务。首先可以肯定一点，这里的预见义务并不能由先前的共同偷车行为衍生而来，因为：共同偷车并不必然共同驾驶，此其一；其二，共同偷车也不意味着共同制造风险之行为。其次，二人的行为，如果排除轮流驾驶的情况，mahmood 如果一直都是以乘客的身份存在，那么就不构成典型意义上的共同危险驾驶的情况，从而不构成过失共同犯罪，不必对婴儿死亡负责。再次，如果 mahmood 在司机的驾驶过程中起到教唆、帮助的作用的话，如熄火后教唆、催促司机迅速离开小车，而增加了司机忘记拉手制动的几率，从而增加了法益侵害的危险的风险和可能性，就可以肯定其过失犯的共犯地位而令二者承担过失共同犯罪之责任，只不过，司机要承担主要责任而已。由上可见，是过失共同实行行为的范围决定了责任主体的范围和方式。

二、过失共同正犯与过失犯之帮助犯的界限

在理论上，关于正犯与共犯的区别有诸多争论，而正犯与帮助犯之间的界限问题争议更大。[①] 但无论如何，关键还在于对实行行为的认定和把握。而过失犯的实行行为需要结合个案来确定。在此基础上，看该行为是实行行为还是仅仅是对实行行为的加功。不过，虽然从理论上可以如此简单而清晰地予以界定，但在现实判断中却不那么容易，还需要一些更具体的判断依据。其实，在日常生活不精确的帮助概念里，帮助者与被帮助者不同的是，被帮助者相对于帮助者，在要不要事实实现的决定权上，居于决定者的地位。换言之，这是一种人际关系上的概念。所谓被帮助者居于决定者的地位，意即要不要让这一件事情实现，最后都要看被帮助者说要或是说不要，至于帮助者，是一个没有决定权的人。总之，帮助犯之被帮助者是一开始决定犯罪的始作俑者，并且一直到最后，也是有权完全决定犯罪实现与否的终结者。帮助者虽然是犯罪事实之因果历程的参与者，但是却是决定犯罪事实之人际关系的局外人。[②] 以下以"口交撞车案"为例予以说明。

所谓"口交撞车案"大致是：T男开车载女友P时，一时性起，要P为其口交，P从之。岂料T却在紧要关头神智恍惚时追撞O车，致O死亡，T本人亦因撞车时阴茎在P口中而被其牙齿咬伤重创，终身不举。[③] O之死亡应当如何归责？T和P是构成过失共同正犯，还是P构成交通肇事罪的帮助犯，或者二人构成单独过失犯？林钰雄教授观点是：过失犯无正犯与共犯之别，也无所谓过失帮助。抛开应否承认过失共同正犯和过失共犯的问

---

① 参见〔日〕大谷实著，黎宏译：《刑法讲义总论》（新版第2版），中国人民大学出版社2008年版，第405—406页。

② 例如某甲提供密码保险箱密码，如果只是给某乙方便，至于要不要行窃，完全由某乙自己做决定，那么某甲就只是帮助犯。但是如果某甲提供保险箱密码，是帮其手某乙去行窃，那么某甲相对于某乙，并不是一个没有决定权的人，所以不仅是帮助犯，而是正犯。（参见黄荣坚：《基础刑法学》（下），中国人民大学出版社2009年版，第497—498页）

③ 林钰雄：《新刑法总则》，元照出版公司2006版，第168页。

题，林教授的观点至少可以理解为认为 P 在整个过程中实施的是帮助行为。但问题是，如果不是 P，那 T 也完全可以不借助于 P 的行为而达到性的满足。由此看来，P 的行为本身是实施危险驾驶这一实行行为本来的一部分，还是说仅仅对危险驾驶行为本身的产生和发展起到帮助和推动作用，或者说口交行为与危险驾驶行为是两个紧密联系但又相互独立的行为？

从另外一个角度，法规范并不会禁止一般情况下的口交，但会禁止在某些情况下的口交，如公共场所的口交（本身就是猥亵罪的实行行为），以及某些私密情况下的口交，行车驾驶过程中，即使这样，一般情况下也不能说禁止与非驾驶人口交。此种情况下，从一般的社会经验来讲，口交一般都会影响和分散驾车者的注意力，会令其驾驶能力和预见能力在特定的时间内削弱。如果说此种情形下的危险驾驶其实质就是精力分散下的驾驶，由于纯粹的控制方向盘的驾驶行为具有物理性，而所谓危险驾驶则加入了注意力分散的属性。而口交并不是单方的，而是双方的，也是互动的，驾驶者是且仅仅是其中一部分，这个与其自慰没有本质区别。而且，就是否实施以及继续实施口交状况下的危险驾驶行为的决定权并不完全在 T，P 在整个过程中与 T 一起共同决定和主导着危险驾驶行为的整个进程。所以 P 的行为理应认为是整个危险驾驶行为本来的有机组成部分，所以可以认为其实为危险驾驶的实行行为，从而认定为过失共同正犯。

三、过失共同正犯与监督过失

监督过失的概念源自日本。监督过失问题的探讨，缘于 20 世纪 60 年代末期，被热烈地讨论则始自日本森永奶粉砷中毒事件。[①] 在实务中，确定灾难性重大事故的过失责任时，发现由于此类事故往往是多人过错行为导致，而行为人之间又存在着有机的联系，追查过程中，除了现场直接作业的人员违反规章制度外，往往还发现生产经营的组织领导和管理者疏于管理监

---

① 参见［日］前田雅英著，吴昌龄译：《监督过失》，载《刑事法杂志》第 36 卷第 2 期，第 39 页。

督，但通常因"地位越高，离现场越远，越没有责任"，而免除上层领导者、监督者过失责任。为防止这种不合理现象，"监督过失"的理论应运而生。① 所谓监督过失，是指二个以上有从属关系的行为人，即监督者与被监督者之间，由于被监督者在监督者的懈怠监督下而故意或过失地实施了犯罪，而相应地追究监督者的过失责任。其中，由于故意行为几乎完全支配结果发生，此时监督者的过失行为对结果发生毫无影响，应不负责任。② 故被监督者之行为限于过失行为。与在法律上处于平等关系的人所实施的竞合过失、有主观联系的过失不同，监督过失中各个行为人的地位是不平等的，下位者受到上位者的控制，上位者并没有实际参与行动，却在对下位者的过失行为没有尽到其监督义务时就肯定上位者的过失。例如，作为上级人员的工厂厂长由于疏于对现场工作人员的适当指挥、监督，致使工作人员疏忽大意，违反操作，引起爆炸事故的情况就属于此。③ 不过，在理论上，监督过失还有广义与狭义之分。狭义的监督过失指"对直接行为人的指挥监督不当而成立的过失（监督过失）"。广义的监督过失还包括"通过管理者的物质配备、人事制度的不完善自身和引起结果之间的关系而成立的过失（管理过失）"。④ 故目前在理论上，称"监督过失"时，通常是指"管理、监督过失"。

但是，无论是监督过失还是管理过失，都不过是对现象形态的称呼，并不是说存在管理过失、监督过失这一特别的犯罪类型。所以，只能在一般的过失犯的理论框架中，对管理过失、监督过失加以说明。⑤ 在监督过失的场合，与一般过失不同的是，法益侵害结果并不是由监督者，而是由被

---

① ［日］大塚仁著，冯军译：《刑法概说（总论）》，中国人民大学出版社2003年版，第211页。

② 廖正豪：《过失犯论》，三民书局1993年版，第231页。

③ 参见［日］大谷实著，黎宏译：《刑法讲义总论》（新版第2版），中国人民大学出版社2008年版，第188—189页。

④ ［日］大冢裕史著，黎宏译：《企业灾害和过失论》，载高铭暄、赵秉志主编：《过失犯罪的基础理论》，法律出版社2002年版，第85—86页。

⑤ ［日］大冢裕史著，黎宏译：《企业灾害和过失论》，载高铭暄、赵秉志主编：《过失犯罪的基础理论》，法律出版社2002年版，第86页。

监督者的行为直接引起。也就是说，监督者和法益侵害结果间插入了被监督者的行为。如此一来，就结果而言，监督者和被监督者间是否具有共同犯罪关系即成为问题。

（一）监督过失与过失共同正犯

关于监督过失的场合，监督者与被监督者之间有无成立过失共同正犯的可能，理论上有不同意见。持否定论者认为监督者与被监督者之间地位不平等，监督者只是负责提醒、制定安全操作计划等辅助性行为，并没有实际分担具体的实行行为，故不能与直接分担过失实行行为者成立共同正犯。而也有论者站在肯定论立场认为旅社、旅馆大规模火灾事故中的监督过失，并不是没有包含着过失的共同正犯。另外，还有学者从共谋共同正犯的角度，认为由于处于优越支配地位的人与处于知情地位的人，能够实行共同的犯罪行为，不一定只是对等的人与人之间的关系，因此，没有必要对过失共同正犯的成立予以限制，故主张成立共同正犯形态。①

我们认为，监督者与被监督者间能否成立过失的共同正犯不可一概而论。能否成立过失共同正犯，关键看法益侵害结果是否是由各行为人的共同的过失实行行为所致，且各行为人对此共同实行行为是否有认识。一般情况下，监督者与被监督者处于上下级的不平等关系之中，前者通常不会直接实行或分担后者的实行行为，故不能成立过失共同正犯的关系。于是，有的论者据此特别强调了平等地位在过失共同正犯中的重要作用甚至决定作用，似乎只有在平等地位者之间才能形成过失共同正犯。但事实并不总是如此，因为在一般地位上处于上级的行为人也完全可能与下级共同为过失的实行行为。所以，是否成立过失共同正犯，不能绝对以各方地位是否平等为标准。

在实务运用中，要特别注意根据规范的保护目的来确定各方地位是否

---

① 参见〔日〕佐久间修：《共同过失与共犯》，载马克昌、莫洪宪主编：《中日共同犯罪问题研究》，武汉大学出版社 2003 年版，第 59—61 页。

平等，并进一步判断各方是否实施了共同的过失实行行为。以日本的"巴士车祸案"为例。本案中，法院判决虽然认为驾驶和乘务员有负互相维持汽车行驶安全之义务，但两人不因这层关系成立共同行为，故认定驾驶员和乘务员是过失的竞合，从而无法成立过失共同正犯。其逻辑是驾驶员酒醉驾车，对车祸的死伤无论如何都有责任；乘务员让公车满载乘客，以致车门无法关上，也对死伤结果有责任，两人的过失责任可个别认定。但问题是：本案看起来是"驾驶员的醉驾而致使车辆控制不稳、急打方向盘令车辆重心急速偏离"与"乘务员容忍车辆超载而未将入口车门关上"两者的结合（竞合）所致，似乎有一定的偶然性，但仔细分析起来，当中却不无问题。

其一，安全行驶的内涵和外延。本案中，事发车辆不是社会一般车辆，而是公共交通车辆。除了无人售票公车外，后者一般情况下都配备一名司机和至少一名乘务员。这种公共交通的安全行驶（而非单纯的"安全驾驶"）是一个整体概念，是由驾驶员和乘务员共同完成和保证的。换言之，司机的谨慎合理的驾驶行为与乘务员的规范合理的职务行为都是整个公共交通安全驾驶的必要组成部分，任何一方不符合要求的行为都是对公共交通安全行驶的危险行为或者侵害行为。

其二，驾驶员和乘务员之间相互平等，彼此协同合力共同形成安全行驶的实态。驾驶员和乘务员齐备的情况下，驾驶员单独的驾驶行为并不足以保证车辆安全行驶；反之，乘务员亦如是。法规范的目的不仅仅在于要求驾驶员安全驾驶，也不仅仅要求乘务员谨慎规范行为，而是要求二者行为合二为一以确保整体的安全行驶；加之驾驶员和乘务员相互间的行为都具有专业性，不具有可替代性，因此，这是一个较为典型的分工合作下的安全范畴。因此，就法规范目的下的安全行驶而言，一方面可以认为双方都利用了对方的行为以达到最终的安全行驶之目的，另一方面又要对对方的行为予以监督。亦即司机除了自己安全驾驶车辆外，还要监督乘务员的行为是否合法合理；反过来，乘务员除了自己的主要业务范围外，还要监督司机的驾驶行为。这是分工合作关系的必然要求。因此，此二人对对方的违规行为都有监督不力的责任。

其三，双方各自在事实上实施的危险行为都是共同危险行驶的有机组成部分，是一种共同实行危险行为的表现。共同行为不一定非得要求多个主体做同一件事，如两个都是司机或乘务员，都在驾驶或者外围服务，一个统一目标或实体范畴下的分工合作者各自的行为也是共同行为，这个原理无论在故意共同实行中，还是在过失共同实行中都应是如此，这也是共同正犯"部分实行全部责任"的根基所在。

其四，主观上，二被告人共同实行威胁安全行驶的危险行为时主观上是有联络的。主观意思联络不一定要表现为明确地要求共同体中的他方做或不做某事情的外在意思表示，双方的默示或在认识到对方行为下的容认也是一种意思联络。换言之，即不能因为司机没有明确对乘务员说"多装点"、"门关不了，没问题"之类的话，或因为乘务员没有鼓动司机醉酒驾驶或者对司机说"喝点酒，没问题"之类的言词，就否认二者间的意思联络。实际上，本案中，司机对乘务员的危险行为，乘务员对司机的危险驾驶行为应该说都有认识，但都存在容忍的意思和心理，仍然继续合作，从而以实际行动表明了对对方行为的肯定，尽管是以一种默示的方式。

综合上述分析，根据规范的保护目的"安全行驶"而言，司机与售票员间地位是平等的。不仅如此，二人还在意思联络下共同实施了"危险行驶"这一超越允许的风险的过失实行行为，并导致了法益侵害结果的发生。故二者理应构成过失的共同正犯，而非过失同时犯或过失的竞合。尽管定罪上没有区别，但内在机理却大相径庭，甚至量刑都会因此而不同。①

（二）监督过失与过失共犯

有论者认为监督过失应当单独处罚。但也有学者主张肯定论，认为：

---

① 如果是过失竞合，那么就意味着各个主体似乎都不用对对方的过失承担责任。但若以过失共同正犯定性的话，就要根据"部分实行，全体责任"之原则来认定，也就是，除了自己的不法行为之外，还要对对方的不法行为承担责任。如此一来，势必在量刑上就会产生不同的结局。

"离发生侵害结果较近的人相当于直接正犯，而背后的监督者仅仅只是对现场行为人的过失行为起到助长、促进的作用"。所以，"在这里，应当认为主张成立过失的从属共犯也是有相当的理由的"。[①] 对于监督过失能否成立过失共犯以及成立何种共犯的问题，我们认为同样不可一概而论。

如前所述，监督过失不是一种独立的过失形态，监督者与被监督者间是否成立共犯关系应当独立判断，即根据监督者的行为是否对被监督者的过失实行行为形成了加功，且彼此间对这种加功与被加功的关系有否认识。在众多上级主体中，只要具有这种加功关系的，就可以成立过失共犯，否则，以单独过失犯处罚。在实务中，主要注意以下几点：

第一，监督者指使或强令被监督者为过失犯的实行行为而导致危害结果的发生的处理。在这种场合下，由于监督者本应该监督被监督者谨慎安全执行，但由于过于自信或疏忽大意的行为以致引起了被监督者的过失实行行为并导致侵害法益的结果发生。此种情形应以过失犯的教唆犯来处理。不过，需要注意的是，虽然被监督者因过失行为而致害，但由于是执行作为上级的监督者的命令，故其为合法行为即拒绝执行上级命令的期待可能性降低。所以在最终的归责量刑阶段，可以考虑从宽处罚。

第二，现场监督者对被监督者的实行行为置之不理、纵容或提供帮助，反而助长、强化了被监督者的不谨慎、行为驱力以及错误的几率，进而在整体上提高了风险和法益侵害结果发生的可能性。因此，当成立过失犯之帮助犯，以从犯之责予以处理。

第三，关于信赖原则的适用。所谓信赖原则，是指在有关多数人的事件中，与该事件有关的人，信赖其他有关人遵守规则采取适当行为的场合，如果其他有关人无视规则等采取不适当的行为，它与自己的行为相结合发生构成要件的结果，对其结果不追究过失责任的原则。这一原则最早由德国刑法理论产生，并主要适用于交通犯罪领域中。然而，应当说这一原则

---

① 参见［日］佐久间修：《共同过失与共犯》，载马克昌、莫洪宪主编：《中日共同犯罪问题研究》，武汉大学出版社2003年版，第61页。

应当不限于交通犯罪所特有，而是能够适用于"对防止危险存在协力分担关系的所有领域"的法理。①

一般的过失犯情形，如交通肇事中肇事人对于被害人为合法行为的信赖中，信赖原则有其适用的余地。但监督过失的场合有所不同。即，监督者基于其在组织内是上位者的地位，一方面与作为相互协助、共同工作的同伙中的一般过失相比，更能信赖是下位者的被监督者，但是另一方面，作为上司，又应该监督部下的行动，使其不发生错误而为过失实行行为，所以，也可以说存在使信赖原则的适用受到限制的一面。特别是，部下担当的工作包含着对人的生命、身体的高度危险时，以及部下不具有充分的能力时，上司的监督义务就大，很多情况下就不适用信赖原则。总之，这种场合下，由于被监督者相当于监督者的"手脚"，故原则上不使用信赖原则。②

而对于过失共同正犯的情形而言，由于各共同犯罪者本身皆有罪过，也共同为过失实行行为，故不能在自己犯错而为的情况下期待共同行为体中的他人为合法、谨慎的行为。所以此种情形不能适用信赖原则，否则每个人都可以借此将责任推给其他人。不过，需要注意的一点是，在某些数人共同为某种行为而共同导致某种法益侵害结果发生的情况下，如果其中某人或某几个人自身没有过失，那么就有理由信赖其他人为谨慎、合法行为而避免结果发生，进而阻却自身责任的同时，也阻断了其作为过失共同正犯处罚的可能。这同时说明，过失共同正犯的成立，必须以个体均有过错为前提。

第二节　关于《2000年解释》的两个难题

交通肇事罪是典型的过失犯罪之一。在实践中，客观存在诸多由数人

---

① 参见马克昌著：《比较刑法原理——外国刑法学总论》，武汉大学出版社2002年版，第261—264页。

② 参见［日］大谷实著，黎宏译：《刑法讲义总论》（新版第2版），中国人民大学出版社2008年版，第189页。

共同实施了交通肇事罪的实行行为，而在共同过失的支配下导致了法益侵害结果的案件，如轮流驾驶而肇事案、共同牵引车辆肇事案①、合江翻船案②等。囿于我国现有立法，这些案件最后都以单独过失犯处理。但是，几乎每个案件中的个体行为主体仅仅实施了部分实行行为，不过最后全体行为人都对全部结果承担了全部责任。这只能说明，此等案件实际上是悄悄地运用了共同正犯的"部分实行，全部责任"的归责原理来处理的，其实质都应该归入过失共同正犯。这再一次证明了否认过失共同正犯在实务操作中的尴尬。不仅如此，《2000 年解释》还给理论界和实务界出了两个更大的难题。

一、关于《2000 年解释》第 5 条第 2 款

最高法院《2000 年解释》第 5 条第 2 款指出："交通肇事后，单位主管人员、机动车辆所有人、承包人或者乘车人指使肇事人逃逸，致使被害人因得不到救助而死亡的，以交通肇事罪的共犯论处。"

（一）争议及评析

该条解释颁布后立即引起轩然大波。首先，过失共犯肯定论，即认为本条是对过失共同犯罪的肯定。其次，认为我国立法明文否定过失共同犯罪，此举违反罪刑法定原则。再次，坚持传统共同犯罪理论的解释论。即认为本条其实并没有肯定过失共犯。因为肇事行为是过失，但逃逸行为是故意。指使者在明知肇事已发生的情况下，仍指使、教唆肇事人实施

---

① 2003 年 6 月 6 日 6 时 20 分左右，被告人叶某驾驶一辆拖拉机，用 3 米多长的尼龙绳牵引由被告人江某把持方向的无牌报废拖拉机，从浙江省温岭市箬横镇前江村驶往箬横镇东洋里村。当牵引至林石线 14km 处时牵引尼龙绳断裂，无牌报废的拖拉机失去控制，碰撞路边行人王某、陈某、毛某，造成王某经医院抢救无效于当日死亡、陈某重伤、毛某轻伤的重大交通事故。公安交警部门认定，叶某、江某负本次事故的全部责任。经法院审理，二人均构成交通肇事罪，并都被分别判处有期徒刑 1 年，缓刑 1 年。（参见邓思清主编：《刑事案例诉辩审评——交通肇事罪》，中国检察出版社 2006 年版，第 61—65 页）

② 具体案情参见最高人民法院刑事审判第一、二庭编：《刑事审判参考》2001 年第 2 辑，法律出版社 2001 年版，第 1—4 页。

逃逸行为的，与肇事者对肇事后的逃逸具有共同的故意，应共同对这一后果承担刑事责任。故指使肇事人逃逸并致人于死，符合共同故意犯罪的要求。[①]

对于以上争议，我们认为，首先，交通肇事罪是不折不扣的过失犯罪，因此不管基于何种理由而归责，"交通肇事罪的共犯"的提法至少在逻辑和概念上可以认为是对过失共同犯罪的承认，尽管似乎有点"超前"了；其次，传统理论的辩解不无问题。对此，有学者对传统理论提出了有力的反驳。总结起来主要在于：其一，如果视逃逸为故意犯罪，则会与结果加重犯的结构模式产生矛盾；其二，导致与故意杀人罪的罪刑不均衡；其三，逃逸本身是故意，但对于死亡结果则未必是故意，也可能是过失；其四，逃逸行为本身并不必然能定性为间接故意杀人；其五，定性为共犯，但欠缺基本犯；最后，在现有共同犯罪立法不承认过失共同正犯的前提下，要做到既否定过失共同犯罪，又赞成上述司法解释，很困难。[②]

---

① 实务界持肯定的立场认为："第一，车辆驾驶人员肇事引发交通事故虽然是过失的，但在交通肇事后的逃逸行为却是故意的。尽管前后在主观方面发生变化，有所不同，但刑法并非因此对故意逃逸的行为单独定罪，而是将'交通肇事后逃逸'以及'因逃逸致人死亡的行为'规定为交通肇事罪的加重处罚情节，一罪论处。第二，指使者虽未帮助或教唆实施肇事行为，但在明知肇事已发生的情况下，仍指使、教唆肇事人实施逃逸行为。最终，肇事行为与共同逃逸行为造成了被害人死亡的后果，指使者和肇事者对肇事后的逃逸具有共同的故意，故指使者应与肇事者共同对这一后果承担刑事责任，并且只能以交通肇事罪的共犯论处。"（参见孙军工：《〈关于审理交通肇事刑事案件具体应用法律若干问题的解释〉的理解与适用》，载《刑事审判参考》第一辑，法律出版社2001年版，第78页）理论界也有类似观点。如有学者指出："（司法解释第5条）第1款已表明，肇事人对因逃逸致使被害人死亡这一结果的心态已经不是过失，而是故意（一般为间接故意）。肇事人将他人撞伤，这一行为导致产生救助被害人的法律责任，因逃跑而不履行此义务便构成了刑法上的不作为；逃跑时由于逃避法律追究心切而置被害人的死活于不顾，被害人因得不到救助而死亡，肇事人对死亡结果持放任心态是毫无疑义的。第2款，有关人员出于不同动机指使肇事人逃逸时，对被害人的死亡结果实际上也是持放任态度。这就是说，有关人员与肇事人在主观上有共同的故意（共同故意包括共同间接故意）。在客观上，肇事人逃跑行为是在有关人员'指使'下产生的（'指使'至少对肇事人逃跑起到一定推动作用），因而两者之间存在因果关系，所以有共同的行为（有关人员指使肇事人逃跑和肇事人逃跑行为对死亡结果而言均为不作为的犯罪形式，共同行为包括共同不作为）。有共同故意和共同行为当然可以构成共同犯罪。"（参见储槐植：《读"因逃逸致人死亡"司法解释》，载《人民法院报》2001年1月23日第3版）

② 具体参见张明楷：《刑法学》，法律出版社2004版，第493—494页。

（二）具体分析

1. 关于"逃逸致人死亡"的主观罪过特征

关于这个问题，理论上有争议。观点一认为："因逃逸致人死亡"包括直接故意，并进而指出七年以上的法定刑太低；[①] 观点二认为："逃逸致人死亡"包括过失和间接故意，但不包括直接故意；[②] 观点三认为："逃逸致人死亡"仅限于间接故意，即行为人交通肇事致人重伤，为逃逸而遗弃被害人致其未得到及时救助而死亡；[③] 观点四认为："逃逸致人死亡"仅限于过失。[④]

行为人主观罪过是指相对于最终法益侵害结果而不是指对逃逸行为本身的态度。从理论上看，逃逸致人死亡的因果流程中，行为人对于最终的死亡结果所持的态度，可能存在四种可能：其一，疏忽大意的过失，如被害人昏迷，行为人因精神紧张误认为被害人已经死亡，遂驾车逃逸，被害人因得不到及时救助死亡；其二，过于自信的过失，如行为人下车查看被害人伤情，认为被害人只是轻伤，不致有生命危险，遂驾车逃逸，被害人因失血过多死亡；三是间接故意，如行为人明知被害人得不到及时救治就会有生命危险，但因为害怕承担巨额医疗费用或者害怕被追究刑事责任而驾车逃逸；四是直接故意，如行为人发现被害人恰好是自己的仇人，故产生了希望其死亡的心理。我们认为，逃逸致人死亡的主观罪过特征宜限于过失。最根本的理由在于罪刑相适应，即故意杀人罪的法定刑要远远高于交通肇事罪，如果此处逃逸致人死亡还包括故意杀人的情况，则必然会出现罪刑不均衡的结果。

---

① 参见范忠信：《刑法典应力求垂范久远》，载《法学》1997 年第 10 期。

② 参见魏克家、欧阳涛等主编：《中华人民共和国刑法罪名适用指南》，中国人民公安大学出版社 1998 年版，第 62 页。

③ 参见于改之：《不作为犯罪中"先行行为"的本质及其产生作为义务的条件》，载《中国刑事法杂志》2000 年第 5 期。

④ 参见林维：《交通肇事逃逸行为研究》，载《刑事法判例》（第 1 卷），法律出版社 1999 年版，第 269 页。

2. 结果加重犯？

有部分学者认为交通肇事逃逸致人死亡属于结果加重犯。也有部分学者持否定意见：《刑法》第 133 条规定的交通肇事罪"因逃逸致人死亡"，显然"致人死亡"的结果不是由交通肇事行为造成的，因而即使刑法对于"因逃逸致人死亡"的交通肇事罪规定了更重的法定刑，但这一规定并不属于交通肇事罪的结果加重犯。[①] 我们赞同否定论，认为其实这部分不宜理解为结果加重犯。这是因为：与故意犯如故意伤害相比，虽然更重的结果表面上都主要是基本犯的行为本身含有造成更重结果之可能，似乎一路发展延伸而来，但二者不能等量齐观。在故意犯如故意伤害致死中，当故意伤害行为造成了死亡危险后，并没有反过来救助被害人以避免死亡发生的义务，最后发生的死亡结果，可以视为纯粹地由基本犯的实行行为完整、自然导致。最终还是由一个行为所致。正因为这点，才会形成结果加重犯，以重结果一罪处罚。但是，在交通肇事致人伤害，逃逸致人死亡的情形则不同。交通肇事过失致人于伤害，并具有死亡的危险。依照道路交通法之规定[②]，任何肇事之人都有救助被害人的义务。即使没有该规定，基于先行行为原理，也同样负有救助义务。从此时点开始，被害人生命发展的流程在很大程度上取决于肇事者是否履行救助义务这点上。换言之，如果肇事者履行义务，那么就可能阻断这一流程；相反，如果不履行救助义务，那么最后的死亡结果则很大程度上是由后面的逃逸不作为所致。可见，逃逸致人死亡的结果并不是交通肇事行为这一先行为造成的结果的自然延伸，而是中途加入了后面逃逸行为这样一个相对独立的不救助行为，死亡很大程度上是由逃逸不救助所直接导致。正是在这个意义上，司法解释才规定为"因逃逸致人死亡"而不是"交通肇事致人死亡"。因此严格来讲交通肇

---

① 林亚刚：《论结果加重犯的若干争议问题》，载《法学评论》2004 年第 6 期。

② 2004 年 5 月 1 日施行的《中华人民共和国道路交通安全法》第 70 条规定："在道路上发生交通事故，车辆驾驶人应当立即停车，保护现场；造成人身伤亡的，车辆驾驶人应当立即抢救受伤人员，并迅速报告执勤的交通警察或者公安机关交通管理部门。因抢救受伤人员变动现场的，应当标明位置。乘车人、过往车辆驾驶人、过往行人应当予以协助。"

事逃逸致人死亡，实质是两个实行行为，即交通肇事本身既是先行行为，同时也可能已经构成了犯罪，后面一个不作为致人死亡则是基于这一可能具有犯罪性质的先行行为而成立，因此前后是两个相互联系但又相互独立的行为，构成交通肇事罪和不作为的犯罪，都应该评价，也不存在重复评价的问题。

引申一步，一般情形下的先行行为不构成犯罪的情形下，如追打或带领被害人游泳而溺水不救致被害人死亡案，最后既可以定不作为故意杀人罪，也可以定不作为的过失致人死亡罪。这种情形是没有对其先行行为单独评价的。但如果先行行为本身是犯罪行为，则必须对其单独评价，因为性质已经超出了一般的范围，而且，尽管危险状态是由犯罪的先行行为引起，但最后定的不作为犯罪也如同一般情形一样，不会涉及对先行行为的否定性评价，而是仅就后面的不作为行为本身所导致的更重的结果所作的否定性评价。后面一部分评价的对象的时点是从先行行为已经导致法益的危险状态那一刻起，前后两个阶段相连，但相互独立。判例上，如故意杀人而投毒于米饭，见另外一无关之人食用而不制止，就评价为故意杀人未遂与不作为的杀人罪两罪。那么于过失犯而言，道理也是相同的，也是前后两个行为。从而，也不存在重复评价的问题。

而现在司法解释将此种情形定为交通肇事罪加重处罚，或许可以将其理解为一种竞合，从一罪处罚。但无论如何，交通肇事逃逸致人死亡的前后两段行为的主观罪过形式和整体罪过形式都宜限于过失。在此前提下，指使、命令他人逃逸之人的责任根据应该在于对逃逸致人死亡这一过失行为的加功教唆。因此，根本的解决办法应该在立法上承认过失共同犯罪。① 但是，即使承认了这点，也还有一个问题需要解决，即教唆人欠缺肇事的

---

① 韩国刑法在其第 34 条迈出了这一步："（一）对于因某种行为不受处罚者或者按过失犯才处罚者，予以教唆或者帮助而使其犯罪行为发生结果的，依照教唆犯或者帮助犯处罚。（二）对于受自己指挥的、监督的人予以教唆或者帮助，而致前项结果发生的，如为教唆时，以正犯应处之刑罚处罚或者加重其应处之刑罚的二分之一。……"（参见［韩］金永哲译：《韩国刑法典及单行刑法》，中国人民大学出版社 1996 年版）

基本行为。在这种情况下，又当如何解释呢？我们认为，可以尝试将其解释为承继的共犯。即指使、教唆之人以指使、教唆行为表明其在对肇事人肇事致人伤害事实明知的情况下，中途加入到肇事人后段的"逃逸致人死亡"的行为流程中，引起或强化肇事人逃逸的意志决定，并形成彼此间的互动。从而可以认为教唆人是在对前面肇事行为的认可的情况下，以承继共犯的形式成为交通肇事罪的共犯。

3. 实践运用

本条司法解释在实践运用中要特别注意法定刑的适用问题。根据刑法规定，交通肇事逃逸致人死亡的法定刑是七年以上有期徒刑。既然教唆者作为交通肇事罪的共犯，按照教唆犯的一般处罚原则，教唆犯既可能依照主犯处罚，也可能依照从犯处罚。现在的问题是，此等共犯者的量刑区间在实践中当如何把握？现举一例以示说明。

1999 年 6 月 5 日，某部战士王某驾驶一辆三菱越野车执行任务途中，适逢瓢泼大雨，雨刮突然失灵，严重影响了驾驶员视线，加上连日疲劳驾驶，注意力不够集中，在行至某地时，与相向行驶的夏利车相撞，造成夏利车驾驶员冯某当场昏迷。事故发生后，王某不知所措，坐在副驾驶位置的指导员魏某见事故现场无第三人，便命令王某马上离开。20 分钟后，事故现场被发现，重度昏迷的冯某在被送往医院的途中死亡。警方经立案侦查，将犯罪嫌疑人王某、魏某逮捕，移送军队保卫部门。某军事基层法院审理认为，王某、魏某的行为均构成交通肇事罪，分别判处王某有期徒刑 3 年，魏某有期徒刑 2 年。[①] 我国刑法第 133 条规定：违反交通运输管理法规，因而发生大事故，致人重伤、死亡或者使公私财产遭受重大损失的，处 3 年以下有期徒刑或者拘役；交通运输肇事后逃逸或者有其他特别恶劣情节的，处 3 年以上 7 年以下有期徒刑；因逃逸致人死亡的，处 7 年以上有期徒刑。仅从字面上的规定来看，只要有交通运输肇事后逃逸致人死亡的情节，就应该在 7 年以上有期徒刑的法定刑内量刑。但本案两名被告的量刑结

---

① 参见李文峰：《交通肇事罪研究》，中国检察官出版社 2008 年版，第 212 页。

果却明显不在这一区间。对此，应该如何认识？

首先，关于逃逸前的肇事行为的性质分析。如果仔细对比《2000 年解释》第 2 条规定①和第 3 条规定②，不难发现后者"具有本解释第 2 条第 1 款规定和第 2 款第（1）至（5）项规定的情形之一"的意思是指行为人逃逸前的肇事行为本身就已经充足了交通肇事罪的基本犯罪构成，即已经是犯罪行为了。之所以没有包括解释第 2 条第 6 项的"为逃避法律追究逃离事故现场的"，是为了避免在只重伤一人又逃逸的情况下对唯一的逃逸行为作双重的不利评价：即既作为构成基本犯罪的要素，同时又作为加重处罚（3 年以上 7 年以下）的要素来使用。如此一来，由于"逃逸致人死亡"在法条逻辑上很显然是在"交通运输肇事后逃逸"的大前提下进一步的"升级"，因此，逃逸致人死亡案件中的前肇事行为也同样必须已经构成犯罪。只有这样，才能在"交通运输肇事后逃逸"对应的"3 年以上 7 年以下"法定刑幅度基础上进一步提高至"7 年以上有期徒刑"。因此，不能将"逃逸致人死亡"简单地理解为只要肇事后逃逸致人死亡，就应该在"7 年以上有期徒刑"幅度内量刑。

其次，关于本案中王某法定刑适用的分析。王某最终被判处 3 年有期徒刑。王某之所以没有在 7 年以上有期徒刑幅度内量刑，是因为其前肇事行为仅仅是重伤一人，还不足以具备犯罪性质。另，由于我国刑法条文中的"以上"、"以下"、"以内"包括本数，故从逻辑上看其法定刑幅度既可能在基本犯的 3 年以下，也可能在"3 年以上 7 年以下"。不过，现实是王某不应在基本犯的幅度内量刑。这是因为，其致一人重伤和逃逸行为结合起

---

① 第 2 条规定：交通肇事具有下列情形之一的，处三年以下有期徒刑或者拘役：（一）死亡一人或者重伤三人以上，负事故全部或者主要责任的；（二）死亡三人以上，负事故同等责任的；（三）造成公共财产或者他人财产直接损失，负事故全部或者主要责任，无能力赔偿数额在三十万元以上的。交通肇事致一人以上重伤，负事故全部或者主要责任，并具有下列情形之一的，以交通肇事罪定罪处罚：（一）酒后、吸食毒品后驾驶机动车辆的；（二）无驾驶资格驾驶机动车辆的；（三）明知是安全装置不全或者安全机件失灵的机动车辆而驾驶的；（四）明知是无牌证或者已报废的机动车辆而驾驶的；（五）严重超载驾驶的；（六）为逃避法律追究逃离事故现场的。

② 第 3 条规定："交通运输肇事后逃逸"，是指行为人具有本解释第 2 条第 1 款规定和第 2 款第（1）至（5）项规定的情形之一，在发生交通事故后，为逃避法律追究而逃跑的行为。

来，就足以构成基本犯了，然后还具有性质更严重的逃逸致人死亡这一要素。虽然这里可以理解为对王某是在 3 年以下的幅度内因致人死亡而"顶格"处罚，但考虑到与"逃逸致人死亡"法定刑的平顺衔接，还是在"3 年以上 7 年以下"区间量刑为宜。总之，如果前肇事行为没有充足交通肇事罪的基本犯的犯罪构成，那么此种情况下的逃逸致人死亡的案件则应考虑在"3 年以上 7 年以下"幅度内量刑。

最后，关于教唆者魏某的量刑问题。无论是依照司法解释，还是根据刑法理论，魏某实质为过失犯的教唆犯。依照我国刑法对教唆犯的处罚原则，要按照其在共同犯罪中的作用处罚。其既可能作为主犯，也可能被视为从犯来处罚。因此，对于教唆肇事者逃逸而致人死亡的犯罪人，应根据案件实际情况来量刑。本案中，魏某作为肇事者的上级，加之军队体系内的上下级关系的制约力更甚，其对王某的支配力和影响力比一般的教唆行为明显要大。故在逃逸致人死亡这部分行为而言，在某种程度上可以认为魏某起着决定性的作用。虽然前肇事行为是王某直接所为，但魏某在中途加入也以示接受，且对后段的性质更严重的逃逸致人死亡起主要作用。故，对于本案中魏某的量刑宜考虑以主犯处罚，至少应该与王某在同一个法定刑区间量刑。因此，2 年有期徒刑偏轻。

4. 有待完善之处

抛开与过失共同犯罪理论的纠葛，《2000 年解释》在教唆肇事人逃逸问题上还有几个需要注意和完善之处。

其一，关于指使逃逸发生的阶段及其定性问题。现行司法解释将教唆逃逸之人构成交通肇事罪的共犯的情形限定在"因逃逸致人死亡"的情形。现在的问题是，如果此等主体指使肇事者逃逸，但并未因此而使被害人得不到救助而死亡的情形该如何处理？从实际情形而言，这种指使逃逸的行为可能使本来不足以成交通肇事罪的肇事者入罪，也可能使得本来已经构成交通肇事罪的法定刑升格。也就是说，因为教唆者行为的加入而使得交通肇事的行为的罪责大大增加。如此一来，是不是也应该按照交通肇事罪的共犯（教唆犯）来处罚？这可能是司法解释和实务需要考虑的问题。

其二，关于指使主体的范围和加功方式问题。在实际情况中，除了司法解释规定的那几类主体外，交通肇事后指使肇事者逃逸致人死亡的行为人可能还有其他人。如果是路过或围观之人指使肇事人逃逸，致使被害人因得不到救助而死亡的，对此类"旁人"能否以交通肇事罪的共犯处罚？不仅如此，肇事人以外之人对于肇事者逃逸的作用方式或加功方式也不一定仅仅是指使或教唆，也可能是"帮助"。对此情形，又当如何处理？现举一例予以说明：2002年2月26日，江西省定南县赵某骑无牌证摩托车，在省道安定线东山路段将迟某撞致重伤。几分钟后，其友刘某骑摩托车路过，赵某见现场无他人，自己摩托车离合器损坏无法行驶，便要求刘某载他逃离现场，刘某犹豫片刻后，载赵某逃离。迟某在一小时后被人发现送医院抢救无效死亡。县交警大队经侦查将赵某捉拿归案，并认定赵某负事故全部责任。① 本案中，赵某构成交通肇事罪无疑。问题是刘某明知赵某肇事致被害人重伤，急需救助的情况下，仍然帮助赵某逃逸的行为是否应该作为共犯处罚？从理论上讲，如果承认了过失共犯，那么理应作为过失犯的帮助犯来处理。那么至于最后是否承担刑事责任，承担多大的责任，还要根据具体案情来判断。但在司法解释明文规定仅限于指使这种教唆方式的情况下，实务当如何处理则确实是一大难题。

二、关于《2000 年解释》第7条

该条解释规定：单位主管人员、机动车辆所有人或者机动车辆承包人指使、强令他人违章驾驶造成重大交通事故，具有本解释第2条规定的情形之一的，以交通肇事罪定罪处罚。本条解释的问题在于以下几点：

其一，此等指使、强令等教唆行为很难解释为交通肇事罪的实行行为，故如果直接以交通肇事罪的正犯处罚于理不合。故，立法和理论上应该肯定过失犯的共同犯罪，以便使其处罚正当化。

---

① 参见2002年4月10日《人民公安报·交通安全周刊》，转引自李文峰：《交通肇事罪研究》，中国检察出版社2008年版，第213页。

其二，单从本条规定本身并不必然得出本条否定了过失犯的共犯。因为共犯最终都会被处以与正犯相同的罪名。

其三，此等主体之外的人为相同行为是否构成交通肇事罪？此等主体帮助肇事者实施相同行为是否作为交通肇事罪处罚？

在实践中，对于教唆他人违章驾车而肇事的，认定结果不一。如，同样是将车交给无驾驶证的他人驾驶而肇事的案件，对车主的法律处理结果却不一。在杨某、石某交通肇事案①中，杨某被判处有期徒刑3年，无证驾驶的石某被判处5年有期徒刑；在李冬玄一案②中，仅有实际驾驶者被认定构成交通肇事罪，而同样在一旁的车主则仅承担连带的民事赔偿责任。实

① 案情：2004年5月25日傍晚，司机杨某驾驶冀D28905号大货车牵引冀G313号挂车，由押运员石某负责押运前往山东省莘县送煤炭。当驶入河北省大名县境内，已是次日凌晨3点多钟。此时，杨某经过长途驾驶感到头脑发晕睡意朦胧，便想休息片刻。但为了不影响行程，按约定时间到达目的地，于是叫正在学习驾驶技术的石某替其开一小会儿。连做梦都想开车的石某见有机会操练，心情非常兴奋，几乎不假思索，接过方向盘就走。4点30分许，大货车自西向东行驶至贯穿龙王庙镇的106国道附近一十字路口。由于石某年轻，亦未经过正规培训取得驾驶资质，缺乏驾驶经验和应变能力，发现"减速慢行"标志牌后并未采取相应制动措施。这时，恰遇河南省南乐县农民侯某违章驾驶一辆乘载9人的农用三马车沿106国道自南向北快速行驶。双方躲闪不及，瞬间发生碰撞、碾轧，侯某及乘坐人6人当场死亡，3人受伤。抢救过程中，又死亡2人。肇事后，石某、杨某先后弃车逃逸，后投案自首。按照相关规定，大名县公安交警大队认定石某和杨某负事故的主要责任，侯某负次要责任。同年6月3日，河北省大名县公安局以石、杨二人涉嫌交通肇事罪向县检察院提请批准逮捕。经大名县人民检察院批准逮捕并提起公诉，同年10月28日，县法院以交通肇事罪分别判处石某与杨某有期徒刑5年和3年，民事赔偿部分另案处理。（参见魏朝明：《将车辆交无证人驾驶肇事车主获刑3年》，载《道路交通管理》2005年第11期）

② 案情：1998年11月22日晚，被告人李冬玄到塘村镇供销社黄祖才家就餐，饭后两人于当晚20时许，由黄祖才驾驶他的微型汽车从供销社开到该镇街上载客。李冬玄要求学开车，黄祖才同意并教李冬玄开车。李冬玄将车起动后开出五米许时，车右轮撞在公路右边的人行道台阶上，黄祖才见状便帮助扳方向盘，并要李冬玄刹车。李冬玄在慌乱中误将油门踏板当制动器踩，加大了油门，汽车快速行驶，将一只脚站在公路上、另一只脚搭在人行道上的被害人周小平（女）撞倒，并拖行一段距离。致周小平脑挫裂伤、颅内血肿、多发性肋骨骨折、创伤性休克、头皮裂伤。被害人周小平受伤后被及时送往嘉禾县第二人民医院抢救治疗，后转嘉禾县人民医院抢救治疗，但因伤势严重，经抢救无效死亡。案发后，嘉禾县交警大队经现场勘查和调查分析，认定李冬玄无证驾车、占道行驶，应负此次事故的主要责任；黄祖才将车辆交给无驾驶证的人驾驶，应负此次事故的次要责任；周小平在人行道上正常行走，无违章行为，不负责任。法院经审理最终判决李冬玄构成交通肇事罪，黄祖才不构成交通肇事罪。但被告人李冬玄、附带民事诉讼被告人黄祖才系本案交通事故责任者，对交通事故造成的损失应当按照其所负交通事故责任的大小承担相应的损害赔偿责任。李冬玄负此次事故的主要责任，应承担主要赔偿责任；黄祖才负此次事故的次要责任，应承担次要赔偿责任。（祝铭山主编：《交通肇事罪》，中国法制出版社2005年版，第13—18页）

际上，两案都是由两人的有意思联络（其意思联络表现在，允许并交给无证者驾驶是当事双方协商一致、认识统一的结果）下数行为的有机结合而造成。每一个人的行为在其中都扮演了不可或缺的重要作用，是比较典型的共同过失犯罪。既然如此，那么为什么实务中却出现截然不同的判决呢？能否以李冬玄案就否认过失犯之教唆的存在呢？对此等问题，有必要注意以下几点：

一是二被告被定罪宜从共同犯罪角度解释。无疑，杨某、石某案二人都定交通肇事罪的结论是妥当的。但交通肇事罪作为过失犯罪，其实行行为只能是石某的危险驾驶行为本身，很难将杨某的行为解释为交通肇事罪的实行行为。因此，很难从单独过失犯的角度将杨某的行为合理地解释为交通肇事罪。反而，应该从共同犯罪加以分析。很明显，整个侵害结果尽管不是他们希望或追求乃至于容认的，但确是由二被告有主观联络下的共同行为所致，责任的归属理应从整体上归属于二被告人，适用部分行为全部责任原则。杨某构成交通肇事罪的根据在于其教唆或帮助了过失正犯石某实施了交通肇事罪的实行行为并造成相应结果。

二是责任仍应在整体框架下予以个别化。以整个事故的责任构成来看，石某负主要责任，而杨某负次要责任，最终体现在刑事责任上即为5年和3年有期徒刑。这是合理的。

三是李玄冬案中黄祖才未承担刑事责任，这并不能成为否认其与李玄冬有意的共同行为致害的行为性质。这是因为：（1）与石某、杨某案类似，归责原则同样应适用"部分行为全部责任"。（2）但每个人最终是否要承担，以及承担多少责任，则是在整体框架下个别判断的。石、杨案结果严重，8死1伤，整体的刑事责任重，对于在其中起次要作用的杨某而言，仍然需要处罚；李玄冬案只有1死，刚好在交通肇事罪的起刑点上，对于起次要作用的黄祖才来说，根据我国刑法13条，其未必达到起刑点。假如该案造成更严重的后果，如5死3伤，那么黄祖才被追究刑事责任的可能性很大。因此，对其行为的刑事部分的定性是在共同犯罪的框架下所作的结论。起诉及法院审理未能提及其刑事责任问题，是疏漏之处。（3）犯罪和民事侵权之间多数情况下仅是量的差异而造成的质的差别，故黄祖才在附带民事赔偿部分承担次要的连带赔偿责任，更进一步证明其与李玄冬的共同行为致害的关系。

综上，李玄冬一案，同样可以作为过失共同犯罪的判例来看待。

参 考 文 献

一、法典类

1. 《德国刑法典》，冯军译，中国政法大学出版社 2000 年版。

2. 《德国刑法典》，徐久生译，中国法制出版社 2000 年版。

3. 《日本刑法典》（第 2 版），张明楷译，法律出版社 2006 年版。

4. 《丹麦刑法典与丹麦刑事执行法》，谢望原译，北京大学出版社 2005 版。

5. 《英国刑事制定法精要》，谢望原主译，中国人民公安大学出版社 2003 年版。

6. 《意大利刑法典》，黄风译，中国政法大学出版社 1998 年版。

7. 《瑞士联邦刑法典》，徐久生、庄劲华译，中国方正出版社 1996 年版。

8. 《西班牙刑法典》，潘灯译，中国政法大学出版社 2004 年版。

9. 《泰国刑法典》，吴光侠译，中国人民公安大学出版社 2004 年版。

10. 《俄罗斯联邦刑法》，赵微译，法律出版社 2003 年版。

11. 《芬兰刑法典》，于志刚译，中国方正出版社 2005 年版。

12. 《越南刑法典》，米良译，中国人民公安大学出版社 2005 年版。

13. 《韩国刑法典及单行刑法》，金永哲译，中国人民大学出版社 1996 年版。

二、中文著作类

1. 陈瑾昆：《刑法总则讲义》，中国方正出版社 2004 年版。

2. 蔡枢衡：《中国刑法史》，中国法制出版社 2005 年版。

3. 陈兴良：《共同犯罪论》，中国人民大学出版社 2006 年版。

4. 陈兴良、周光权：《刑法学的现代展开》，中国人民公安大学出版社，2006 年版。

5. 蔡墩铭：《刑法基本理论研究》，汉林出版社 1980 年版。

6. 蔡墩铭：《唐律与近世刑事立法之比较研究》，台湾汉苑出版社 1976 年版。

7. 蔡墩铭主编：《刑法裁判百选》，月旦出版社股份有限公司 1992 年版。

8. 蔡墩铭：《刑法精义》，翰芦图书出版社 2005 年版。

9. 陈子平：《刑法总论》，中国人民大学出版社 2009 年版。

10. 陈朴生：《刑法专题研究》，台湾三民书局 1988 年版。

11. 陈忠林：《意大利刑法纲要》，中国人民大学出版社 1999 年版。

12. 储怀植：《美国刑法》，北京大学出版社 1996 年版。

13. 陈家林：《共同正犯研究》，武汉大学出版社 2004 年版。

14. 冯绍群：《行为心理学》，广东出版社 2008 年版。

15. 范德繁：《犯罪实行行为论》，中国检察出版社，2005 年版。

16. 高铭暄，马克昌主编：《刑法学》，北京大学出版社、高等教育出版社 2000 年版。

17. 高铭暄主编：《刑法学原理》（三卷本），中国人民大学出版社 1993 年版。

18. 高铭暄：《中华人民共和国刑法的孕育与诞生》，法律出版社 1981 年版。

19. 高铭暄主编：《刑法专论》（上），高等教育出版社 2002 年版。

20. 高绍先：《中国刑法史精要》，法律出版社 2001 年版。

21. 何秉松、﹝俄﹞科米萨罗夫、科罗别耶夫主编：《中国与俄罗斯犯罪构成理论比较研究》，法律出版社 2008 年版。

22. 侯国云：《过失犯罪论》，人民出版社 1992 年版。

23. 韩忠谟：《刑法原理》，中国政法大学出版社 2002 年版。

24. 黄荣坚：《基础刑法学》，中国人民大学出版社 2009 年版。

25. 洪福增：《刑事责任之理论》，台湾刑事法杂事社 1988 年版。

26. 何荣功：《实行行为研究》，武汉大学出版社 2007 年版。

27. 姜伟：《犯罪形态通论》，法律出版社 1994 年版。

28. 姜伟：《罪过形式论》，北京大学出版社 2008 年版。

29. 柯耀程：《刑法概论》，元照出版公司 2007 年版。

30. 柯耀程：《变动中的刑法思想》，中国政法大学出版社 2003 年版。

31. 鲁兰：《牧野英一刑事法思想研究》，中国方正出版社 1999 年版。

32. 李海东：《刑法原理入门（犯罪论基础）》，法律出版社 1998 年版。

33. 林山田：《刑法通论》（上、下），元照出版公司 2008 年版。

34. 李海东主编：《日本刑事法学者》（上、下），中国法律出版社、日本成文堂 1995 年联合出版。

35. 李文峰：《交通肇事罪研究》，中国检察官出版社 2008 年版。

36. 李光灿：《论共犯》，法律出版社 1957 年版。

37. 李光灿、马克昌、罗平：《论共同犯罪》，中国政法大学出版社 1987 年版。

38. 李后政：《车祸刑事责任》，书泉出版社 2005 年版。

39. 黎宏：《刑法总论问题思考》，中国人民大学出版社 2007 年版。

40. 黎宏：《日本刑法精义》，中国检察出版社 2004 年版。

41. 刘明祥：《刑法中错误论》，中国检察官出版社 1999 年版。

42. 林钰雄：《新刑法总则》，元照出版公司 2006 版。

43. 廖正豪：《过失犯论》，台湾三民书局 1993 年版。

44. 林亚刚：《犯罪过失研究》，武汉大学出版社 2000 年版。

45. 林维：《间接正犯研究》，中国政法大学出版社 1998 年版。

46. 马克昌：《比较刑法原理：外国刑法学总论》，武汉大学出版社 2002 年版。

47. 马克昌主编：《犯罪通论》，武汉大学出版社 1999 年版。

48. 马克昌、莫洪宪主编：《中日共同犯罪比较研究》，武汉大学出版社 2003 年版。

49. 瞿同祖：《中国法律于中国社会》，中华书局 2001 年版。

50. 苏力：《法律与文学：以中国传统戏剧为材料》，三联书店 2006 年版。

51. 苏俊雄：《刑法总论》，台湾大学 1997 年版。

52. 沈家本：《历代刑法考》，中国检察出版社 2003 年版。

53. 陶龙生：《刑法之理论与实践》，三民书局 1980 年版。

54. 翁国梁：《中国刑法总论》，正中书局 1970 年版。

55. 王作富：《中国刑法的研究》，中国人民大学出版社 1998 年版。

56. 吴振兴：《犯罪形态研究精要》，法律出版社 2005 年版。

57. 魏克家、欧阳涛等主编：《中华人民共和国刑法罪名适用指南》，中国人民公安大学出版社 1998 年版。

58. 王扬、丁芝华：《客观归责理论研究》，中国人民公安大学出版社 2006 年版。

59. 许鹏飞：《比较刑法纲要》，商务印书馆 1936 年版。

60. 谢望原：《世纪之交的中国刑法学研究》，中国方正出版社 2000 年版。

61. 谢望原主编：《刑法学》，北京大学出版社 2003 年版。

62. 谢望原主编：《台、港、澳刑法与大陆刑法比较研究》，中国人民公安大学出版社 1998 年版。

63. 许玉秀：《刑法新思潮》，中国法制出版社 2005 年版。

64. 许玉秀：《探索过失犯的构造——行为人能力的定位》，载于《主观与客观之间》，刑事法业丛书 1997 年版。

65. 杨春洗、杨敦先主编：《中国刑法论（第 2 版。）》，北京大学出版社 2001 年版。

66. 余振华著：《刑法深思·深思刑法》，元照出版公司 2005 年版。

67. 曾宪义：《中国法制史》，北京大学出版社 2000 年版。

68. 张明楷：《外国刑法纲要》，清华大学出版社 1999 年版。

69. 张明楷：《刑法学》，法律出版社 2007 年版。

70. 张明楷：《刑法的基本立场》，中国法制出版社 2002 年版。

71. 张灏：《中国刑法理论及实用》，台北三民书局 1980 年版。

72. 张旭主编：《英美刑法要论》，清华大学出版社 2006 年版。

73. 赵秉志、罗德立：《香港刑法》，北京大学出版社 1996 版。

74. 祝铭山主编：《交通肇事罪》，中国法制出版社 2005 年版。

75. 张丽卿著：《刑法总则理论与适用》，一品文化出版社 2005 年版。

76.《刑法问题与争鸣》编委会：《刑法问题与争鸣》2001 年第三缉，中国方正出版社 2001 年版。

77.《唐律疏议》，中华书局 1983 年版。

78. 刘明祥：《过失犯研究——以交通过失和医疗过失为中心》，北京大学出版社 2010 年版。

79. 施勇全：《过失共同正犯问题之研究》，台湾成功大学硕士论文，2009 年。

80. 杨国祥：《过失共同正犯之研究》，台湾中兴大学硕士论文，1992 年。

81. 最高人民法院刑庭：《刑事审判参考》第 1、5、27、44、47、55、57 集，法律出版社。

82.《人民法院案例选·刑事卷》（1992—1999 年合订本），人民法院出版社 1997 年版。

三、中文译著

1.［日］小野清一郎著，王泰译：《犯罪构成要件理论》，中国人民公安大学出版社 2004 年版。

2. 〔日〕木村龟二主编，顾肖荣等译：《刑法学词典》，上海翻译出版公司 1991 年版。

3. 〔日〕福田平、大塚仁编，李乔等译：《日本刑法总论讲义》，辽宁人民出版社 1986 年版。

4. 〔日〕山口厚著，付立庆、刘隽译：《从新判例看刑法》（第 2 版），中国人民大学出版社 2009 年版。

5. 〔日〕西原春夫著，戴波、江溯译：《犯罪实行行为论》，北京大学出版社 2006 年 8 月版。

6. 〔日〕野村稔著，全理其、何力译：《刑法总论》，法律出版社 2001 年版。

7. 〔日〕日高义博著，王树平译：《不作为犯的理论》，中国人民公安大学出版社 1989 年版。

8. 〔日〕西田典之著，刘明祥、王昭武译：《日本刑法总论》，中国人民大学出版社 2007 年版。

9. 〔日〕川端博著，余振华译：《刑法总论二十五讲》，中国政法大学出版社 2003 年版。

10. 〔日〕泷川幸辰著，王泰译：《犯罪论序说》，法律出版社 2005 年版。

11. 〔日〕大塚仁著，冯军译：《犯罪论的基本问题》，中国政法大学出版社 2003 年版。

12. 〔日〕大谷实著，黎宏译：《刑法讲义总论》（第 2 版），中国人民大学出版社 2008 年版。

13. 〔日〕大塚仁著，冯军译：《犯罪论的基本问题》，中国政法大学出版社 2003 年版。

14. 〔日〕大塚仁著，冯军译：《刑法概说（总论)》（第三版。），中国人民大学出版社 2003 年版。

15. 〔德〕弗兰茨·冯·李斯特著，徐久生译：《德国刑法教科书》，法律出版社 2000 年版。

16. ［德］克劳斯·罗克辛著，王世洲译：《德国刑法学总论》（第一卷），法律出版社 2005 年版。

17. ［德］汉斯·海因里希·耶赛克、托马斯·魏根特著，徐久生译：《德国刑法教科书（总论）》，中国法制出版社 2001 年版。

18. ［德］约翰内斯·韦塞尔斯著，李昌珂译：《德国刑法总论》，法律出版社 2008 版。

19. ［德］冈特·施特拉腾韦特、洛塔尔·库伦著，杨萌译：《刑法总论 I——犯罪论》，法律出版社 2006 年版。

20. ［德］司丹木拉著，张季忻译，陈灵海勘校：《现代法学之根本趋势》，中国政法 21 大学出版社 2003 年版。

22. ［德］考夫曼，刘幸义等译：《法律哲学》，法律出版社 2004 年版。

23. ［德］乌尔里希·贝克著，何博闻译：《风险社会》，译林出版社 2004 年版。

24. ［德］康德著：《法的形而上学原理——权利的科学》，沈叔平译，商务印书馆 2005 年版。

25. ［德］马克斯·韦伯著，杨富斌译：《社会科学方法论》，华夏出版社 1999 年版。

26. ［意］贝卡利亚著，黄风译：《论犯罪与刑罚》中国大百科全书出版社 1993 年版。

27. ［意］杜里奥·帕多瓦尼著，陈忠林译：《意大利刑法原理》，法律出版社 1998 年版。

28. ［法］让·梅松纳夫著，殷世才、孙兆通译：《群体动力学》，商务印书馆 1997 年版。

29. ［法］卡斯东·斯特法尼等著，罗结珍译：《法国刑法总论精义》，中国政法大学出版社 1998 年版。

30. ［英］J. W. 塞西尔·特纳著，王国庆等译：《肯尼刑法原理》，华夏出版社 1989 年版。

31. ［英］休谟著，郑之骧、关文运译：《人性论》，商务印书馆 1980

年版。

32. ［英］菲利普·鲍尔著，暴永宁译：《预知社会——群体行为的内在法则》，当代中国出版社 2007 年版。

33. ［英］J. C. 史密斯、B. 霍根著，李贵方等译：《英国刑法》，法律出版社 2000 年版。

34. ［英］鲁珀特·布朗著，胡鑫、庆小飞译：《群体过程》，中国轻工业出版社 2007 年版。

35. ［美］道格拉斯·N. 胡萨克著，谢望原等译：《刑法哲学》，中国人民公安大学出版社 2004 年版。

36. ［美］博登海默：《法理学、法哲学与法律方法》，邓正来译，中国政法大学出版社 1999 年版。

37. ［美］艾尔·巴比：《社会研究方法》，四川人民出版社 1980 年版。

38. ［美］约翰·罗尔斯著，何怀宏等译：《正义论》，中国社会科学出版社 1998 年版。

39. ［韩］李在祥著，韩相敦译：《韩国刑法总论》，中国人民大学出版社 2005 年版。

40. ［奥］弗洛伊德著，高觉敷译：《精神分析引论》，商务印书馆 1984 年版。

41. ［俄］H·φ·库兹涅佐娃、и·M·佳日科娃主编，黄道秀译：《俄罗斯刑法教程（总论·上卷·犯罪论）》，中国法制出版社 1999 年版。

四、中文论文

1. 陈兴良：《行为论的正本清源——一个学术史的考察》，载《中国法学》2009 年第 5 期。

2. 陈兴良：《论我国刑法中的共同正犯》，载《法学研究》1987 年第 4 期。

3. 储槐植：《读"因逃逸致人死亡"司法解释》，载《人民法院报》2001 年 1 月 23 日第 3 版。

4. 陈朴生：《过失理论之发展及趋向》（上），载《军法专刊》第 25 卷第 5 期。

5. 陈朴生：《论过失犯之共同正犯》，载《法令月刊》1976 年第 27 卷第 8 期。

6. 陈朴生：《过失行为及其着手时点》，载《法令月刊》第 42 卷第 1 期。

7. 蔡墩铭：《过失犯因果关系之认定》，载《月旦法学杂志》第 60 期。

8. 陈子平：《过失共同正犯概念之争议》，载蔡墩铭主编：《刑法争议问题研究》，五南图书出版公司 1989 年版。

9. 陈子平：《论过失共同正犯》，载《东海法学研究》第 10 期。

10. 陈忠林：《关于我国刑法学界对意大利现行刑法的几点误解》，载《中外法学》1997 年第 5 期。

11. 陈建旭：《论产品上之刑事责任》，台湾成功大学法律学研究所硕士论文，2000 年 6 月。

12. 冯军：《论过失共同犯罪》，载高铭暄等著《西原春夫先生古稀祝贺论文集》，法律出版社、日本成文堂 1997 年版。

13. 侯国云、苗杰：《论共同过失犯罪》，载《刑法问题与争鸣》2001 年第 3 辑。

14. 范忠信：《刑法典应力求垂范久远》，载《法学》1997 年第 10 期。

15. 甘添贵：《正犯与共犯：第一讲——共同正犯的本质》，载《月旦法学教室》第 6 期。

16. 高洁：《过失犯罪实行行为研究》，载陈兴良主编：《刑事法评论（第 20 卷）》，北京大学出版社 2007 年版。

17. 洪福增：《过失犯之共同正犯》，载《刑法之理论与实践》1958 年 9 月。

18. 黄丁全：《过失犯理论的现代课题》，载陈兴良主编：《刑事法评论》（第 7 卷），中国政法大学出版社 2000 年版。

19. 黄荣坚：《论共犯》，载甘添贵教授祝寿论文集编辑委员会：《甘添贵教授祝寿论文集：刑事法学之理想与探索》（一），台北学林文化事业有限公司 2002 年版。

20. 何鹏：《评意大利刑法的修改》，载《政法论坛》1987 年第 6 期。

21. 江溯：《单一正犯体系研究》，载陈兴良主编：《刑事法评论》（第 24 卷），北京大学出版社 2009 年版。

22. 柯耀程：《刑法单一行为人概念评析》，载《变动中的刑法思想》，中国政法大学出版社 2003 年版。

23. 黎宏：《过失共同正犯质疑》，载《人民检察》2007 年第 14 期。

24. 廖正豪：《过失共同正犯》，载《刑事法杂志》1977 年第 21 卷第 5 期。

25. 刘永贵：《过失共同正犯研究》，载《刑法问题与争论》（第三辑），中国方正出版社 1999 年版。

26. 林亚刚：《共同正犯相关问题研究》，载《法律科学》2000 年第 2 期。

27. 林亚刚：《论结果加重犯的若干争议问题》，载《法学评论》2004 年第 6 期。

28. 劳东燕：《公共政策与风险社会的刑法》，载《中国社会科学》2007 年第 3 期。

29. 李海东：《共同过失行为的分类及刑事责任》，载《法学季刊》1987 年第 4 期。

30. 李希慧、廖梅：《共同过失犯罪若干问题研究》，载《浙江社会科学》2002 年第 5 期。

31. 彭文茂：《不法集体决议的因果关系与刑事归责》，台北大学法学系硕士论文，2005 年 6 月。

32. 谢望原：《胡萨克及其〈刑法哲学〉》，载［美］道格拉斯·N. 胡萨克著，谢望原等译：《刑法哲学》，中国人民公安大学出版社 2004 年版。

33. 许玉秀：《探索过失犯的构造——行为人能力的定位》，载《刑事法杂志》第 41 卷第 2 期，1997 年 4 月。

34. 杨国祥：《过失共同正犯之研究》，台湾中兴大学法律学研究所硕士论文，1992 年。

35. 袁登明、吴情树：《论竞合过失与共同过失》，载《云南大学学报》（法学版）2003 年第 2 期。

36. 于改之：《不作为犯罪中"先行行为"的本质及其产生作为义务的条件》，载于《中国刑事法杂志》，2000 年第 5 期。

37. 张明楷：《共同过失与共犯》，载马克昌，莫洪宪主编：《中日共同犯罪比较研究》，武汉大学出版社 2003 年版。

38. 张明楷：《"少演绎、多归纳"之提倡》，载梁根林主编：《刑法方法论》，北京大学出版社 2006 年版。

39. 张明楷：《交通肇事的刑事责任认定》，载《人民检察》2008 年第 2 期。

40. 曾淑瑜：《成立过失共同正犯之理论根据》，载《甘添贵教授六秩祝寿论文集——刑事法学之理想与探索（第一卷）》，2002 年版。

41. 周铭川、黄丽勤：《论实行行为的存在范围与归责原则的修正》，载《中国刑事法杂志》2005 年第 5 期

42. ［德］普珀著，王鹏翔译：《反对过失共同正犯》，载《东吴法律学报》第 17 期第 3 卷。

43. ［德］巴齐卡鲁波著，刘秉钧译：《正犯与共犯理论中之主观与客观（要素）》，载《政大法学评论》第 50 期。

44. ［德］许内曼著，陈志辉译：《关于客观归责》，载《刑事法杂志》第 42 卷第 6 期。

45. ［德］许内曼著，王秀梅译：《传统过失刑事责任观念在当代社会中的弊病》，载《法学家》2001 年第 3 期。

46. ［德］Schünemann, Bernd 著，薛智仁译：《企业犯罪》，载《民主·人权·正义——苏俊雄教授七秩华诞祝寿论文集》，2005 年版。

47. ［苏］特拉伊宁：《共同犯罪学说的几个问题》，载《政法译丛》1957 年第 4 期。

48. 马克思:《〈政治经济学批判〉序言》,载《马克思恩格斯选集》(第 2 卷),人民出版社 1995 版。

49. 列宁:《论国家》(1919 年 7 月 11 日),载《列宁全集》,人民出版社 1986 版。

50. 恩格斯:《路德维希·费尔巴哈和德国古典哲学的终结》(1886 年初),载《马克思恩格斯选集》(第 4 卷),人民出版社 1995 版。

51. 恩格斯:《卡尔·马克思〈政治经济学批判·第一分册〉》(1859 年 8 月 3—15 日),载《马克思恩格斯选集》(第 2 卷),人民出版社 1995 年版。

52. 恩格斯:《路德维希·费尔巴哈和德国古典哲学的终结》(1886 年初),载《马克思思格斯选集》(第 4 卷),人民出版社 1995 版。

53. 〔日〕佐久间修:《共同过失与共犯》,载马克昌、莫洪宪主编:《中日共同犯罪问题研究》,武汉大学出版社 2003 年版。

54. 〔日〕大冢裕史著,黎宏译:《企业灾害和过失论》,载高铭暄、赵秉志主编:《过失犯罪的基础理论》,法律出版社 2002 年版。

55. 〔日〕小野清一郎:《能存在过失犯的共同正犯吗?》,载《刑评》第 15 卷。

56. 〔日〕中义胜:《过失犯的共同正犯》,载《刑法判例百选》(总论),有斐阁 1964 年版。

57. 〔日〕木村龟二:《过失的共同正犯》,载《判演总论》。

58. 〔日〕三井诚:《预见可能性》,载藤木英雄:《过失犯——新旧过失论争》,学阳书房 1981 年版。

59. 〔日〕夏目文雄:《过失共同正犯论》,爱知大学法经论集(法律篇)87 号,1979 年版。

60. 〔日〕内田文昭:《关于过失共同正犯理论之近况》,载《研修》第 542 号,1993 年 8 月。

61. 〔日〕山中敬一著,陈运财译:《日本过失犯理论之发展及其现代之课题——大规模事故及刑事责任》,载《东海大学法学研究》第 10 期。

62. 〔日〕大塚仁:《过失共同正犯的成立要件》,载《法曹时报》第43卷第6号。

63. 〔日〕内海朋子:《论过失共同正犯与管理、监督过失》,载《法学政治学论究》第51号。

64. 〔日〕川端博、西田典之、日高义博等:《共同正犯论的课题与展望》,载《现代刑事法》2001年第8期。

65. 〔日〕前田雅英著,吴昌龄译:《监督过失》,载《刑事法杂志》第36卷第2期。

66. 〔日〕山口厚:《共犯的处罚根据论》,载《法学教室》2001年12期。

67. 〔日〕下村康正:《刑法学客观的归属理论》,载《中央大学法学新报》第79卷9号。

68. 〔日〕桥本正博:《过失共同正犯的理论基础——行为支配与过失共动》,载《一桥论丛》第98卷第5号。

69. 〔日〕甘利航司:《过失共同正犯之考察》,载《一桥论丛》第134卷第1号。

五、外文文献

1. 〔日〕木村龟二:《刑法总论》,有斐阁1984年增补版。

2. 〔日〕山口厚:《刑法总论》,有斐阁2005年版。

3. 〔日〕内田文昭:《刑法中的过失共动理论》,有斐阁1973年版。

4. 〔日〕西原春夫:《刑法总论》,成文堂1978年版。

5. 〔日〕齐藤金:《共犯理论之研究》,有斐阁1955年版。

6. 〔日〕左伯千仞:《共犯理论之源流》,成文堂1988年版。

7. 〔日〕岛田聪一郎:《正犯·共犯论的基础理论》,东京大学出版社2002年版。

8. 〔日〕金尚均:《危险社会与刑法——现代社会刑法的机能与界限》,成文堂2001版。

9. ［日］松宫孝明：《刑事过失论的研究》，成文堂 2004 年版。

10. Marx Weber, *Wirtschaft und Gesellschaft*, 5. rev. Aufl. , Studienaug, 14-18. Tsd, 1980.

11. Jonathan Herring, *Criminal Law*, 3rd edition, Law Press, China, 2003.

12. Weißer, Bettina, *Gibt es eine fahrlässige Mittäterschaft?*, JZ 1998.

13. Weißer, Bettina, *Kausalitäts- und Täterschaftsprobleme bei der strafrechtlichen Würdigung pflichtwidriger Kollegialentscheidungen*, 1996.

14. Roxin, Claus, *Strafrecht*, *Allgemeiner Teil*, Bd. 2, 2003.

15. Bottke, Wilfried, *Mittäterschaft bei fahrlässiger oder leichtfertiger Erflogserwirkung*, in: GA 2001.

16. Hans-Ludwig, Günther, *Strafrecht: Wer war der Täter?* JuS 1988.

17. Sung-Ryong, Kim, *Die Analyse des "gemeinschaftlichen Begehens" im Sinne des § 25 Abs. 2 StGB und die Mittäterschaft beim Fahrlässigkeitsdelikt*, 200.

18. Kraatz, Erik, *Die fahrlässige Mittäterschaft: ein Beitrag zur strafrechtlichen Zurechnungslehre auf der Grundlage eines finalen Handlungsbegriffs*, 2006.

19. Nowakowski, Fredrich, *Zu Welzels Leher von der Fahrlässigkeit*, JZ 1958, S. 337.

20. Kamm, Simone, *Die fahrlässige Mittäterschaft*, 1999.

21. Berd Schünemann, *Leipziger Kommentar*, Strafgesetzbuch, 12. Aufl, 2006

22. *Täterschaft und Tätherrschaft*, 8. Aufl. , 2006.

23. Otto, *Mittäterschaft beim Fahrlässigkeitsdelikt*, Jura. 1990.

24. David Hughes, "Counselling a crime: causation or connection?" *Journal of Criminal Law*, J. Crim. L. 2009, 73(1), 12-15. Publication Date: 2009.

25. Kai Hamdorf, "The concept of a joint criminal enterprise and domestic modes of liability for parties to a crime: a comparison of German and English law", *Journal of International Criminal Justice*, 2007.

26. Geoffrey Holgate, "Employers' criminal liability for employee's negligence", *Solicitors Journal*, S. J. 2000, 144(32), 780-781. Publication Date: 2000.

27. John Kaplan, Robert Weisberg, Guyora Binder, *Criminal Law: Cases and Materials* (Fourth Edition), Citic Publishing House, 2004.

28. Russell Heaton, *Criminal Law*, Oxford University Press, 2004.

29. Jonathan Haring, *Criminal Law: Text, Cases and Materials*, Oxford University Press, 2004.

30. Andrew Spink, "Negligence-Joint and Concurrent Negligence", *Criminal Law Review*, 2005.

31. *All England Law Reports* (1936—2009), Law library, Cardiff University.

责任编辑:陈 登

图书在版编目(CIP)数据

过失共同正犯研究/邹 兵 著. -北京:人民出版社,2012.3
ISBN 978-7-01-010768-4

Ⅰ.①过… Ⅱ.①邹… Ⅲ.①过失(法律)-犯罪-研究 Ⅳ.①D917

中国版本图书馆 CIP 数据核字(2012)第 051558 号

过失共同正犯研究

GUOSHI GONGTONG ZHENGFAN YANJIU

邹 兵 著

人民出版社 出版发行
(100706 北京朝阳门内大街 166 号)

北京新魏印刷厂印刷 新华书店经销

2012 年 3 月第 1 版 2012 年 3 月北京第 1 次印刷
开本:710 毫米×1000 毫米 1/16 印张:16.5
字数:235 千字

ISBN 978-7-01-010768-4 定价:35.00 元

邮购地址 100706 北京朝阳门内大街 166 号
人民东方图书销售中心 电话 (010)65250042 65289539